掌尚文化

SALUTE & DISCOVERY

致敬与发现

本书受中国社会科学院—贵州人民政府战略合作专项经费资助出版

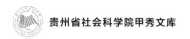贵州省社会科学院甲秀文库

# 贵州交通设施优势
# 转化为物流成本优势研究

贵州省社会科学院 / 编

夏杰长　张学立　刘　诚　刘维刚 等 / 著

Research on Transforming
Transportation Facilities Advantages into
Logistics Cost Advantages in Guizhou

经济管理出版社
ECONOMY & MANAGEMENT PUBLISHING HOUSE

图书在版编目（CIP）数据

贵州交通设施优势转化为物流成本优势研究/夏杰长等著．—北京：经济管理出版社，2022.11
ISBN 978-7-5096-8840-3

Ⅰ.①贵…　Ⅱ.①夏…　Ⅲ.①交通运输业—物流—经济发展—研究—贵州
Ⅳ.①F512.773

中国版本图书馆 CIP 数据核字（2022）第 241108 号

组稿编辑：宋　娜
责任编辑：宋　娜
责任印制：黄章平
责任校对：王淑卿

出版发行：经济管理出版社
　　　　　（北京市海淀区北蜂窝 8 号中雅大厦 A 座 11 层　100038）
网　　　址：www.E-mp.com.cn
电　　　话：（010）51915602
印　　　刷：唐山昊达印刷有限公司
经　　　销：新华书店
开　　　本：720mm×1000mm/16
印　　　张：14
字　　　数：251 千字
版　　　次：2023 年 5 月第 1 版　　2023 年 5 月第 1 次印刷
书　　　号：ISBN 978-7-5096-8840-3
定　　　价：98.00 元

# 贵州省社会科学院甲秀文库出版说明

近年来，贵州省社会科学院坚持"出学术精品、创知名智库"的高质量发展理念，资助出版了一批高质量的学术著作，在院内外产生了良好反响，提高了贵州省社会科学院的知名度和美誉度。经过几年的探索，现着力打造"甲秀文库"和"博士/博士后文库"两大品牌。

甲秀文库，得名于贵州省社会科学院坐落于甲秀楼旁。该文库主要收录院内科研工作者和战略合作单位的高质量成果，以及院举办的高端会议论文集等。每年根据成果的质量、数量和经费情况，全额资助若干种著作出版。

在中国共产党成立 100 周年之际，我们定下这样的目标：再用 10 年左右的工夫，将甲秀文库打造为在省内外、在全国社科院系统具有较大知名度的学术品牌。

贵州省社会科学院

2021 年 1 月

# 前　言

　　交通物流建设是商贸和产业发展的基础，是连接国内和国际市场的重要纽带，是经济高质量发展的助推器。交通物流是连接生产和消费的关键环节。便利的交通物流条件能够使国内和国际贸易市场更加开放和畅通，从而提高对消费市场的供给能力，促进生产型企业的产业集聚。

　　贵州位于中国西南部内陆腹地，是连接粤港澳大湾区和成渝地区双城经济圈、长江经济带和珠江—西江经济带的重要交通枢纽。交通的跨越式发展使贵州在区域发展中占据重要战略位置，与周边经济发达地区实现了无缝连接，实现了高速公路、铁路、民航、水运的互联互通，建立了一个综合性的运输枢纽，加快了融入国内国际双循环的进程，逐步为贵州经济高质量发展奠定了坚实的基础，打开了贵州经济发展新格局。贵阳是贵州省的省会，也是全国十大高速铁路枢纽之一，目前已初步形成以贵阳为核心枢纽，其余八个市（州）城市为区域枢纽的多式联运货运枢纽，其在贵州公铁联运项目中发挥着举足轻重的作用。同时，贵州在推动西部陆海新通道建设上也取得了长足的进展。

　　从全国来看，交通物流推动形成"双循环"格局。首先，以交通物流带动国内大循环。一是交通物流助力产业集群形成，增强国内产业的自我调节能力。借助交通基建和数字交通两方面的平台，产业在地理空间和虚拟平台叠加融合，融通大中小不同规模企业，商业、服务业等不同功能形态的企业，上中下游全产业链企业，形成更具有影响力的产业组织，保障核心企业供应，提升中小企业的市场开拓能力。二是交通物流推动城乡区域要素双向流动，促进国内产业协调发展。在城乡循环上，乡村物流打通农产品下行通路，为农产品开辟销售新渠道，配套相应的流通网络以及金融服务，形成城乡供应的双向流通。在区域循环上，铁路、公路、航空和水运使供应链和产业链在更大空间范围内延长和重组，把传统区域分工体系纳入虚拟空间的分工体系，有利于推进国内产业空间新布局。三是数字基建发挥资金、科技等循环枢纽的作用，激发国内产业活力。数字化供应链能够克服传统供应链金融的弊端，加速供应链资金流动，有效控制企业融资风险，释放了供应链上下游企业的活力。如供应链中大数据的使用解决了银行和企业信息的不对称问题，区块链对供应链金融传输中的信息实行了全程保真，提高了核心企业主动作为的积极性，也让各级供应商包括小微企业依托核心企业获得资金支持。其次，交通物流联通国内国际双循环。一方面跨境物流把国内供应链向国际延展，提升对国际供应链的掌控能力。大交通联通国内和国际市场，依托跨境电商平台汇集全球各地的采购商、供应商、服务商，多渠道发力，有效避免单一市场断供风险。在新型冠状病毒感染疫情防控期间，跨境电商成为外贸出口的主流模式，发挥了稳定国际供应链的关键作用。另一方面交通物流催生外贸新业态，拓展了国际合作的空间。交通物流正在向跨境供应链数字化、智能化、简约化发展，为外贸企业提供信用保障、外贸综合服务和金融服务等一体化服务，有力支撑数字贸易等新贸易形态的发展。同时，也为企业开辟了国际多元化的营销和供应渠道，提高了国内企业国际合作的主动性。

就交通物流而言，对贵州的研究非常具有代表性和典型性。因为贵州经济社会发展欠发达，交通短板曾经非常突出，如何"弯道取直"发挥后发优势并迎头赶上，亟待破题。交通基础设施建设具有很强的先导作用，特别是在欠发达地区，改一条溜索、修一段公路就能给群众打开一扇致富的大门。长期以来，贵州的经济发展水平和财政实力很难支撑起大规模的交通建设，而交通建设的滞后又反过来限制当地经济的发展。为避免陷入这一恶性循环，贵州大胆作出超前部署，通过多方努力和多元筹措资金，建设了一些大桥、高速路、机场和物流枢纽，彻底扭转了当地经济发展局面，实现了"弯道取直"。贵州交通物流的发展经验对全国很多地区具有重要启示作用，很多方面可以借鉴和推广。例如，贵州形成了"以交通设施带动物流，以物流服务产业发展"的乡村振兴有效路径，可为全国各地区的乡村振兴提供诸多政策启示。又如，贵州"通村村"平台已在甘肃、吉林、辽宁、山东等多个省份取得较好成果，被交通运输部列为"12件交通运输更贴近民生实事"在全国推广。

在政府、行业和企业的持续推动下，贵州地区的交通、网络、物流等基础设施建设逐步完善，但仍有待进一步提升。第一，综合营商成本仍然偏高。虽然跟以前相比贵州物流成本大幅下降，但跟国内发达地区比，贵州物流成本依然偏高。另外，农村二三产业企业经营的综合成本较高，比如制度性交易成本、信贷成本以及吸引高端人才的成本等，营商环境相对发达地区仍较差。仅依靠交通物流成本的降低，对产业现代化和乡村振兴的效果较为有限。第二，政府债务风险较大。贵州交通建设作出了超前部署，推动了经济发展和乡村振兴。但由于贵州经济体量小、物流数量低、消费能力有限，导致交通设施和物流服务的集约化水平不高，交通建设投资回收周期长，政府债务风险累积。第三，物流和快递进村仍较难。尽管贵州交通物流体系得到较大改善，但由于贵州山区地形复杂、村镇分布零散、村与县市距离普遍较远等原因，导致乡村物流末端服务能力不足，其表现为：县以下交通设施仍然不足、快递下乡难、快递下乡的财政补贴压力大、服务网点没有覆盖所有自然村且时效性也不强。

近年来，贵州交通设施建设成绩斐然，进步迅速，交通设施优势比较明显，立体交通运输体系建设正在有效推进。但是，贵州产业发展和物流运行相对落后，物流成本居高不下，交通设施优势并没有适时转化为服务产业的物流成本优势。这个问题的症结在哪儿，如何克服这一矛盾，需要遵循怎样的战略思路和实施哪些有针对性的政策举措，正是本书要科学回答的现实问题，也是本书写作和出版的意义所在。

本书是中国社会科学院与贵州省人民政府签署的战略合作协议之下"贵州省交通设施优势转化为服务产业的物流成本优势研究"课题的最终研究成果。中国社会科学院财经战略研究院副院长夏杰长研究员和贵州省社会科学院院长张学立研究员牵头该课题研究工作。课题组主要成员有刘诚、谭洪波、张彬斌（中国社会科学院财经战略研究院），刘维刚（北京工业大学），罗先菊（贵州省社会科学院），叶紫青、熊琪颜、王凯文（中国社会科学院大学），宋昌耀、刘怡君、顾嘉倩（北京第二外国语学院）。

夏杰长负责全书的提纲设计、研讨论证，与贵州省社会科学院院长张学立一起完成统稿工作。写作分工如下：前言由夏杰长、张学立编写；第一章由熊琪颜、刘维刚编写；第二章由张彬斌编写；第三章由罗先菊编写；第四章由叶紫青、谭洪波编写；第五章由宋昌耀、刘怡君、顾嘉倩编写；第六章由刘诚、夏杰长、王凯文编写；第七章由夏杰长、刘诚、叶紫青编写。

课题组多次赴贵阳、遵义和黔南州等地调研，得到了贵州省交通运输厅等部门的大力协助，在此再次深表感谢。由于研究时间紧，新型冠状病毒肺炎疫情对实地调研工作也有较大影响，研究工作难免有一些疏漏与不足之处，恳请业界同人和专家多提宝贵意见，共同推进该领域的学术和政策研究，为繁荣学术研究和提供高水平政策咨询研究报告贡献我们的一份力量。

# 目　录

# 第一章　相关理论与研究框架

## 第一节　交通及基础设施建设的相关理论

### 一、交通及基础设施的概念

1. 交通

交通是运输和邮电的总称，指将人或物进行空间场所的位移，从专业角度来说，是指交通工具在运输网络上的流动。运输是指人或物借助交通工具的载运产生有目的的空间位移，是指借助公共运输线路及其设施和运输工具，为实现人或物的位移所进行的经济活动和社会活动（杨浩，2009）[①]。交通与运输反映的是同一过程的两个方面，同一过程就是运输工具在运输网络上的流动，两个方面是交通与运输关心的侧重点不同。交通强调的是运输工具在运输网络上的流动情况，而与交通工具上所载运的人员和物资的多少没有关系；运输则相反，强调的是运输工具上载运的人员与物资量以及位移的距离，并不关心所使用的运输工具（沈志云，2003）[②]。

2. 交通基础设施

基础设施是为社会生产和居民生活提供公共服务的物质工程设施，是保障国家或者地区的社会经济活动正常运行的公共服务系统，是社会赖以生存发展的一

---

① 杨浩. 交通运输概论［M］. 北京：中国铁道出版社，2009.
② 沈志云. 交通运输工程学［M］. 北京：人民交通出版社，2003.

般物质条件（唐建新、杨军，2003）[①]。完善的基础设施既能提高人民生活的幸福水平，还能促进国民经济持续健康发展。其中，交通基础设施是基础设施的重要组成部分，是进行交通运输活动的前提，涵盖了区域内和区域间的所有交通资源。按照我国国家运输系统的构成，狭义的交通基础设施可分为铁路交通运输、道路交通运输、水路交通运输、空中交通运输和管道运输五类基础设施。广义的交通基础设施是为货物运送和旅客出行，为物质生产及为人民生活提供一般条件的物质载体和公共设施，是能够为民众日常出行活动和企业生产经营活动提供通道辅助功能的交通运输复杂系统，是能够满足要素自由流动需求的物质公共资源（杨立波、刘小明，2006）[②]。

**二、交通基础设施的特征**

1. 经济先导性

先导产业是指在国民经济体系中占据重要战略地位，在国民经济规划中率先发展，引导其他产业向特定战略目标发展的产业或产业群。交通基础设施可以为服务、贸易等其他产业的发展提供基础性便利，而且某国家或地区的交通基础设施发展程度，可以反映出该地区的经济发展水平，因此，它具有经济先导性的特征（胡伟，2010）[③]。

一些欧美发达国家，在早期就十分注重交通基础设施的建设，从而促进经济增长。从相关的经验来看，经济的发展水平在一定程度上受到交通基础设施发展程度的制约，当交通设施条件适当领先于经济社会发展时，会促进经济发展，反之，如果设施条件滞后，则会阻碍经济发展。所以，许多国家都将交通基础设施建设作为干预经济时有效的手段之一，通过加快交通设施建设步伐，推动产业结构调整升级，规划构建区域交通运输网络，解决就业不足的问题，增强国内需求从而刺激经济发展。

我国正迈向全面建设社会主义现代化国家新征程，各省份在实践中均在加快交通基础设施的建设。贵州省在"十三五"时期的交通基础设施建设上取得了骄人的成绩，基本形成了内通外联的高速公路网络。截至2020年底，全省高速公路通车里程达7607千米，省际通道达22个，总里程跃升至全国第五位、西部第三位；有序推进枢纽站场建设，截至2020年底，全省各市（州）至少有1个

① 唐建新，杨军. 基础设施与经济发展：理论与政策［M］. 武汉：武汉大学出版社，2003.
② 杨立波，刘小明. 交通基础设施及其效率研究［J］. 道路交通与安全，2006（6）：10-13.
③ 胡伟. 交通运输与经济发展的良性互动［J］. 北方交通，2010（8）：73-75.

一级客运站，实现二级及以上公路客运站县级覆盖率达到96%，客运站乡镇覆盖率均达95%[1]。通过数据可以观察到交通基础设施能够有效地在宏观层面对经济起到调节作用，先导角色不可替代。

2. 网络性

单条的公路、铁路、水路等基础设施往往不能达到交通运输的目的，不仅运营成本非常高，而且运转效率非常低，不能满足日益增长的社会需求，所以交通基础设施之间必须互有联系，能够将各经济单元联结起来，形成纵横交错的交通网络，才能促使区域经济融合聚集。在交通网络结构中，城市、乡镇等地点构成相应的"点"，各个交通要道构成相应的"线"，不同的区域构成相应的"面"，点、线、面的组合形成了立体网络，将本来分散的空间单元有机结合在一起，不仅打通了受到空间范围限制的交通运输，还串联起了各经济单元的经济活动，促进区域间的要素流动形成产业集群，有利于优化市场资源配置，实现了交通与经济之间的交融统一（姜文仙，2014）[2]。

3. 空间外部性

公共物品具有非竞争性和非排他性，是为全体社会成员所提供的可以共同享用的物品（高鸿业，2016）[3]。由于建设交通基础设施的资金耗费量较大，一般都是由政府出资建造，因此本质上交通基础设施也属于公共物品之列。公共物品一般都有外部性的特点，交通设施也不例外，从产业结构方面来看，交通基础设施有助于降低企业的运输成本和居民的出行成本，进而给公众带来极大便利性，这属于产生了正外部性；但设施的建设耗费大量人力和物力成本，会给环境带来污染，属于产生负外部性。但与一般物品的外部性不同，交通基础设施还具有空间外部性。由于交通基础设施具有网络性的特点，所以将区域经济体整合为一个整体，内部互通有无，资金、技术、人才都在不同的区域间多向流动，如果一个地区经济比较发达，交通基础设施会加强要素之间的集聚效应，呈现出就业增多、收入提高、经济增长的正空间外部性；相反，如果一个地区经济比较落后，过度吸收周边地区的要素流动，可能会加剧"虹吸效应"，使地区间的差距越来越大，呈现出负的空间外部性。如果将一个地区扩展到多个，由多个地区组成的

① "十三五"交通运输规划执行情况［EB/OL］．贵州省交通运输厅网站，http：//jt.guizhou.gov.cn/xxgkml/ztfl/ghjh_16064/zxgh/202109/t20210922_70490511.html，2021-09-22.

② 姜文仙．区域经济增长溢出效应的传输途径：一个分析框架［J］．发展研究，2014（9）：39-46.

③ 高鸿业．经济学基础［M］．北京：中国人民大学出版社，2016.

一个区域内，总的正空间外部性大于负空间外部性，则这个区域的外部性就是正的，反之为负外部性（李天籽、王伟，2018）①。

4. 投资沉淀成本高、投资专用性强

与普通产品的生产周期不同，交通基础设施的建设资金投入量大，工程周期长，并且只有在达到一定规模之后才能发挥实际作用。并且在建设周期结束后，一般在未来很长时间内都不会改变其提供的运输服务，所以投资专用性很强。再者，交通基础设施不能进行交易，无法实现价值互换，而且地理位置固定性强，所以投入使用后所产生的收益主要是社会收益，仅在一些特定的条件下才可能产生财务收益，相对于投资，收益的收回过程非常漫长，所以投资沉淀成本高。

### 三、中国交通基础设施衡量指标与方法

1. 中国交通网络密度

交通网络密度是评价城市道路网是否合理的基本指标之一，一定程度上限制了城市的发展规模，反映了城市的规模是否科学，并且对城市的交通管制模式、交通运营成本、人民日常生活都有一定的影响（杨浩，2009）②。但与西方国家不同的是，我国单位和小区自行修建的道路并不纳入国家道路统计数据。在所有线状交通基础设施中，铁路和公路对区域运输的贡献最大，用铁路网密度和公路网密度来推测交通优势度更具代表性意义。计算方式为某区域的交通网络总里程与该区域地理面积的比值，用 $\frac{km}{km^2}$ 表示，网络密度结果越大，说明该区域交通条件越优越。这种方法统计简单、数据直观，但仅仅用长度信息作为唯一的判断指标不足以反映交通网络容量供给情况，忽略交通需求与供给的关系，结果过于片面。

2. 中国交通运输量和周转量

运量是一定时期内运送旅客或货物的数量，是运输业最基本的指标，有客运量和货运量之分（杨浩，2009）③。客运量取决于旅客人数或者出行次数，与人口数量、人口结构和人民生活水平有关，单位为人次；货运量与产品产量、进口商品数量、商品量所占比重有关，取决于当地的工农业发展水平和结构特征，单位为吨。运量通常用机车车辆的总运输重量表示，由机车车辆的轴重和通过次数

① 李天籽，王伟．网络基础设施的空间溢出效应比较研究［J］．华东经济管理，2018（12）：5-12．

②③ 杨浩．交通运输概论［M］．北京：中国铁道出版社，2009．

的乘积决定，是反映车流轴重、速度和密度的综合指标。

周转量是一定时期内实际运送的旅客人数或货物吨量与其运输距离的乘积，也是运输生产的产量指标，可以分为旅客周转量、货物周转量、集装箱周转量和换算周转量。一般来说，运量只反映运输的人数和货物的数量，而周转量是用人或货物的数量乘以运输距离，既反映了运输量，也反映了运输距离，运输结果更全面、准确，是一个产品运输量和生产量的综合表现指标。

3. 中国交通基础设施投资额

交通基础设施种类繁多，使用公路、铁路、港口、航线等指标虽然可以分析特定交通基础设施的具体发展情况，但不能衡量交通基础设施的整体发展情况。不过货币是交通基础设施发展的特殊表现形式，可以通过投资额反映不同年份和地区的交通基础设施建设情况，更能反映交通基础设施的整体发展情况（和立道、李妍，2012）①。

以贵州省为例，截至 2020 年底，全省收费公路累计建设投资总额为 6759.5 亿元。其中，政府还贷公路 2869.1 亿元，经营性公路 3890.4 亿元，分别占全省收费公路累计建设投资总额的 42.8% 和 57.2%；高速公路 3868.8 亿元、一级公路 21.6 亿元，分别占全省收费公路累计投资总额的 99.4%、0.6%①。在"十三五"期间，全省公路水路交通固定资产投资持续高位运行，屡创历史新高，年投资总额均实现超千亿元，继续位居全国前列，累计完成 7197 亿元，约为"十二五"时期的 1.6 倍②。

4. 中国交通基础设施邻近度

邻近度是描述地理空间中两个位置距离相近的程度，是空间分析的一个重要手段（丁瑞，2018）③。现实生活中，判断公共设施的服务半径、评价铁路、公路、航运河道对区域经济发展的重要性等问题均涉及邻近度的考量。具体的线状交通基础设施可以打破传统边界，将区域内的各个城市与区域外的各个城市连接起来，从而提高区域内经济水平。用邻近度来评价区域对外联系便捷程度，对区域的交通和经济发展都有重要作用。

计算公式 $E_i = \sum_{j=1}^{4} E_{ij} \times \omega_j$，其中，$E_i$ 为交通基础设施邻近度，$\omega$ 为某一种交通

①　和立道，李妍. 城乡公共服务均等化影响因素及其路径选择 [J]. 云南师范大学学报（哲学社会科学版），2012（6）：107-114.

②　2020 年贵州省收费公路统计公报 [EB/OL]. 贵州省交通运输厅网站，http://jt.guizhou.gov.cn/xxgkml/ztfl/jttjxx/tjgb/202110/t20211027_71313123.html，2021-10-27.

③　丁瑞. 基于轨迹数据的道路提取技术研究 [D]. 长沙：国防科技大学，2018.

基础设施的权重，j 为公路、铁路、港口交通基础设施类型，$E_{ij}$ 为某一单元在某一交通基础设施类型下的邻近度分值。

**四、交通基础设施建设的理论基础**

1. 内生经济增长理论

早在资本主义工业化进程中，交通基础设施就扮演着非常重要的角色。例如，英国依靠航海拓宽市场等，但在不同的时期交通基础设施对经济增长的影响机制和作用路径不同，随着一体化程度的加深，两者之间的关系更趋于复杂。根据交通基础设施的经济先导性和空间外部性，发达地区由于设施健全吸引要素聚集从而刺激经济再增长，落后地区由于设施不健全导致要素流失反而对经济增长起负面作用，但是从部分发展中国家的实践经验来看，即使落后地区大力发展交通基础设施建设，对经济发展的促进作用却十分有限，甚至没有明显改观。

罗默（Romer）在内生经济增长理论中提出，现实中经济长期增长率大于零，生产要素边际收益率并不必然出现递减的现象，是因为对经济增长具有巨大推动作用的技术变革的速度至少部分是内生决定的（项勇、李世杰等，2018）[①]。罗默之后，一些经济学家尝试在经济增长模型中引入人力资本、人口、政府政策、国际货物流动等作为内生变量进行研究，取得重大进展，引发了对内生增长理论的研究高潮。理论中对于内生技术要素的说明肯定了政府在经济发展中的重要性，发展初期政府承担基础设施建设等社会投资的资金供给者责任，规范市场运行；后期，当经济走向正轨，经济规模和社会产出都积累到一定程度后，政府再通过履行收入分配管理职能提高人民生活福利，进一步加大技术投入推进经济发展水平。

2. 平衡增长理论

平衡增长理论的核心思想是社会各部门作为一个整体需要同时参与大规模的交通基础设施的重大投资，因此资本流动和各个部门之间就存在密不可分的关系，各部门的协作配合使经济运行更协调、更长久。目前，平衡增长理论主要可分为罗森斯坦·罗丹的大推动理论、纳克斯的"贫困恶性循环论"和斯特里顿的"完善"的平衡增长理论（卫亚男，2018）[②]。这些理论重点关注社会资本的

---

① 项勇，李世杰等. 四川省城市交通基础设施与区域经济相关耦合性研究［M］. 北京：中国经济出版社，2018.

② 卫亚男. 交通基础设施门槛视角下物流业对区域经济的影响研究［D］. 太原：太原理工大学，2018.

流动性，可能在细微处略有差别，但共同目标都是要求全社会积极调动公共资本，建立良好的资本运行体系，为大型交通基础设施的建设创造必要条件。

3. 福利经济学

虽然发达地区的交通基础设施建设比较完善，但由于越来越多的人员流进区域内，带来发展的同时也会造成一系列问题，比如区域内部交通承载负荷过大，交通资源紧张，容易出现设施供给不足以满足需求的现象。随着人民生活水平的提高，在公共交通设施所带来的舒适度因人员激增而逐渐减少时，购买私家车成为多数家庭的选择，当区域内车辆数量不断增加时，堵车问题又会再次增大交通压力，如此一来形成恶性循环，直接降低人民幸福水平，减少社会经济福利。

福利经济学是英国经济学家在研究社会经济福利时形成的一个理论体系，旧经济福利学运用基数效用论研究一个经济体系如何实现经济福利最大化，新福利经济学运用序数效用论提出著名的"帕累托最优"（何盛明，1990）[1]。福利经济学通过探索评价社会经济行为好坏的标准和条件来给出实现社会运行发展目标的政策建议。

4. 经济地理学

经济地理学是一门关注人类经济活动的空间属性的学科，包括经济活动的内容、经济活动的区位、经济活动的空间选择等方面（李小建，2013）[2]。人类以生产为本，整个过程涵盖生产、交换、分配和消费，由物质流、商品流、人口流和信息流组成，构成一套集城乡聚落、交通要地、贸易和金融服务设施为一体的经济系统。由于一系列经济活动都是在特定地区进行的，因此研究世界不同国家和地区的经济活动系统及其发展过程就成为经济地理学的一个特殊研究领域。它研究的基本科学问题都直接或间接地与政府行为相关，与国土空间的可持续公平利用相关，与地区内部的就业、收入、环境相关。其中的分支学科交通地理学主要研究交通运输地理布局的规律，包括交通枢纽和综合交通网络布局、交通活动与地理因素的空间联系、交通枢纽与腹地的关系、运输区划分布等问题。

20世纪90年代，交通地理学者依据新时期中国交通发展的地理总图完善了《中国交通运输地理》一书，由此学术界也对交通运输地理进行了多方向的深入研究，在交通优势度、区域物流网络与可达性、地区间的运输经济联系、货流的变化规律等方面取得显著进展，其中，交通优势度的提出，使之成为评价区域综

① 何盛明. 财经大辞典 [M]. 北京：中国财政经济出版社，1990.
② 李小建. 经济地理学发展审视与新构思 [J]. 地理研究，2013，32（10）：1865-1877.

合交通优势水平的有效科学方法。

**五、交通基础设施对经济增长的影响路径**

1. 宏观路径

如前文描述，交通基础设施具有网络性的特点，网络空间下驱使区域内各要素流动，加快经济活动之间的聚集和扩散，长期作用下产生的集聚效应和扩散效应共同发挥作用，通过正的空间外部性促进该区域的经济增长，而优势地区通过网络又可以带动周边地区的经济发展，从而形成"滚雪球效应"。除此之外，生产性基础设施建设完善的地区，基于要素自由流动和已有优势的现实，往往能够实现工期缩短、成本减少、资金节约等目标，进而获取更高的经济效益，这就是基础设施创造外部经济，外部经济推动规模经济、提高投资回报率的双向经济增长模式。

区域经济学认为，地区之间并不在同一条起跑线上发展经济，不同地区各自拥有的要素禀赋是不同的，所以存在一些具备地理优势或环境优势等天然条件适宜发展的区域，这些区域的经济必然比其他区域发展得更快更好，优势不断积累堆积，产生正向循环，吸引周边地区的资金、技术、人才等要素资源聚集，通过自我强化产生回流效应，最终激活区域经济，也使地区间的经济发展越来越不平衡①。当这个优势地区的经济增长到一定阶段的时候，要素资源会趋于饱和状态，区域内部无法正常吸收，这时要素会向周边地区扩散，寻求有一定基础条件且具有发展潜力的地区来吸收这些资源，这样一来，周边地区也可以不断优化自己的产业结构，带动经济增长。因此，交通基础设施建设完成后仍需经过一定的时间才能发挥应有的作用，但也证明了缩小地区间发展差异的必要手段就是提高交通基础设施建设水平，从而快速提升全要素生产率，促进经济发展。

2. 微观路径

交通基础设施的构建可以降低企业运输成本和人员出行成本，模糊市场边界，由于运输方式和出行方式的改变，影响了企业和公众的区位选择，使区域内部的分工日趋专业化和细化，加强了区域间的贸易往来，形成了区域化的集聚经济，最终使就业增多、经济增长。

在企业经营的外部环境中，因交通基础设施不配套导致成本较高是主要问题，而在内部环境中，企业面对的主要问题是运输成本高和配套设施不完善。所

---

① 中南财经大学. 经济科学学科辞典［M］. 北京：经济科学出版社，1987.

以从降低成本角度来看，生产规模比较小的企业由于机械设备不够先进会承担较重的基础设施成本，限制了企业的发展，所以这类企业在最初成立时就会选择交通基础设施完善的区域，缓解运营成本压力。另外，经济全球化的压力使企业将目光转移到国际市场中，贸易全球化的推进与交通运输的便利快捷密不可分，交通基础设施的建立可以通过迅速调整资金流向和最大化节省库存来全方位满足消费者多样化的个性需求。对于正在建设"国际化都市"的地区来说，提供现代化的交通服务能力，发挥正溢出效应，吸引投资，增强国际竞争力。

### 六、交通基础设施与物流业发展

在整个物流过程中，关键环节是运输，无论是企业生产时的原材料输入物流，还是产品完工后流向销售方的输出物流，抑或是向消费者交付产品时的销售物流，都需要依靠交通来进行运输，没有交通，就没有物流，交通是物流系统中最重要的子系统。

交通基础设施建设与物流业发展之间互相影响，呈现双向的正反馈机制。地区的交通基础设施逐渐完善的同时会提高物流效率，从而提高当地物流业发展水平，促进区域经济协调发展，人民收入提高，国民经济存量上升，经济增长后政府会继续加大对交通基础设施的资金与技术建设，促进交通运输业的发展。同时，物流业快速发展会提高当地社会对地区交通运输的需求，从而再刺激交通基础设施的建设进程（刘浩华等，2020）[①]。

随着贸易全球化进程加快，商品流通已不仅局限于某个特定区域，一个企业可以与多家下游企业进行合作提供服务，相对应地，一家企业也需要由多家上游企业提供原材料、配件等制作产品，企业之间形成一条供应链，供应链的管理就显得极其重要。社会良好运行机制和企业经济效益最大化的关键之一就在于商品在市场上的高效流动，针对该社会需求与企业需求，降低运输成本，提高物资流动速率与效率，实现运输一体化，建成高速化和智能化的可持续综合交通运输体系，是交通运输行业未来的发展方向。

交通运输行业是国民经济中货物和公众运输的社会性生产部门，通过专业运输工具与设备将人与物在运输线路上进行空间位置的转移。运输和物流相互融合，弥补劣势，增强优势，是社会经济发展的必然结果。综合运输体系的发

---

① 刘浩华、陈秀玲、王雪峰. 城镇化与物流绿色全要素生产率的门槛效应研究［J］. 经济与管理评论，2020（2）：123-132.

展，首先从效率方面来说，交通基础设施网络的建设会使物流运输的规模逐渐扩大，物流服务会向标准化和规范化逐渐靠拢，物流运输的组织效率和水平会逐渐提升，物流成本逐渐下降，因此一体化运输会打破不同运输方式之间的界限范围。其次从公路和铁路网络建设的角度来说，公路网络的完善可以为物流运输提供最佳路线，节约成本和时间，铁路客运专线可以与货运专线相区分，缓解原先线路货运压力，而铁路新线的建成会大幅度提高我国运输系统的能力，不仅为物流企业的发展增添活力，还会优化物流发展结构，让各种运输方式专注自身的优势领域，发挥各自技术经济特性，使结构更合理、有序。最后从港口、机场建设的角度来说，港口、机场、物流园区等交通基础设施是企业运输和物流服务系统的重要组成部分，而设施之间也会形成交通网络，产生联动发展，基础设施的完善可以加速物流集约化发展，使物流业朝着规模化、组织化、市场化、现代化发展。

# 第二节　物流业发展相关理论

## 一、物流概念的起源

如果一般性地从物体本身流动的角度进行理解，物流是一种既古老又普遍存在的活动，从人类进行物质交换开始，随着经济活动的发生，物流随之产生，比如运输、仓储、装卸搬运等。但是对于"物流"的概念，当时的人们并没有进行认识与定义。18 世纪末汽车的诞生使运输业蓬勃发展，无形中推动和促进了物流业的发展。1918 年，为了将商品及时送到遍布全国的批发商、零售商和客户的手中，英国成立了"即时送货股份有限公司"，这是目前关于物流活动最早的文献记载。20 世纪 50 年代初，国外将物流称为"Physical Distribution"，简称"PD"，即货物的配送，日本人将"PD"译为"物的流通"或"物资流通"，后又称为物流或综合物流。而后"PD"演变为"Logistic"，是由于在"二战"期间，为了对军火的运输、补给、驻扎等进行全面管理，美国首先采用了"物流管理"（Logistics Management）一词，并在"二战"后，将"物流"与企业管理相结合，将对企业商品的运输、供销、存储等活动进行综合管理的过程称为"企业物流"。从此"Logistic"成为了物流的代名词，延续和流传于世界各国（李怀政，2004）①。

"Logistic" 一词的出现是全球经济和科技发展的必然结果（张明明，2006）②。其实，"PD" 对应了传统物流，"Logistic" 对应了现代物流，两者最大的区别在于 "Logistic" 打破了传统的货物流通领域，将物流活动延伸到了生产领域，物流不仅仅只从产品交付开始，还包括从原料采购、加工生产、推销售卖、售后服务到废物回收的全过程。事实上，随着生产的发展，社会分工变得更加细化，社会需求开始多样化，物流管理活动逐渐分化成一个独立的部门，随之产生一个新的产业，即物流业。

### 二、物流的定义

关于物流的定义有很多，对物流的认识是一个不断深化的过程。2002 年，经过三次修改，美国物流管理协会对物流的完整阐述为，"物流是供应链运作中，以满足客户要求为目的，对货物、服务及相关信息在产出地和销售地之间实现高效（高效率、高收益）和低成本的正向和反向流动和储存所进行的计划、执行和控制过程"（张亮，2015）③。我国在《中华人民共和国国家标准：物流术语（GB/T 18354-2006）》中也给出了关于物流的国标定义，"物品从供应地向接收地的实体流动过程。根据实际需要，将运输、储存、装卸、搬运、包装、流通加工、配送、信息处理等基本功能实施有机结合"（徐旭，2017）④。概念逐渐由笼统到清晰，但核心的要点是没有变的：物流一定是物质实体的流动，包括空间位置、时间位置以及形状性质的变动，并且作为一种经济活动，物流在社会经济中普遍存在。

综上所述，关于物流的定义，各国学者或组织从不同的角度出发，总体上是围绕着七个要素来进行阐述的，这七个要素分别是：产品（Product）、数量（Quantity）、条件（Condition）、地点（Place）、时间（Time）、顾客（Customer）和成本（Cost）。因此，物流的实质就是将适当数量的产品，在适当时间和条件下为适当的顾客送到适当的地点，同时保持适当的成本。物流管理的最终目的是满足客户需求与企业的目标。

① 李怀政. 现代物流理论的兴起与发展路径研究 [J]. 科技进步与对策，2004（11）：73-75.

② 张明明. 对第 N 方物流的思考 [J]. 无锡商业职业技术学院学报，2006（4）：8-9.

③ 张亮. 物流学 [M]. 北京：人民邮电出版社，2015.

④ 徐旭. 物流学概论 [M]. 南京：南京大学出版社，2017.

### 三、物流的作用和意义

1. 物流的作用

效用，是指消费者在消费某种商品或服务中所得到的满意程度，也可用来评价某种商品或服务满足人欲望的能力，而一种商品是否具有效用取决于消费者是否有消费的欲望以及能力，所以效用属于消费者的主观心理评价。产品效用是指当消费者购买产品后，该商品预计能够发挥的效果和作用，本质上是产品的使用价值，类似地，产品效用也属于消费者的主观心理评价（李松涛，2007）[1]。企业在物流过程中通过活劳动和物化劳动的投入形成多种经济效用，从而提高产品效用，这便是企业物流的核心作用。

（1）时间效用。

许多商品的生产和消费都受到环境条件的限制，比如农产品自身具有季节性生长的特点，只能间断性生产，消费却时时发生，保暖手套只有在冬季销量才会提升但产品需要提前生产以供消费者选择等现象，这就导致产品从供给者向需求者移动时存在时间差的问题。物流通过在商品流通过程中加大对储存、保管等劳动的投入来提高库存管理效率，进而提高资金使用效率，准确把握增量收益、改变时间差以创造收益，这种收益即为时间效用。

时间效用获得的方式有三种：一是缩短时间差，加快物资流转速度，减少损失，降低消耗，节约资金；二是弥补时间差，在集中生产但连续消费的情况下，物流通过储存期间的养护保管措施克服时间差问题，以科学系统的方式保证流通和生产的顺利进行；三是延长时间差，有些商品需要在正确的时间点才能最大程度地发挥其产品效用，此时有意识地延长时间差，有意识地延长物流时间才是均衡社会需求的有效方式（李怀政，2004）[2]。

（2）空间效用。

不同地区具备不同的要素禀赋，意味着不同区域具备不同的生产优势和生产结构，但是消费却没有区域性特点，它存在于全国或全世界各个地方，物流便是克服了生产与消费在地理空间上的分离，在商品流通过程中将产品从供给点输送到需求点，延伸市场区域界限，创造空间效用，使生产和消费在空间上达到统一

① 李松涛. 企业产品竞争优势来源的微观分析［J］. 中国管理信息化（综合版），2007（11）：36-38.
② 李怀政. 现代物流理论的兴起与发展路径研究［J］. 科技进步与对策，2004（11）：73-75.

（周启蕾等，2001）①。

空间效用获得的方式也有三种：一是从集中生产向分散需求场所转移，比如耐克在印度尼西亚建立工厂，当地有地价便宜、劳动力廉价等优势，可降低生产成本，再将产品销售到各国；二是从分散生产向集中需求场所转移，比如汽车的零部件分别在世界各地生产，但零部件齐全后均运送到厂商那里进行统一装配；三是从低价值地区生产向高价值地区需求转移，比如南方生产的水果到北方以高价售卖，北方生产的蔬菜到南方以高价售卖等。

（3）形质效用。

消费者需求多种多样，个性化需求层出不穷，这就对生产提出了更高要求。在商品流通过程中，通过加工等特殊生产形式，将供应者手中具有形状性质的物资改造成需求者要求的形状性质，在生产、制造和组装过程中增加产品的附加值，从而增加产品效用，创造形质效用。比如肯德基在原材料相同的情况下顺应本土化战略，根据中国人的口味重新对原品进行适当更改，尤其在北京冬奥会时期推出"冰墩墩套餐"，深受顾客欢迎。

（4）占用效用。

和效用一样，时间效用和空间效用只有当消费者对该商品或服务产生需求时才会产生，而存在时间和空间效用是占用效用存在的前提。市场营销通过直接或间接的方式增加顾客购买商品的欲望，使顾客配合供应商签订销售协议，厂商获得货款，配合物流进行配货并送货，完成商品所有权的让渡转移，消费者在企业各部门的协作下拥有商品，实现占用效用。

2. 物流的意义

（1）保障国民经济持续健康发展。

物流首先通过向生产者源源不断地输送原材料、零配件等来维持生产过程的正常运行，产成品再通过物流运送到世界各地以维持消费者的正常需求，以此达到动态平衡。生产和消费是国民经济的重要构成部分，依靠物流这个中间媒介将其联系在一起，使国民经济成为一个内在联系紧密的整体。除此之外，物流在地区上将城乡、东西部连接，在产业上将第一、第二、第三产业连接，是维系多部门协作的重要纽带。因此，物流是国民经济的基础之一，是各部门、各行业持续

---

① 周启蕾，朱国宝，萧汉梁. 公路运输业实行物流化改造的基本途径［J］. 商业研究，2001（5）：159-161.

发展的重要保障（徐杰、鞠颂东，2003）[①]。在经济全球化迅猛发展的今天，如果物流失去了连续性，商品无法顺利生产，抑或是商品无法顺利流向市场造成囤积，都会使社会秩序紊乱，影响经济发展，扰乱人民的正常生活。

（2）带动区域产业升级和区域经济增长。

首先，由于物流具有空间效用，能够克服资源在空间位置移动的困难，实现跨区域的流动，这就对区域的经济发展是极为有利的。对于一些经济发展相对落后但交通便捷的地区，可以在物流上主动发力，使物流成为该地区的主导产业，进而带动该产业的结构升级。一旦能够形成区域性的物流中心，随着规模和关联产业的逐步扩大，技术和人力资源自动聚集，使物流产业的竞争优势凸显，从而推动经济增长。其次，物流模糊了市场边界，在物资进行空间的移动时，也伴随着信息、科技、人力资本在地区间的互动交流，有利于资源的合理有效配置，各部门的效率提升也会带动整体经济的规模效益提升，促进区域经济发展（朱坤萍，2007）[②]。

（3）降低企业的物流成本。

物流是企业生产的前提保证和支柱力量，企业重视物流的一个重要原因就是希望以最低的成本将商品送至客户手中，降低物流成本是每一个企业所追求的目标，因此物流系统的形成和发展就具有必然性。物流系统的建立、运转和维护都需要投入大额的资金，高水平的物流服务和低水平的物流成本貌似不可兼得，这就突出了技术的重要性。利用高新技术不断升级物流系统，减少商品流通时间，实现"零库存"动态管理，改善企业经营的内外部环境。

（4）增加企业的服务价值。

前文提到，产品效用取决于消费者的主观心理评价，如果物流能够在顾客满意的地点和时间，以低于顾客心理最高价位的价格进行交付时，顾客所决定的产品效用就会更高，还会额外产生顾客经济价值。顾客经济价值会无形地让顾客产生心理依赖，有助于双方构建长期稳定的战略合作关系，利于企业在市场上树立品牌形象和地位，增强市场竞争力，为向海外拓宽市场、获取全球市场份额做好充足的准备。

---

① 徐杰，鞠颂东. 对物流学学科体系的思考［J］. 北方交通大学学报（社会科学版），2003（4）：9+31-34.

② 朱坤萍. 区域物流与区域经济发展的互动机理［J］. 河北学刊，2007（2）：168-171.

### 四、物流成本的相关理论

物流成本是指与物流相关的费用和支出，它是商品在空间位移或存储过程中所消耗的物化劳动和活劳动的货币表现，是人力、物力和财力的总和。企业为了提高自身竞争力将物流成本最小化作为企业最终目标之一，学术界也对此衍生出一系列理论。

1. 商物分离

商即指"商流"，是通过货币实现的商品价值的转移和商品所有权的转让，具体的商流活动包括买卖交易活动以及信息活动。物即指"物流"，是指交易过程中物品实体的转移。一手交钱一手交货作为最传统的交易模式，商流和物流是同时同步进行的，两者相伴而生，而商物分离则是指商流和物流按照各自的规律独立运行，这是因为在经济全球化趋势下，国际分工越来越深入，商贸企业可以只拥有物资的所有权，将管理权交由工厂或是物流中心，网络经济时代下物流服务供应商的出现使物资的供给者和需求者之间只存在商流的运转，物流的发生则依靠第三方来进行，出现所谓的"商流分离"现象（刘文刚，2007）[1]。

2. "黑大陆"学说和冰山学说

1962年，著名管理学家彼得·德鲁克在《财富》中发表《经济的黑色大陆》，文中他将物流比作"一块未开垦的处女地"，认为"流通是经济领域的黑暗大陆"（王静，2016）[2]，强调应高度重视流通和流通过程中的物流管理。由于在流通领域中物流活动属于大面积"迷雾区"，所以该学说的研究对象主要针对物流。

物流冰山学说是日本物流之父西泽修提出的，他认为人们在阅读财务报表的时候只注意了企业公布的物流费用，但物流成本计算对象不明晰、会计核算制度不健全等原因导致这只是其中的一部分，是企业整个物流成本的冰山一角。

3. 第三利润源说和利润中心说

第三利润源是1970年西泽修在《物流——降低成本的关键》中提出的，他认为开发生产力需要三要素，首先资源是第一利润源，研究对象为物化劳动；其次人力是第二利润源，研究对象为活劳动；最后物流是第三利润源，不仅挖掘劳动对象和劳动者的潜力，还包括生产力要素中劳动工具的潜力，使物流活动单独

①　刘文刚. 广州市站西路钟表专业批发市场物流现状与发展研究［J］. 特区经济，2007（8）：42-44.

②　王静. 现代物流管理与战略［M］. 西安：陕西人民出版社，2016.

盈利，成为利润中心。

4. 成本中心说

成本中心说认为，由于物流是企业主要成本的来源、物流是降低企业成本的关键点，所以在这个企业战略中，物流只对企业营销活动的成本发生影响。基于该学说，企业应通过物流管理来降低营运成本，"物流是降低企业成本的宝库"（杨健，2004）[①]。

5. 效益悖反说

效益悖反说指出，物流各项功能要素存在矛盾统一的辩证关系，在同样的物流总量需求和物流执行条件下，一种要素成本减少则另一种要素成本增加。在此条件下，物流活动是管理对象，物流成本则是管理手段，企业应思考如何实现物流整体成本最低。

6. 服务中心说和战略中心说

服务中心说认为，物流活动最重要的作用不是减少消耗、降低成本或增加企业利润，而是提高企业为用户提供的服务水平，从而提高企业的竞争力。因此，物流关系到企业的整体生存和发展，物流对企业长远发展的深远影响应从战略高度来看待和考虑。

## 五、物流业

1. 概念定义

随着社会分工不断深化，物流业的产生是经济发展的必然产物，在上述对物流的分析中也可以发现，在不同的产业、不同的行业、不同的部门中都存在小规模的物流活动，但都未形成真正的物流系统，具有成本高、效率低的劣势。科学技术的进步再次提升全球分工水平，于是出现了专门为消费者和供给者提供物流服务的企业，即"第三方物流"企业。虽然物流业已经成为现实经济发展中的重要产业之一，但是学术界对物流业目前并没有进行统一的定义，不同学者有着不同的观点。

首先，物流业是一个复合型产业。因为物流业是由物流资源产业化而形成的集运输业、仓储业、装卸业、配送业等多产业为一体的服务产业，这些资源要素通过优化整合，发挥耦合效应，使物流业成为一个高效化的聚合型产业（汪鸣，

---

① 杨健. 动态更新决策理论、模型、算法及应用［J］. 中国人民大学学报，2004（5）：111-117.

2009)①。其次，物流业是一个生产性服务业，生产性服务业与制造业直接相关，属于制造业内部生产服务部门为保持工业生产流程连续、产业结构升级、作业效率保障而衍生出的产业，因为它本身是与制造业相伴相生，所以一般不与消费者之间产生直接效用关系，货物运输、仓储快递服务均属于生产性服务业（郑国诜等，2020)②。基于以上分析，本书将物流业定义为保证社会经济活动供给的复合型产业，是根据实际需要将运输、仓储、装卸、搬运、包装、配送和信息处理等基本功能有机结合起来的一系列活动。

2. 形成与发展的理论分析

（1）形成：产业的构成要求。

产业是社会分工的产物，是生产力不断发展的必然结果，但产业的构成要素需要具备相应的要求和条件，只有在社会经济生活中具有不可缺少的功能，并足以具有一定规模和影响的集合单元才能称为产业。相应地，物流产业也需要满足这些规定性条件，即物流业的规模、物流业的专业化要求、物流业的社会功能等。

从总体上看，2021年，全年社会物流总额335.2万亿元，是"十三五"初期的1.5倍，全年物流业总收入11.9万亿元，同比增长15.1%③。从运量和周转量来看，2021年中国水路货物运输量为82.4亿吨，同比增长8.2%；公路货物运输量为391.4亿吨，同比增长14.2%；铁路货运发送量为47.2亿吨，同比增长5.9%。2021年中国水路货物运输周转量为115578亿吨千米，同比增长9.2%；公路货物运输周转量为69088亿吨千米，同比增长14.8%；铁路货物运输周转量为33191亿吨千米，同比增长9.3%。从运输环节看，运输物流结构进一步调整优化，国内产业链、国际贸易循环畅通，2021年全年完成集装箱多式联运量620万标准箱，开通联运线路450条，年均增速在15%左右。从保管环节看，上下游企业物流、资金流更为畅通，2021年中国规模以上工业企业产成品存货周转天数、应收账款平均回收期分别为16.8天、49.5天，较2020年末分别减少0.9天、2.0天④。

① 汪鸣.物流业的产业特征与发展问题［J］.中国流通经济，2009（7）：17-19.

② 郑国诜，任超，陈燕赟.基于生产性服务业需求的人才培养模式研究：以龙岩市物流业为例［J］.龙岩学院学报，2020（1）：118-123.

③ 国家发展改革委，中国物流与采购联合会.2021年全国物流运行情况通报［EB/OL］.中国物流信息中心网站，http：//www.clic.org.cn/wltjwlyx/307783.jhtml，2022-02-09.

④ 2022年全国交通运输工作会议在京召开［N］.中国交通报，2021-12-13.

从以上数据来看，物流业是符合构成产业的规定性要求的，是具有相当规模和社会人员、经济生活不可缺少的顺应时代发展而产生的产业，一方面，在生产领域分工，进行专业化发展促使了流通专业化的发展，另一方面，随着在生产物流中类似采购、存储、销售等部门的分离，借助信息化发展，物流业的形成是必然趋势。因此，社会分工经济和专业化经济是物流活动独立的基础，是物流产业产生的重要原因和发展的内在动力。

（2）发展：节约交易成本，增强竞争力。

交易费用是指交易完成时双方在交易完成前后发生的各种与交易相关的费用，包括收集信息、协商、谈判等过程耗费的成本。现代企业理论研究中重要的一部分是规模经济理论，认为企业扩大经营规模可以降低平均成本，从而提高收益。因此，随着物流业的发展，企业想要节约交易成本，减少物流费用，需要扩大经济规模，集中物流资产，规范物流运作，收获规模经济收益。对于中小型非物流企业来说，由于规模相对不大，机械设备的大量采购难免造成资源浪费，进而造成运营成本上升，对比可以选择将物流外包；对于专业物流企业来说，可以通过重组、兼并等方式扩大企业规模，或者选择合作、联盟等方式形成规模经济，降低成本费用。

企业在市场中发展需要不断提高自身的竞争力，从物流业发展上可以发现有三种方式：第一，非物流企业将物流部门作为核心部门进行培养，这可能是由于该企业的业务与物流关联程度高，物流业务量大，物流部门的发展对企业后续的发展具有较大影响力；第二，中小型的非物流企业由于精力和资金不足，将非核心的物流部门外包给专业物流公司，将企业内部的资源集中输送到核心业务部门，聚焦特定市场提供特定服务，实行公司集中化战略；第三，物流企业自身对物流部门进行深度培养，随着经济全球化的发展，物流活动的范围逐渐扩大，物流活动的各个环节更为复杂精细，因此物流企业必须不断深化合作、弥补不足、强化优势，来应对多变的市场外部环境。

### 六、中国物流业发展概况

中国在 20 世纪八九十年代出现"物流"一词。依据我国经济体制改革发展变迁，可以将我国物流业发展历程划分为四个阶段。

1. 萌芽阶段（20 世纪 80 年代以前）

萌芽阶段我国实行高度集中的计划经济体制，要求企业按计划组织生产，根据物资供应计划进行适当的调配和分配，这就要求在工业生产领域必须对具备协作关系的各方物流的联结做出系统性的安排。但在当时的社会分工和专业化生产水平下，极易造成在生产销售等各个环节的分割化、碎片化，部门经济和条块分割现象严重，传统的仓储形式已不能满足经济发展和经营性生产的要求。将储运联结，实现一体化成为对物流发展的新需求。

2. 学习和引进阶段（20 世纪 80 年代至 90 年代初）

1978 年党的十一届三中全会确立了改革开放政策，计划经济和市场调节相结合的要求打破了长期以来国有商业"独霸天下"的固有局面，将多元化的经济成分引入市场，使物资管理和物流管理从计划经济的约束中解放出来。物流在社会中的重要性逐步上升的同时，多种所有制企业的进入使物流业形成了以公有制为核心、其他经济组成部分共同发展的新型模式，进一步更新了物流管理理念，提升了物流业的整体发展水平。

3. 起步阶段（20 世纪 90 年代）

邓小平同志发表南方谈话后，我国进一步推动了改革开放的进程，在我国经济特区深圳市制定了第一个地区性的物流规划，伴随着传统大企业和新兴国外企业的共同推动，物流业实现快速提升，综合运输体系逐步形成，国内市场呈现多元化格局，流通体制不断向社会化、现代化、国际化迈进。但在这一阶段，消费并没有跟上生产的大幅度提升，导致市场失去平衡，库存商品积压问题严重，这暴露出我国物流业管理水平不高、第三方物流占比较低等突出问题。

4. 快速发展阶段（21 世纪初至今）

我国物流进入发展期的主要标志为大规模、大范围的物流建设，表现为以下几个方面：

（1）物流政策环境建设。

2001 年 3 月，国家经贸委等六部委联合下发的《关于加快我国现代物流发展的若干意见》，是我国从政府角度下发的第一个有关物流发展的政策性、指导性文件。2004 年国家发展改革委等九部委出台的《关于促进我国现代物流业发展的意见》，标志着我国确立了现代物流发展所必需的政策方针，是我国关于物流政策环境建设方面的突破性进展。

（2）物流规划工作。

包括北京、上海、深圳、天津等在内的全国 50 多个省、直辖市、中心城市开始或者已经制定了物流规划，多个产业和企业都通过物流规划切实开展现代化物流系统的建设。以贵州省为例，贵州充分发挥作为西南陆路重要交通枢纽的优势，围绕新型工业化、新型城镇化、农业现代化和旅游产业化的发展需求，依托铁路、高速公路等交通通道，着力优化以贵阳—贵安—安顺为核心，遵义与都匀—凯里为两极，六盘水、铜仁、毕节、兴义为区域性物流节点的"一核两极四节点"物流空间总体布局，打造全省内统外联、协调融合发展的"通道+枢纽+网络"物流运行体系，加快构建高效、智能、绿色、安全的现代物流体系，打造西部现代物流枢纽[①]。

（3）物流平台建设。

物流平台不仅是行业运转的技术基础，也是国民经济的基础，物流平台的建设既要做到范围规模大，更要注重结构层次好，其中物流信息平台进步迅速。由于我国不断加强信息化建设，在信息基础设施网络和使用信息技术方面已经能够满足现代物流的信息化运营要求，比如通信和即时远程数据交换、静态和动态商品识别、定位精准以及无人化和自动化的管理等。

铁路、公路线路的网络在我国的东部和发达地区已经完成了基本的布局，平台建设在全国尤其是西部地区快速推进，覆盖全国的高效物流平台前景十分明朗。以贵州省为例，贵州高度重视高速公路建设，早在2013年就启动实施"高速公路建设三年会战"，实现县县通高速，并开展"两高"经济带研究。截至2020年底，全省高速公路总里程达7607千米，省际通道累计达22个，综合密度列全国第一。"十三五"时期，贵州农村公路通车里程达17.3万千米，新增4130个建制村通客运，在西部地区率先实现"两通"目标，提前三年完成交通运输脱贫攻坚兜底性任务。预计到2025年，贵州将基本形成以国家物流枢纽为核心、国家级示范物流园区和省级物流园区为支撑、区域性物流园区为补充的物流园区网络[②]。

总体来看，在全球化商品饱和和全球化市场经济竞争的冲击下，物流企业通过加快资源整合和企业重组进程，扩大物流体系覆盖范围，不仅创造了行业良好业绩，还实现了现代物流的全面发展，形成了以现代信息技术为支撑的跨行业、跨部门、跨区域的综合物流服务体系。

**七、现代物流业对经济增长的影响**

1. 宏观经济视角

首先，现代物流业作为市场流通下的衍生物，作为同时是产业链和供应链上

① 贵州省"十四五"现代物流业发展规划 [EB/OL]．贵州省发展和改革委员会网站，http：//fgw.guizhou.gov.cn/ztzl/sswgh_5643328/202112/t20211209_71993123.html，2021-12-09.

② "十三五"交通运输规划执行情况 [EB/OL]．贵州省交通运输厅网站，http：//jt.guizhou.gov.cn/xxgkml/ztfl/ghjh_16064/zxgh/202109/t20210922_70490511.html，2021-09-22.

的重要因素，已经成为区域经济一体化进程中必不可少的一环，现代物流业通过高效运营，带动就业、拉动消费、吸引投资，助力培育区域经济增长点。其次，现代物流业是带动区域经济高质量发展的重要产业，产业关联效应和聚集扩散效应会使其发展具有正向促进作用（朱坤萍，2007）[1]。降低物流成本，提高运营效率，促使区域经济内部的产业布局和空间结构趋于精简，显著提高经济一体化程度。

现代物流业是当下覆盖范围最广的产业，随着整体规模扩大、发展速度加快和运行效率提高，越来越发挥着对经济发展的促进和支持作用。从宏观的角度来看，物流业是国民经济的重要产业和新的经济增长点，发展现代物流业可以增加就业机会，促进以城市为中心的物流市场的形成和发展（李严锋、谷丽娟，2003）[2]。在社会分工更精细和社会产品总量更大的基础上，在经济全球化和信息科技不断更新迭代的浪潮下，物流业也随之迅猛发展，成为社会经济发展结构中不可或缺的组成部分，它打破传统的商业运作模式，对现在的商品流通模式和人们的生活方式都产生了广泛而深远的影响。除此之外，发展现代物流业对推动生产力发展也具有积极作用，通过优化生产力规划布局和资源配置方式调整经济结构。

2. 产业经济视角

要素的流动不是单一的，物品的流动会伴随资金和信息的流动，物流业既然起到促进和支持经济的作用，自然也会对服务业、旅游业、金融业等第三产业带来关联影响，现代物流业作为生产性服务业，服务于经济的方方面面，将经济中的各个部分联结成一个整体，无形中就会渗入第一产业和第二产业，与之紧密相关，而它作为第三产业中的一部分更是在自身发展的同时，一方面直接优化了产业的内部结构，另一方面通过物流发展促进服务业内部的结构优化，从而间接推进了第三产业的优化发展，不仅有利于降低产业的经营成本，还能促进交通运输业、商业等产业的进一步提高和发展，最终带动整个区域的产业结构升级调整，增强地区经济的竞争力。从中观的角度来看，物流经济是循环经济的基础，发展现代物流业可以形成新的产业形态，调整优化区域产业结构，促进区域产业发展（帅斌，2005）[3]。

---

① 朱坤萍. 区域物流与区域经济发展的互动机理［J］. 河北学刊，2007（2）：168-171.
② 李严锋，谷丽娟. 对云南发展现代物流的思考［J］. 云南财贸学院学报（社会科学版），2003（1）：63-64.
③ 帅斌. 物流产业的基础定位与核心理念［J］. 综合运输，2005（9）：38-40.

3. 微观经济视角

经常说，生产过程是连续的。何为连续呢？一方面，生产部门在生产过程中能够及时地获取原材料、零部件、资本、劳动力等必需要素供给；另一方面，在生产过程结束后，能够将产成品及时快速地送达销售方，这涉及采购、生产、仓储、配送等多个环节，连续性的保障就来自于物流服务的高效性。现代物流产业的存在不仅降低了企业的运输成本，还能够提高企业对外部市场环境变化的反应能力，增强市场竞争力。

首先，企业是追求成本最小化以达到效益最大化的微观主体，在现代化的背景下，试图通过提高生产和制造技术来压缩成本的效果甚微，但对于物流却有很大空间进行操作，所以降低物流成本是每个企业的重点关注项目。其次，由于物流服务水平不断提高，这极大程度上降低了企业的存货风险和仓储成本，提高了市场流通速度和效率，使资源配置向最优的方向靠拢。最后，微观角度下，物流服务的提升加快了企业在时间和空间上的决策过程，厂商的决策过程包括投入要素的决策和产品生产的决策，如此会使其比传统市场经济中制造商的行为更高效。

## 八、现代物流业发展

"十四五"规划纲要中通篇有 21 处直接提到"物流"，足以说明对现代物流业的重视程度。当今世界正处于百年未有之大变局，新一轮科技革命和产业变革深入发展，市场外部环境正发生多种变化，国际形势复杂多变，国内产能过剩、需求结构升级矛盾突出，经济增长内生动力不足，给我国的经济社会发展带来诸多挑战。面对新形势，要做好迎接新挑战、谋求新发展的充足准备，要筑牢我国在现代化发展中形成的产业根基，实现经济持续健康发展。

目前，我国作为物流大国，物流规模是世界第一，数量跟上的同时质量也要保持齐头并进。我国物流业的许多领域尚处于发展阶段，存在发展方式简单粗放、物流运营成本高、服务效率低、公司经济效益低等多方面问题，所以，我国要推动物流业高质量变革，加快现代化发展步伐，这意味着更低的物流成本、更快的信息传递和更周到的服务，以完善全球化的供应链体系。

随着科技的迅猛发展，网络技术的出现加剧了物流行业的竞争程度，我国外部面临国际企业的强势进入和挤压，内部由于高成本和低效率也面临运转困难的问题。当前社会需求对物流系统提出了新的挑战，不仅要求成本，还要求服务，传统的物流活动已经无法跟上现代社会经济发展的步伐，必须要对物流业的各要素资源进行重新配置，使物流朝着信息化、移动化、智能化、网络化、集成化和国际化方向持续稳定发展。

1. 电子商务物流

电子商务是在网络时代下诞生的新兴贸易模式，它以互联网为媒介，将市场范围拓宽到全球，令交易双方在基于客户端或服务端的网络环境下可以不受时间和地点的限制，不见面就能完成订单的在线支付，比如消费者网上购物、商户网上交易等其他金融交易活动（周长青、付蕾，2006）[1]。电子是方式与手段，商务是结果与目的，如今电子商务带来了极大的便利性，深刻改变了我们的日常生活。

经常有传统的理解认为，电子商务仅仅涉及资金流、信息流和商流，这种说法太过于狭隘，没有明确电子商务的核心要素。订单的在线完成并不意味着整个交易的结束，因为顾客履行了支付义务，但商家还没有承担发货的责任。商家应与物流公司合作，将商品送至客户手中，并且做好退货、换货的准备，这些都与"物流"这一关键要素息息相关。

如图 1-1 所示，电子商务的形成和发展离不开四大组成部分，消费者、平台经营者、物流公司以及支付系统，四者之间分别是买卖、合作和服务关系。与此同时也可以清晰地发现，除了上述的三大流之外，物流也是其中重要的一环。物流主要是为消费者提供服务，没有物流，电子商务模式便会退回到最传统的交易模式，失去空间效用的优势。而且资金流、信息流和商流均可以依靠网络在线上

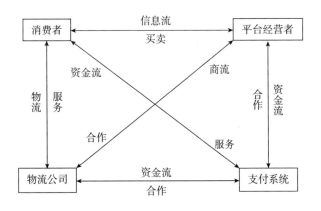

图 1-1　电子商务流程图

---

① 周长青，付蕾. 电子商务物流［M］. 重庆：重庆大学出版社，2006.

完成，物流不同，它包括原材料采购、运送工厂、存储以及配送等多项线下流程，如果物流环节稍有差池，一定会影响到整个交易流程，所以物流既保障了生产过程的顺利进行，也在无形中推进了电子商务的进行。

当下电子商务随着互联网用户的增多、人民生活水平的提高已经逐渐成为市场新增长点，社会需求不断提高，社会环境不断改善，物流和电子商务在未来将在合作关系上更紧密，在合作范围上更宽阔，努力寻求深度协作模式。在配送环节，通过简化物流流程减少成本的流失，提高运送质量和效率，比如贵州省加快构建城乡配送网络，发挥区域配送中心衔接城乡的功能优势，形成衔接有效、往返互动的双向流通网络；在基础设施方面，加强物流发展设施建设工作，不断更新改善物流配送系统；在人才培养方面，物流企业应放眼全球，加大对信息技术人员和从业人员的知识与技能培训，鼓励企业多与高校开展联合培养计划，着重培育理论与实践相结合的复合型人才（董林飞，2011）[1]。

2. 应急物流

虽然目前各个国家的预警检测系统都十分先进，但对于一些突发性自然灾害和公共卫生事件等仍难以及时预测，即便有时系统能观察到异样，但由于间隔时间太短，物资和人员常常来不及调配，这就体现了应急物流的重要性。应急物流是指为应对重大自然灾害、突发公共卫生事件、公共安全事件和军事冲突，保障紧急物资、人员和资金需求的专业化物流活动（刘利军，2015）[2]。与普通物流不同的是，普通物流强调经济效益，而应急物流追求的是时间效益最大化和灾害损失最小化，核心问题是在面对危急情况如何能在最短的时间内将应急物资精准配送到目的地。

我国对应急物流管理的发展起步较晚，自2003年非典型性肺炎暴发起，我国才开始进行相关研究，2006年底成立了中国物流与采购联合会应急物流专业委员会，这是我国第一个应急物流专业组织，2008年汶川地震的发生使国内学者将目光聚焦在震后救灾方面，弥补了应急管理体系的不足。新型冠状病毒疫情之前，无论是国内还是国外，均将研究重点放在了地震、洪水等灾害上，极少有考虑传染病等疫情的防控问题，导致我国在疫情初期陷入医疗物资极其匮乏的困境之中，给国家和人民造成了惨痛的损失，暴露出我国在应急物流管理体系上的巨大缺口。

---

① 董林飞. 电子商务物流概念及模型研究［J］. 重庆科技学院学报（社会科学版），2011（20）：74~75+87.

② 刘利军. 应急物流［M］. 北京：中国财富出版社，2015.

"十四五"发展时期，应注重发展保障有力的现代应急物流体系，以贵州省为例，在全省应急物流设施建设方面，充分利用物流节点网络和通道资源，整合存量应急设施，推动重大物流设施嵌入应急功能，加快补齐应急物资储备设施短板；在应急物流组织能力方面，建立"平时服务、急时应急"的全流程、专业化应急物流企业库和人员队伍，调动社会有效资源，构建以政府储备为基础，以企业（商业）储备、产能储备、社会化储备为支撑的应急物资储备体系和快速调运机制；在应急物流响应机制方面，建立由政府牵头，多方主体参与的应急物流联动长效响应机制，支持重点物流企业加快推进物流信息化、标准化和智能化建设[1]。

### 3. 绿色物流

随着电商时代的发展，人们足不出户就能购买到想要的物品，但快递污染问题却日益严重，在生活便利、经济提升的同时，如何能够让快递物流走向绿色的道路呢？随着各国政府和国际组织的倡导和人民环保意识的觉醒，绿色物流应运而生。

《中华人民共和国国家标准：绿色物流指标构成与核算方法（GB/T 37099-2018）》中定义绿色物流为"通过充分利用物流资源，采用先进的物流技术，合理规划和实施运输、储存、装卸、搬运、包装、流通加工、配送、信息处理等物流活动，降低物流对环境影响的过程"[2]，是指在物流过程中，减少物流对环境的破坏，实现物流环境的优化，使物流资源得到最优化配置。

绿色物流作为新兴产业，已经逐渐成为经济可持续发展的重要组成部分，无论是从经济社会的角度，还是从人民生活质量的角度，都应该系统性管理绿色物流，不仅关注销售之后的物流，更要对产品从制作到报废的整个生命周期进行生态规划，让公众、企业和政府全员参与到绿色物流中。对于政府，要制定法规约束和政策支持，并向社会进行积极倡导，宣传绿色理念。比如贵州省2021年积极推进绿色交通发展，加强船舶和车辆污染防治，加快航水域运输船舶标准化建设，建设绿色交通廊道、绿色航道，推进邮件快件包装绿色化、减量化发展。对于企业，首先是开展绿色运输管理，大力发展第三方物流，企业之间应加强协作关系，对同一区域的客户可以统一完成配送工作，减少多条运输线，疏交通增收

①　贵州省"十四五"现代物流业发展规划［EB/OL］.贵州省发展和改革委员会网站，http：//fgw. guizhou. gov. cn/ztzl/sswgh_5643328/202112/t20211209_71993123. html，2021-12-09.

②　国家标准化管理委员会. 中华人民共和国国家标准［EB/OL］. http：//hb. jlbc. gov. cn/bsfw_1/zlxz/202202/P020220221402471522943. pdf，2018-12-28.

益提效率；其次开展绿色包装管理，在生产时多采用可降解材料，在流通时尽量保证包装能够反复使用，在运输时多采用集装箱、托盘等形式，既能加快作业速度，还能节约费用；最后是废弃物管理，尽快构建废弃物回收利用系统，企业应放眼整条产供销供应链，不要只关注产品的生产和消费，还要注重产品失去使用价值后，废弃物的循环物流高效化。对于公众，环境污染的最终受害者是公众，人们自身要提高环保意识，发现不利于环境的举措时及时向有关部门反映，环保靠大家，只有社会全体成员都投入到绿色环境的构建中，生活才会越来越美好。

## 第三节  交通基础设施促进产业发展：
## 国际经验和中国事实

### 一、交通基础设施作用发挥的国际经验

交通基础设施建设把不同的城市或乡村连接，形成交通网络。交通基础设施建设会直接降低物流成本，影响到企业决策，进一步影响到产业结构，最终影响当地经济增长。Redding 和 Turner（2015）① 综述了有关经济活动空间分布与运输成本之间关系的理论和实证文献，本节主要介绍欧洲、美洲、印度等交通基础设施建设的相关研究。

（1）欧洲。Berger 和 Enflo（2017）② 研究了铁路修建 150 年来对瑞典城市增长的影响，发现尽管铁路连接了几乎所有城镇，但没有证据发现人口趋同。Coşar 和 Demir（2016）③ 以土耳其 2000 年大规模道路公共投资为研究对象，发现其国内基础设施投资有助于地区联通国际市场。Heuermann 和 Schmieder（2019）④ 使用德国高速铁路网络检验地区间通勤时间减少对工人通勤决策及其

① Redding S J, Turner M A. Transportation costs and the spatial organization of economic activity［J］. Handbook of Regional and Urban Economics, 2015（5）: 1339-1398.

② Berger T, Enflo K. Locomotives of local growth: The short-and long-term impact of railroads in Sweden［J］. Journal of Urban Economics, 2017（98）: 124-138.

③ Coşar A K, Demir B. Domestic road infrastructure and international trade: Evidence from Turkey［J］. Journal of Development Economics, 2016（118）: 232-244.

④ Heuermann D F, Schmieder J F. The effect of infrastructure on worker mobility: Evidence from high-speed rail expansion in Germany［J］. Journal of Economic Geography, 2019, 19（2）: 335-372.

居住和工作选择的因果影响，发现旅行时间减少 1%，区域间通勤人数增加 0.25%，即有基础设施投资的收益尤其会累积到周边地区。Holl（2016）① 估计了高速公路对西班牙企业生产力的影响，发现公路直接提高了企业的生产力水平，但公路效益在各个部门和空间中分布不均。Gibbons 等（2019）② 考察了英国新道路基础设施对就业和生产率的影响，发现新的交通基础设施吸引了交通密集型企业来到某个地区，但也给现有企业的就业带来了一些成本。

（2）美洲。Allen 和 Arkolakis（2019）③ 把交通拥堵纳入一般均衡空间框架评估了基础设施改进的福利效应，发现美国高速公路网络中不同环节的投资回报高度可变，明确基础设施投资目标至关重要。美国铁路的修建提升了市场可达性，提升了土地价值（Donaldson and Hornbeck，2016）④。Fajgelbaum 和 Redding（2014）⑤ 利用 19 世纪末阿根廷融入世界市场的自然实验，开发了一个跨区域和部门的经济活动分布的定量模型，发现更容易进入世界市场的地区人口密度更高，非贸易部门的就业份额更高，非贸易商品的相对价格更高，土地价格相对工资更高。Martincus 等（2017）⑥ 考察了秘鲁公路项目对企业贸易的影响，结果表明了运输基础设施的改善对企业出口的影响，从而对企业的就业增长产生了显著的积极影响。

（3）印度。Donaldson（2018）⑦ 基于印度殖民时期铁路修建研究了基础设施建设对经济的影响，可以降低贸易成本，从而降低地区间产品差价，增加地区间国际贸易，增加收入。Aggarwal（2018）⑧ 发现印度农村开通公路后，农业生产

① Holl A. Highways and productivity in manufacturing firms［J］. Journal of Urban Economics, 2016（93）: 131-151.

② Gibbons S, Lyytikäinen T, Overman H G, et al. New road infrastructure: The effects on firms［J］. Journal of Urban Economics, 2019（110）: 35-50.

③ Allen T, Arkolakis C. The welfare effects of transportation infrastructure improvements（No. w25487）［Z］. National Bureau of Economic Research, 2019.

④ Donaldson D, Hornbeck R. Railroads and American economic growth: A "market access" approach［J］. The Quarterly Journal of Economics, 2016, 131（2）: 799-858.

⑤ Fajgelbaum P D, Redding S J. External integration, structural transformation and economic development: Evidence from Argentina 1870-1914［Z］. CEP Discussion Papers, 2014.

⑥ Martincus C V, Carballo J, Cusolito A. Roads, exports and employment: Evidence from a developing country［J］. Journal of Development Economics, 2017（125）: 21-39.

⑦ Donaldson D. Railroads of the Raj: Estimating the impact of transportation infrastructure［J］. American Economic Review, 2018, 108（4-5）: 899-934.

⑧ Aggarwal S. Do rural roads create pathways out of poverty? Evidence from India［J］. Journal of Development Economics, 2018（133）: 375-395.

率提升，但是反而激励青少年辍学加入劳动力大军。Asher 和 Novosad（2020）[1]进一步评估了印度的农村基础设施项目的影响，交通基础设施建设激励劳动力脱离农业劳动，但对农业的产出和收入影响不大。乡村企业中的就业扩张较小，偏远地区的经济发展机会仍然较少。Alder（2015）[2] 使用一般均衡模型估计了印度高速公路对地区经济的效应，发现的确促进了经济增长，但是地区间增长不平衡。进一步，如果印度采取中国交通基础设施建设的策略，则收益更大。Ghani等（2016）[3] 分析了印度交通基础设施对制造活动的组织和效率的影响，印度升级的中央公路网沿线的制造业活动增长不成比例。进入者和在位者都促进了产出增长，其中进入者之间的规模化非常重要。升级促进了网络沿线更好的产业分类，并提高了产业的配置效率。

（4）非洲。Storeygard（2016）[4] 研究了城市间运输成本在影响撒哈拉以南非洲城市收入中的作用。特别是，关注最大城市是港口的 15 个国家，发现 2002～2008 年经历的石油价格大幅上涨，导致该港口附近城市的收入相对于 500 千米以外的其他相同城市增加了 7%。城市之间的路面不同，影响也不同。通过铺砌道路与港口相连的城市主要受港口运输成本的影响，而通过未铺砌道路与港口相连的城市受与次要中心相连的影响更大。Jedwab 和 Moradi（2016）[5] 利用加纳和非洲其他大部分地区殖民地铁路的修建和最终消亡来研究交通投资对经济不发达地区的影响，发现铁路对殖民时期的经济活动分布有很大影响，这些影响一直持续到今天，尽管这些国家独立后铁路崩溃，但公路网大幅扩张。因此，初期交通投资可能会对经济不发达地区产生巨大影响。随着国家的发展，不断增加的回报巩固了它们的空间分布，随后的投资可能产生较小的影响。

## 二、中国公路的作用

自改革开放以来，中国的公路基础设施建设突飞猛进，取得了日新月异的成

① Asher S, Novosad P. Rural roads and local economic development [J]. American Economic Review, 2020, 110 (3): 797-823.

② Alder S. Chinese roads in India: The effect of transport infrastructure on economic development [C]. Available at SSRN 2856050, 2015.

③ Ghani E, Goswami A G, Kerr W R. Highway to success: The impact of the golden quadrilateral project for the location and performance of Indian manufacturing [J]. The Economic Journal, 2016, 126 (591): 317-357.

④ Storeygard A. Farther on down the road: Transport costs, trade and urban growth in sub-Saharan Africa [J]. The Review of Economic Studies, 2016, 83 (3): 1263-1295.

⑤ Jedwab R, Moradi A. The permanent effects of transportation revolutions in poor countries: Evidence from Africa [J]. Review of Economics and Statistics, 2016, 98 (2): 268-284.

绩。1981 年，国务院授权发布了《国家干线公路网（试行方案）》，规定了国家干线公路的规划，20 世纪 80 年代末期，国家干线公路网初步建成。但这些干线公路东部以一级和二级为主，而中西部以二级和二级以下公路为主。1993 年，交通部颁布《"五纵七横"国道主干线系统规划》，于 2007 年基本建成。为了适应经济发展的需要，高速公路建设呼之欲出。2004 年，国务院审议通过了《国家高速公路网规划》，规划了"7 射、9 纵、18 横"共 34 条路线，称为"7918网"。2013 年，交通运输部又新颁布了《国家公路网规划（2013—2030 年）》，国家干线公路由 1981 年规划的"12 射、28 纵、30 横"基础上扩至"12 射、47纵、60 横"共 119 条路线，高速公路扩至"7 射、11 纵、18 横"。国家干线公路和高速公路的建设和使用对中国经济腾飞发展起到了至关重要的作用，诸多学者以此为研究对象，深入剖析了公路对经济发展的影响以及相关作用渠道。

第一，公路的发展提升了企业生产率，促进了区域经济发展。交通基础设施的提升带来了县域产业增加值、总产值、工业销售产值、从业人数和投资的增长（刘冲等，2019）[1]。中国的交通基础设施建设有效降低了国内贸易成本，促进了国内市场一体化，带来产业间以及产业内的资源重新配置，提升了中国企业生产率（刘冲等，2020）[2]。刘秉镰等（2010）[3] 发现交通基础设施对中国的全要素生产率有着显著的正向影响，高速公路和二级公路基础设施的带动作用最为明显。交通基础设施对中国经济增长有显著的正向促进作用，对于区域经济发展具有重要影响，特别是西部地区交通基础设施的快速发展有助于中东部的发展趋同（刘生龙、胡鞍钢，2010）[4]。交通基础设施改善促进了区域贸易，交通基础设施越发达，边界效应越低，有助于促进区域经济一体化（刘生龙、胡鞍钢，2011）[5]。高速公路不仅便利了商品的运输，同时也影响到劳动要素的流动。高翔等（2015）[6] 基于 2008 年第二次经济普查企业数据和县级高速公路数据发现高速公

①　刘冲，刘晨冉，孙腾．交通基础设施、金融约束与县域产业发展：基于"国道主干线系统"自然实验的证据［J］．管理世界，2019，35（7）：78-88+203.

②　刘冲，吴群锋，刘青．交通基础设施、市场可达性与企业生产率：基于竞争和资源配置的视角［J］．经济研究，2020，55（7）：140-158.

③　刘秉镰，武鹏，刘玉海．交通基础设施与中国全要素生产率增长：基于省域数据的空间面板计量分析［J］．中国工业经济，2010（3）：54-64.

④　刘生龙，胡鞍钢．交通基础设施与经济增长：中国区域差距的视角［J］．中国工业经济，2010（4）：14-23.

⑤　刘生龙，胡鞍钢．交通基础设施与中国区域经济一体化［J］．经济研究，2011，46（3）：72-82.

⑥　高翔，龙小宁，杨广亮．交通基础设施与服务业发展：来自县级高速公路和第二次经济普查企业数据的证据［J］．管理世界，2015（8）：81-96.

路连接的服务业企业劳动生产率更高，可贸易服务业受到的影响更大，人口规模和产业多样性方面具有优势的大城市的可贸易服务业竞争力更强，从交通基础设施改进中获利更多。徐明和冯媛（2021）[①] 以"五纵七横"国道主干线建设为研究对象，发现国道建成之后会使得生产资源从县域企业向大城市企业流动，流动的过程中受技术要素、资本要素等影响，劳动密集型企业的流动积聚效应更强，重工业、资本和技术密集型企业相对较弱。

第二，公路的发展促进了资源配置优化与市场一体化。李兰冰等（2019）[②] 发现高速公路对非中心城市制造业具有显著的生产率溢价效应，能够通过生产率溢价引致的成本路径以及定价能力引致的价格路径共同推动市场势力的提升。伴随着生产率与市场势力水平的提高，生产率离散度与市场势力离散度趋向降低，高速公路通达性对非中心城市制造业资源配置效率优化的促进作用显著。交通基础设施的一个重要功能是促进国内市场一体化，拓展市场可达性。吴群锋等（2021）[③] 发现国内市场一体化会显著提升企业的出口概率和出口额。市场一体化降低了企业所在行业的临界出口生产率水平，并促进了既有出口产品的出口市场扩张。对于生产率高的企业、初始具有比较优势的行业，交通基础设施扩张的出口促进作用更大，表明国内市场一体化对于具有发展能力和潜力的企业和行业具有更大的促进效果。交通基础设施建设降低厂商运输成本，提升市场一体化程度，扩大市场规模，但与此同时也加剧了企业之间的竞争。市场规模扩大和市场竞争加剧会通过多渠道影响经济增长，主要包括市场规模扩大吸引高效企业进入市场、竞争加剧淘汰低效企业、学习效应、资源再配置等。张天华等（2018）[④] 研究发现，中国1998~2007年修建的高速公路能够提升企业生产率，以及促进企业进入市场，并降低市场推出的概率。对于整个区域经济增长方面，高速公路主要是通过提升在位企业的生产率促进经济增长，资源再配置、企业进入和退出渠道发挥的作用有限。

第三，公路的发展激励了企业出口，库存降低等优化生产决策调整。国道建

① 徐明，冯媛. 大规模交通基础设施建设与县域企业生产率异质性：来自"五纵七横"国道主干线的经验证据 [J]. 经济学（季刊），2021，21（6）：1969-1992.

② 李兰冰，阎丽，黄玖立. 交通基础设施通达性与非中心城市制造业成长：市场势力、生产率及其配置效率 [J]. 经济研究，2019，54（12）：182-197.

③ 吴群锋，刘冲，刘青. 国内市场一体化与企业出口行为：基于市场可达性视角的研究 [J]. 经济学（季刊），2021，21（5）：1639-1660.

④ 张天华，陈力，董志强. 高速公路建设、企业演化与区域经济效率 [J]. 中国工业经济，2018（1）：79-99.

设会降低产品运输到港口的物流成本，促进企业出口。白重恩和冀东星（2018）[①] 发现中国 1998~2007 年大规模建设的国道主干线促进了出口，与国道主干线连接的地区、与国道主干线距离近的地区有更高的出口额增长率。交通基础设施条件的显著改善促进了中国的中小企业参与到亚洲区域性和全球性生产链、供应链和价值链之中，并与之发展紧密的合作关系，引领了中国经济融入世界经济的过程（刘民权，2018）[②]。公路建设对企业库存有重要影响，并有空间溢出效应，且随时间推移溢出效应变大（李涵、唐丽淼，2015）[③]。基础设施的完善会提高交通物流便捷度，最优生产决策中可以降低库存量，即可降低制造业库存成本。刘秉镰和刘玉海（2011）[④] 发现公路基础设施尤其是高等级公路设施能够显著地降低制造业企业库存成本，这在一定程度上阐释了交通基础设施促进经济增长的微观作用机制。交通基础设施可以通过市场扩张、市场竞争和运输成本三种路径影响企业库存，进而促进经济增长，张勋等（2018）[⑤] 把考虑质量的公路面积数据与工业企业数据库合并，验证了这三种路径，发现市场扩张是交通基础设施影响经济增长的首要因素。金融发展是制造业发展的重要影响因素，对产业升级和发展有重要的作用，但交通基础设施作用发挥受金融约束的影响。刘冲等（2019）[⑥] 发现金融约束显著地影响了我国各行业从交通基础设施提升中获得的市场机遇：金融约束越弱的行业，从整合的市场中获益越大。此外，交通基础设施提升有助于促进企业创新，且对金融约束较弱企业的创新促进作用更强。交通基础设施影响到工业活动空间分布，谢呈阳和王明辉（2020）[⑦] 发现无论经济发展程度如何，提高区内交通基础设施水平都能增加本地工业活动的集聚程度，区际交通基础设施水平能促进生产要素在全社会的优化配置。

① 白重恩，冀东星．交通基础设施与出口：来自中国国道主干线的证据［J］．世界经济，2018，41（1）：101-122.

② 刘民权．全球化中的中国中小企业：交通基础设施的作用［J］．金融研究，2018（4）：121-137.

③ 李涵，唐丽淼．交通基础设施投资、空间溢出效应与企业库存［J］．管理世界，2015（4）：126-136.

④ 刘秉镰，刘玉海．交通基础设施建设与中国制造业企业库存成本降低［J］．中国工业经济，2011（5）：69-79.

⑤ 张勋，王旭，万广华，孙芳城．交通基础设施促进经济增长的一个综合框架［J］．经济研究，2018，53（1）：50-64.

⑥ 刘冲，刘晨冉，孙腾．交通基础设施、金融约束与县域产业发展：基于"国道主干线系统"自然实验的证据［J］．管理世界，2019，35（7）：78-88+203.

⑦ 谢呈阳，王明辉．交通基础设施对工业活动空间分布的影响研究［J］．管理世界，2020，36（12）：52-66+161.

### 三、中国高速铁路的影响

改革开放后，中国铁路事业开始整顿恢复发展。自 1997 年至今，中国铁路进行了六次大规模提速，电气化和高速化水平不断升级发展。2020 年底，中国铁路营运里程已超过 14.63 万千米，其中高铁运营里程已达 3.8 万千米。中国"十五"时期的一个重要规划就是铁路的"八纵八横"，具有运输能力大、线路里程长、连接大城市、连接铁路多、辐射范围广等特点。自 2001 年提出这一规划，经过八年建设，2009 年中国正式实现"八纵八横"的铁路网骨干。中国高速铁路起步较晚，但发展较快。从 2002 年建成开通的第一条真正意义上的高速铁路秦沈客运专线至 2020 年，中国在建和规划兴建的高速铁路总里程已达 2 万千米，在中国铁路发展史上留下浓重的一笔。中国铁路的发展，对增进经济流动性起着不可替代的作用。中国学者就铁路对中国经济的影响进行了深入的研究，可以分为宏观视角下的高铁开通与区域经济增长，以及微观视角下的高铁开通与微观企业行为。

1. 高铁开通与区域经济增长

高铁开通是基础设施建设直接拉动投资以及上游产品的需求，对经济增长有重要影响。因此，研究高铁开通是否促进经济增长是最直接的问题。就中国高铁建设而言，对经济增长的拉动作用是不言而喻的。高铁开通联通了不同资源禀赋、不同产业结构、不同发达程度等差异化的城市，形成了高铁网络。

一是对于经济发达地区经济发展有比较积极的推动作用，而对边缘地区有虹吸效应。张俊（2017）[①] 采用 2008~2013 年开通高铁的县作为实验组，发现高铁开通对县级市经济增长有显著影响，而对县级单位经济的效应不明显。对于经济发达地区，有相对比较好的基础设施、消费市场等，高铁的开通会加快欠发达地区的生产要素向发达地区集聚，高铁的开通有利于该地区的经济发展；而对于经济欠发达地区，往往区位优势不明显，基础设施和消费市场相对较弱，从而使得资本和劳动外流，反而抑制了这一类地区的经济发展。

二是高铁开通对本地区经济增长的影响还取决于城市自身禀赋结构。特别是对于边缘地区，经济积聚效应较弱。高铁开通连接了中心城市和边缘地区，高铁

---

① 张俊. 高铁建设与县域经济发展：基于卫星灯光数据的研究 [J]. 经济学（季刊），2017，16（4）：1533-1562.

对边缘地区经济增长的影响受到多种因素制约。颜银根等（2020）① 以资源型城市刻画边缘地区关于特定要素的丰裕程度，高铁开通对特定要素丰裕的边缘地区发展有推动作用，而对于贫瘠边缘地区有负向作用。边缘地区的相对规模、非农产业规模以及距离核心城市远近等也影响到边缘地区崛起，相对规模和非农产业规模越大，离核心城市越远，崛起的可能性越大。这一研究结论意味着高铁开通的影响还得看开通地区自身条件。高铁开通之所以会有虹吸效应，一个原因是未能把更多类型的空间尺度以及大型交通基础设施运行的时间累积考虑在内。年猛（2019）② 考察了2007~2013年高铁的时间累积效应和空间邻近效应对区域经济增长和空间格局的影响，发现高铁运行时间越长对区域经济增长带动效应就越强，距离高铁站点越近的区域受益于高铁的带动效应就越大。进一步地，高铁开通对不同区域有不同的影响，一般县受益最大，县级市和地级及以上城市次之。此外，高铁开通有助于缩小区域差距、促进经济空间均等化。

三是交通基础设施不仅看数量而且也要注重质量。施震凯等（2018）③ 把铁路提速视为交通设施质量提升的一个测度，研究了2007年中国铁路大提速对沿途企业技术进步和效率提高的作用，结果发现的确有促进作用，提升了企业的全要素生产率，特别是对非国有控股、沿海地区、出口型企业的效应更强烈。Baum-Snow等（2017）④ 研究了1990年以来城市铁路和高速公路对城市的影响，区别放射状和环状基础设施对经济的差异性，放射状高速公路扩散了中心城市的服务部门活动，放射状铁路扩散了产业活动，而环形基础设施同时扩散了这两类活动。对于工业化程度更高、服务业吸收足够劳动力的能力更强、基础设施配套更好的城市来说，地方经济的收益更大。另外，地方保护主义阻碍了高铁城市的发展。有研究还表明，在不同的项目阶段，高铁城市经历了不同的收益（Ke et al.，2017）⑤。

四是高铁开通对区域绿色经济发展有重要影响。高铁开通有效促进了区域绿

① 颜银根，倪鹏飞，刘学良.高铁开通、地区特定要素与边缘地区的发展［J］.中国工业经济，2020（8）：118-136.
② 年猛.交通基础设施、经济增长与空间均等化：基于中国高速铁路的自然实验［J］.财贸经济，2019，40（8）：146-161.
③ 施震凯，邵军，浦正宁.交通基础设施改善与生产率增长：来自铁路大提速的证据［J］.世界经济，2018，41（6）：127-151.
④ Baum-Snow N, Brandt L, Henderson J V, et al. Roads, railroads, and decentralization of Chinese cities［J］. Review of Economics and Statistics, 2017, 99（3）：435-448.
⑤ Ke X, Chen H, Hong Y, et al. Do China's high-speed-rail projects promote local economy? —New evidence from a panel data approach［J］. China Economic Review, 2017（44）：203-226.

色发展，特别是中心城市的环境优化。高铁开通有助于直接降低城市雾霾污染水平，主要原因有公路交通运输替代和产业结构调整；间接效应方面，高铁开通是中心城市和边缘地区的经济积聚或者溢出，使得环境污染也有空间积聚和溢出效应（李建明、罗能生，2020）[①]。孙鹏博和葛力铭（2021）[②] 认为高铁开通影响到企业的技术和成本，提升了绿色技术创新、产业升级和生产率，从而降低了碳排放。特别是，高铁开通的技术外溢有助于高铁沿线中小城市的工业碳减排。高铁通过规模效应、结构效应和技术效应等路径影响城市雾霾污染水平，张华和冯烽（2019）[③] 发现城市开通高铁后降低了雾霾污染浓度，对东中部城市、沿海城市、非资源型城市等效应更显著，但仅限于开通后的第一年和第二年。Gao 等（2019）[④] 发现通过连接高铁，欠发达的中西部地区比发达的东部地区吸引了更多的游客，拥有独特旅游资源的城市虽然吸引了较少的游客，但比没有这些资源的城市获得了更多的收入。

2. 高铁开通与微观企业行为

高铁开通使得沿线城市的交通运输更便捷通畅，开通区域内的企业外部环境发生变化，从而通过多种渠道影响到企业行为。

一是高铁开通降低了物流成本，促进了生产要素的跨区域流动。资本流动是地区经济增长的一个重要渠道，而高铁开通促进了城市间的资本流动，但这种流动是不对等的，主要从中小城市向大城市流动，而大城市向中小城市流动较弱。高铁开通呈现虹吸效应的一个重要因素是，大城市有更大的本地市场规模，有助于实现规模报酬、产业集聚和技术溢出，从而使得大城市企业有更高的生产率。马光荣等（2020）[⑤] 使用 2006~2018 年高铁开通和上市公司异地投资数据，验证了高铁开通的虹吸效应。王春杨等（2020）[⑥] 发现高铁建设降低了不同区域间的贸易成本，促进区域间人力资本迁移，从而影响到区域创新。高铁升级的分布影

① 李建明，罗能生．高铁开通改善了城市空气污染水平吗？[J]．经济学（季刊），2020，19（4）：1335-1354.

② 孙鹏博，葛力铭．通向低碳之路：高铁开通对工业碳排放的影响 [J]．世界经济，2021，44（10）：201-224.

③ 张华，冯烽．绿色高铁：高铁开通能降低雾霾污染吗？[J]．经济学报，2019，6（3）：114-147.

④ Gao Y, Su W, Wang K. Does high-speed rail boost tourism growth? New evidence from China [J]. Tourism Management, 2019（72）：220-231.

⑤ 马光荣，程小萌，杨恩艳．交通基础设施如何促进资本流动：基于高铁开通和上市公司异地投资的研究 [J]．中国工业经济，2020（6）：5-23.

⑥ 王春杨，兰宗敏，张超，等．高铁建设、人力资本迁移与区域创新 [J]．中国工业经济，2020（12）：102-120.

响改善了城市节点乘客对高铁服务的访问，但使升级铁路沿线的周边县被服务绕过，基础设施投资可能会重塑经济活动（Qin，2017）[①]。

二是高铁开通降低企业获取信息的成本。饶品贵等（2019）[②] 发现高铁开通后企业和供应商的平均地理距离明显增加，也更加分散，即高铁开通促使企业重新调整供应商。高铁开通会影响到区域间要素流动，从而直接影响到区域经济发展，卞元超等（2018）[③] 发现高铁开通加剧了区域经济差距。黄张凯等（2016）[④] 发现高铁带来的信息沟通便利弥补了地理距离对 IPO 定价的影响，降低了真实价值扭曲，提高了资本市场定价效率。陈胜蓝和刘晓玲（2019）[⑤] 发现高铁开通促进公司和客户交易的同时，会解决信息不对称问题，有利于公司和客户形成长期合作关系，从而提高产品质量。龙玉等（2017）[⑥] 发现城市高铁开通后的新增风险投资显著增加。进一步地，信息不对称程度降低使得公司的权益资本成本明显下降，公司股票流动性的提升以及信息披露质量的提高是重要的影响机制（郭照蕊、黄俊，2021）[⑦]。高铁开通促进地区间信息流动，公司治理环境提升，降低股价崩盘风险（赵静等，2018）[⑧]。

三是高铁开通可以有效解决市场分割，降低了公司费用黏性，能够降低企业调整成本、减少代理问题，影响到企业管理与创新。杨国超等（2021）[⑨] 发现公司费用黏性降低效应仅存在于高铁开通城市中初始交通条件较差、调整成本较高、代理问题较为严重的企业中，且高铁通车仅对高铁站 50 千米范围内的企业有黏性费用降低效应。此外，高铁的网络效应也有助于降低费用黏性。高铁开通

① Qin Y. "No county left behind?" The distributional impact of high-speed rail upgrades in China [J]. Journal of Economic Geography, 2017, 17 (3): 489-520.

② 饶品贵，王得力，李晓溪. 高铁开通与供应商分布决策 [J]. 中国工业经济，2019 (10): 137-154.

③ 卞元超，吴利华，白俊红. 高铁开通、要素流动与区域经济差距 [J]. 财贸经济，2018, 39 (6): 147-161.

④ 黄张凯，刘津宇，马光荣. 地理位置、高铁与信息：来自中国 IPO 市场的证据 [J]. 世界经济，2016, 39 (10): 127-149.

⑤ 陈胜蓝，刘晓玲. 中国城际高铁与商业信用供给：基于准自然实验的研究 [J]. 金融研究，2019 (10): 117-134.

⑥ 龙玉，赵海龙，张新德，等. 时空压缩下的风险投资：高铁通车与风险投资区域变化 [J]. 经济研究，2017, 52 (4): 195-208.

⑦ 郭照蕊，黄俊. 高铁时空压缩效应与公司权益资本成本：来自 A 股上市公司的经验证据 [J]. 金融研究，2021 (7): 190-206.

⑧ 赵静，黄敬昌，刘峰. 高铁开通与股价崩盘风险 [J]. 管理世界，2018, 34 (1): 157-168+192.

⑨ 杨国超，邝玉珍，梁上坤. 基础设施建设与企业成本管理决策：基于高铁通车的证据 [J]. 世界经济，2021, 44 (9): 207-232.

影响到企业创新，诸竹君等（2019）① 发现高铁开通的城市中的企业专利申请数量和质量都有显著提升，对接近技术前沿和更具比较优势的行业有更大的显著促进效应。不论是高铁开通对边缘地区的溢出效应还是对中心地区的虹吸效应，都提高了城市间的通达性和信息畅通度，对于边缘地区可获得高端要素，从而激励创新；对于中心城市可以凝聚人才、资金、信息等高端要素，促进企业创新。吉赟和杨青（2020）② 发现高铁开通提高了沿线企业人力资本质量，促进了以发明专利为主的企业创新产出。

四是高铁通过物流成本、信息成本影响到企业行为，进一步影响到区域的产业发展。周玉龙等（2018）③ 发现高铁建设从多角度影响到城市建设用地，高铁开通提升了城市住宅用地和商业服务业设施用地价格，但降低了工业用地价格。孙浦阳等（2019）④ 发现高铁建设是商品关税传导到各个城市的重要路径，从而影响到商品在不同城市的零售价格，特别是对不易腐商品和沿海港口城市的表现更加突出。唐宜红等（2019）⑤ 发现开通高铁降低了固定贸易成本，促进了开通高铁城市的企业出口。孙文浩和张杰（2020）⑥ 发现高铁建设有助于高学历科技人才流动，从而促进高铁沿线制造业企业的高质量创新。但必须看到，人才流动在区域的差异性会影响区域创新格局，甚至影响到产业结构。余泳泽等（2020）⑦ 发现高铁开通促进了沿线城市旅游业的发展。宣烨等（2019）⑧ 发现高铁开通有助于高度服务业多样化的积聚，对专业化的积聚效应不明显。

综上所述，可以发现交通基础设施建设地区有助于企业发展和地区经济增长，但是要注意交通基础设施建设收益效应的递减，特别是在欠发达地区的道路

---

① 诸竹君，黄先海，王煌．交通基础设施改善促进了企业创新吗？：基于高铁开通的准自然实验 [J]．金融研究，2019（11）：153-169.

② 吉赟，杨青．高铁开通能否促进企业创新：基于准自然实验的研究 [J]．世界经济，2020，43（2）：147-166.

③ 周玉龙，杨继东，黄阳华，等．高铁对城市地价的影响及其机制研究：来自微观土地交易的证据 [J]．中国工业经济，2018（5）：118-136.

④ 孙浦阳，张甜甜，姚树洁．关税传导、国内运输成本与零售价格：基于高铁建设的理论与实证研究 [J]．经济研究，2019，54（3）：135-149.

⑤ 唐宜红，俞峰，林发勤，等．中国高铁、贸易成本与企业出口研究 [J]．经济研究，2019，54（7）：158-173.

⑥ 孙文浩，张杰．高铁网络能否推动制造业高质量创新 [J]．世界经济，2020，43（12）：151-175.

⑦ 余泳泽，伏雨，庄海涛．高铁开通对区域旅游业发展的影响 [J]．财经问题研究，2020（1）：31-38.

⑧ 宣烨，陆静，余泳泽．高铁开通对高端服务业空间集聚的影响 [J]．财贸经济，2019，40（9）：117-131.

建设方面，在加大力度的计划下，影响似乎已变得消极（Shi et al.，2017）①。因此，需要以谨慎科学的态度来综合评估交通基础设施的作用。

## 第四节　交通设施优势转化为服务产业的物流成本优势：一个分析框架

基于对交通基础设施建设理论、物流发展理论、促进产业发展的国内外文献的介绍，结合贵州交通设施发展的实际情况，我们提出贵州省交通设施优势转化为服务业产业的物流成本优势的分析框架，主要包含贵州交通基础设施与物流成本、新发展格局、物流服务产业高质量发展三个方面。

### 一、贵州交通基础设施与物流成本

#### 1. 交通基础设施的优势

贵州的高原山地为主的地理环境更加突出了交通基础设施对物流成本的重要性，自 2016 年获国务院批准设立内陆开放型经济试验区以来，贵州开放通道建设迅猛发展，现代综合交通运输网络基本形成。

首先，高速公路、普通公路、乡村公路建设实现质的飞跃。截至 2020 年底，全省高速公路总里程达 7607 千米，省际通道累计达 22 个，综合密度列全国第一。从 2015 年到 2020 年，贵州普通省道通车里程从 17176 千米增长到 17697 千米。"十三五"时期，贵州新改建农村公路 6.86 万千米，农村公路通车里程达 17.3 万千米。②

其次，贵州高原山地地形使得航道水运成为当地具有比较优势的交通运输方式。2021 年，全省内河航道通航里程达 3957 千米，等级航道达 2770 千米。其中，高等级航道突破 1000 千米，位居全国 14 个非水网省份第一。③

---

①　Shi Y, Guo S, Sun P. The role of infrastructure in China's regional economic growth［J］. Journal of Asian Economics, 2017（49）：26-41.

②　"十三五"交通运输规划执行情况［EB/OL］. 贵州省交通运输厅网站，http：//jt. guizhou. gov. cn/xxgkml/ztfl/ghjh_16064/zxgh/202109/t20210922_70490511. html，2021-09-22.

③　刘力维，杨静，何晓璇. 贵州：高等级航道里程居全国 14 个非水网省市第一［N］. 贵州日报，2022-08-29.

最后，贵州交通运输枢纽建设取得显著成绩。"十三五"以来，贵州已建在建十个综合客运枢纽项目，全省九个市州均建有综合客运枢纽。建成以高铁站为主体集铁路、公路、城市交通为一体的贵阳客运北、安顺西、都匀东、遵义颜村等综合客运枢纽，以及以机场为主体集航空、铁路、公路、城市交通为一体的龙洞堡机场综合客运枢纽。贵州不仅拥有四通八达的立体交通线路，而且是目前中国唯一一个没有平原但县县通高速的省份，这为现代物流行业的进一步发展打下了坚实的基础。

2. 物流成本的分析框架

交通基础设施对物流成本有直接影响，但对物流成本的分析框架需要包含直接成本降低推动效应、综合交通运输的成本降低效应、智慧交通的物流促进效应、现存问题剖析与解决对策四个方面。

第一，交通基础设施对物流成本的直接成本降低推动效应。交通基础设施具有经济先导性、网络性、空间外部性，物流成本的高低与交通基础设施的通达程度、网络程度以及质量高低直接相关。贵州交通基础设施的快速高质发展，直接降低了物流成本，从而为服务产业发展提供了基础。因此，分析贵州交通设施优势转化为物流成本优势，首先要分析近年来贵州交通基础设施的快速发展以及对物流成本的直接降低效应，进行贵州物流成本的比较研究。

第二，贵州综合交通运输的成本降低效应。贵州综合交通运输发展具备了良好的基础，主要体现在：设施规模迅速扩大，网络覆盖加密拓展；运输体系逐步市场化，服务质量大幅度提高；设施装备明显改善，智能技术加快应用；运输方式衔接更加紧密，客货运输效率显著提高；绿色发展成效显著，安全水平明显改善。通道优势和枢纽优势对贵州服务产业物流成本优势构筑具有重要作用，分析贵州交通设施优势转化为物流成本优势，要着重凸显综合交通运输的优势作用。

第三，贵州智慧交通的物流促进效应。智慧交通是对智能交通的进一步提升，融入物联网、云计算、大数据、移动互联等信息技术，通过高新技术汇集交通信息，提供实时交通数据下的交通信息服务。使用大数据的数据挖掘、数据处理，实现智慧交通的系统性、实时性，信息交流的交互性以及服务的广泛性。贵州在智慧交通建设方面取得初步成效，创新了"交邮融合+"服务模式，打造了物流数字化服务平台，开启了全面建设智慧交通工程。分析贵州交通设施优势转化为物流成本优势，需要深入分析智慧交通对物流成本降低的作用。

第四，贵州交通现存问题剖析与解决对策。虽然贵州交通设施具有较大优势，但在向服务产业物流成本优势转化方面还存在较多问题，比如：公路货运占比过高，运输结构有待完善；物流发展区域内不均衡，产业发展效率不高；运输量流向差异较大，物流管理成本偏高；物流主体规模偏小，龙头企业示范带动作用不强。分析贵州交通设施优势转化为物流成本优势，务必要针对具体问题，提出具体解决的政策建议，也需要提出更一般性的政策制定思路。

**二、贵州交通设施与新发展格局**

1. 贵州交通设施与新发展格局内涵的契合

《中共中央关于制定国民经济和社会发展第十四个五年规划和二〇三五年远景目标的建议》提出加快构建以国内大循环为主体、国内国际双循环相互促进的新发展格局。这是关系我国发展全局的重大战略任务，需要从全局高度准确把握和积极推进。贵州交通设施优势向服务产业物流成本优势转化必须在构建新发展格局的大背景下有序有效推进。构建新发展格局关于贵州交通基础设施建设的要求就是建设交通强省，以现代化的综合交通体系为先行领域，更好地实现国民经济安全便捷、经济高效、绿色低碳的循环畅通。以交通强省为抓手，以物流成本优势为路径，解决贵州经济社会发展中不平衡不充分的矛盾、推动实现全体人民共同富裕、建成社会主义现代化强省的重要支撑。在交通强省和"双循环"重大战略决策指引下，新的发展机遇和优势不断在贵州显现，同时也伴随着挑战和风险，总体上是机遇大于挑战。有必要对发展中面临的机遇和优势、挑战和风险进行较为系统的梳理，科学研判，从而更好地利用优势抓机遇，补齐短板迎挑战，不断在新时代西部大开发上闯新路、在乡村振兴上开新局、在实施数字经济战略上抢新机、在生态文明建设上出新绩。

2. 促进贵州新发展格局构建的优势与路径

第一，交通强省建设过程中的交通基础设施直接投资。根据《贵州省推进交通强国建设实施纲要》，到"十四五"末期，要基本建成布局合理的综合运输大通道主干网、干线网、基础网和枢纽，铁路、高速公路、机场密度位居西部前列，基本建成便捷高效的客货运输服务体系，交通数字化、智慧化建设全面起步。这些方面的投资建设将发挥贵州交通基础设施优势，并进一步转化为服务产业的物流成本优势。在分析服务产业发展的物流成本优势时，要具有前瞻性，动态考察贵州交通基础设施直接投资的拉动效应。

第二，城镇化建设与工业化过程中的交通基础设施优势发挥。近年来，贵州加大了交通等基础设施领域的投入力度，交通运输状况极大改善，随着交通强省战略和"双循环"战略在贵州省的进一步推进，综合物流成本和制度性交易成本必将持续降低，新型工业化、新型城镇化将迎来新的更大发展机遇。随着各层级交通通达性能提升，尤其是"双循环"带来的经济循环畅通，促进就业机会持续释放，县级以下城镇、乡村人口将呈现从村到镇、从镇到城、从小城镇到城市群的梯度转移，新型城镇化步伐加快。

第三，产业融合发展与物流产业集群化发展过程中的交通基础设施作用发挥。在交通强省建设和"双循环"构建的背景下，借助畅通的农产品物流网络和客流网络，优化农业产业结构、发展特色优势农业、培育现代化的农业产业体系、推进乡村振兴、促进旅游产业化等方面都将获得新的机遇。交通运输网络密织，为沿线工业和商业带来新发展基础，促进产业集聚的同时，也为物流业创造了机遇。交通基础设施显著优化将激发物流行业的增长潜能，降低全社会物流成本，提高工业、农业、服务业的质量和效益。

第四，数字经济发展背景下交通基础设施优势作用。"十三五"时期，贵州省扎实推进首个国家大数据综合试验区，初步形成了大数据产业发展集聚区，数据中心示范基地的区域地位持续巩固，形成了中国南部规模最大的数据中心集聚区。叠加国家各类针对贵州的政策红利、交通强省建设机遇和融入"双循环"新发展格局等重要机遇，为贵州继续加快发展以数字基建为代表的新型基础设施提供了有利契机。数字基建赋能现代物流提质发展最突出的机遇在于，通过与物流业的深度融合，网络货运、智慧物流加快发展，物流效率提高、城乡物流便利水平提升、全社会物流成本进一步压缩。

### 三、贵州交通设施与物流服务产业高质量发展

*1. 贵州物流服务业产业高质量发展内涵*

服务产业的物流成本优势主要体现在物流服务产业方面，贵州交通设施优势转化为服务产业的物流成本优势应以物流服务产业的高质量发展为突破点。一方面，物流业融合了包装、仓储、运输、信息等产业的服务保障功能，衔接生产与消费，兼具生产性与生活性特征，能够满足农业、制造业、商贸业等相关产业的流通需求。另一方面，现代物流业的快速发展推动第一、第二产业的协调发展，促进第三产业的转型升级，优化三大产业的比例结构，从而实现产业结构的现代化和高级化。无论是促进产业结构升级、推动产业规模集聚，还是降低实体经济、提升社会运行效率，物流业在推动相关产业的质量提升、效率改进和创新发展过程中发挥着不可替代的作用。因此，物流服务产业高质量发展是物流成本优势发挥作用的重要保障。

2. 物流服务业高质量发展的路径与模式分析

物流服务产业高质量发展具体包括规模集聚、结构高级、智能智慧、高质高效、绿色低碳、布局合理六个维度，故发展路径主要通过作用于产业规模、结构、技术、效率、环境和空间布局，实现与其他产业的联动，促进产业高质量发展。

第一，物流服务业高质量发展的路径。一是带动产业规模的持续扩张，推动企业转型升级，扩大产业规模集聚效应。此外，物流服务产业通过促进基础设施的建设，能够为相关产业的规模化发展提供物质基础与保障。二是物流服务业能够通过优化其内部结构，提升经济发展速率，使产业重心转移，促进其上下游相关产业的结构趋向高级化和合理化，从而推动整体产业链的优化。三是智慧物流促进相关产业的智能化、智慧化发展，升级传统产业、为产业链赋能是必然趋势。四是提升现代物流业的质量效率，能够驱动区域产业结构转型，促进物流与制造、商贸、金融等产业的互动与融合，进而提升区域经济效率。五是推进现代农业、工业、服务业向绿色低碳优势产业转化，实现碳达峰、碳中和目标。六是通过对物流服务产业的合理区域布局，实现物流交通网络的集约化。

第二，物流服务产业高质量发展的模式。一是多式联运服务模式。多式联运服务模式不仅需要结合特定产业的需求，进行多种运输工具的转换，还需要充分考虑物流中心所处区域的特点，因地制宜开展多功能的服务。二是供应链核心企业服务模式。借助一个在供应链中占据主导地位的大型优势企业，发挥其行业影响力和规模效应，构建以自身为核心的产业供应链体系，以产业供应链链条为纽带实现物流业与其他产业的深度融合。三是智慧平台化服务模式。通过线上物流与线下物流融合的平台服务模式，拓展产业链，为其他产业提供全方位综合服务。

第三，以物流服务产业推动乡村振兴，实现全方位高质量发展。一是加强农产品运输体系，打通城乡配送供应链，并以交通和邮政结合，实现村村通快递。二是提供农业产业链水平，促进农业与工业、服务业的融合，并充分利用电子商务平台实现数字化发展。三是以物流产业高质量发展改善农村营商环境和公共服务。贵州乡村振兴既是物流服务产业发展的目的，也是重要手段。既要因地制宜发展特色产业，又要充分发挥贵州交通设施既有优势促进农业产业集聚，结合现代信息技术实现线上和线下有机结合，补足交通短板促进农业产业向外发展。

### 四、研究思路

基于既有相关研究、贵州交通基础设施特征，以及上文所构建的分析框架，本书研究思路如图 1-2 所示：首先论述交通基础设施与物流的相关理论，特别是比较全面介绍关于中国公路、铁路等交通设施对经济发展的相关研究；其次在交通强国和新发展格局大背景下论述贵州交通设施优势向服务产业物流成本优势转化的机遇和挑战，分析贵州交通物流发展现状，特别是相关经验和成本测度及问题剖析；再次论述物流服务产业高质量发展，特别是通过国内外等相关案例为贵州物流服务产业发展提供经验借鉴，进一步研究物流服务产业高质量发展下贵州交通设施优势转化为服务产业的物流成本如何推动乡村振兴，着重论述贵州既有经验以及发展不足；最后提出贵州交通设施优势转化为服务产业的物流成本优势的战略思路和政策建议。

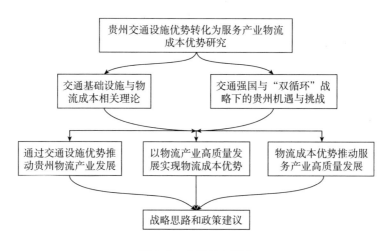

图 1-2　本书研究思路

# 第二章　交通强国与"双循环"战略下的贵州机遇与挑战

　　建设交通强国是党的十九大作出的重大战略部署，党的二十大再次强调加快建设交通强国。交通是物质流动和人员流动的基础依托，建设现代化经济体系必然要以现代综合交通体系为先行，更好地实现国民经济安全便捷、经济高效、绿色低碳的循环畅通。实施交通强国战略也是解决经济社会发展中不平衡不充分的矛盾、推动实现全体人民共同富裕、建成社会主义现代化强国的重要支撑。当前，我国正在加快构建以国内大循环为主体、国内国际双循环相互促进的新发展格局。在交通强国和"双循环"重大战略决策指引下，新的发展机遇和优势不断在贵州逐渐显现，同时也伴随着挑战和风险，总体上是机遇大于挑战。有必要对发展中面临的机遇和优势、挑战和风险进行较为系统的梳理、科学研判，从而更好利用优势抓机遇、补齐短板迎挑战，不断在新时代西部大开发上闯新路、在乡村振兴上开新局、在实施数字经济战略上抢新机、在生态文明建设上出新绩。

## 第一节　习近平总书记关于交通强国与新发展格局的重要论述

　　中华人民共和国成立以来，我国的交通状况实现了翻天覆地的飞跃，综合经济实力持续增强。党的十八大以来，以习近平同志为核心的党中央准确判断国际国内形势，对新形势下的交通运输业高质量发展作出一系列重要部署。习近平总书记多次对交通运输工作和建设交通强国、贯彻新发展理念和构建新发展格局作出重要论述指示，这为建设交通强国和加快构建新发展格局提供了根本遵循。

### 一、习近平总书记关于交通强国战略的重要论述

党的十八大以来，习近平总书记对交通运输发展作出的一系列重要论述，是交通强国战略的理论指引。对于交通的重要意义和功能，2021 年 10 月习近平主席在第二届联合国全球可持续交通大会开幕式上的主旨讲话中做出了精辟论述：交通是经济的脉络和文明的纽带。他指出，纵观世界历史，从古丝绸之路的驼铃帆影，到航海时代的劈波斩浪，再到现代交通网络的四通八达，交通推动经济融通、人文交流，使世界成了紧密相连的"地球村"①。对于中国而言，经过几代人的艰辛努力，我国交通建设取得了巨大成就。在新的历史起点上，推动交通强国建设具有重大意义。2019 年 9 月 14 日，中共中央、国务院印发《交通强国建设纲要》（中发〔2019〕39 号）指出，建设交通强国是以习近平同志为核心的党中央立足国情、着眼全局、面向未来作出的重大战略决策，是建设现代化经济体系的先行领域，是全面建成社会主义现代化强国的重要支撑，是新时代做好交通工作的总抓手。

经济要发展，交通要先行。习近平总书记多次强调交通基础设施建设具有很强的先导作用。习近平总书记关于交通强国建设的论述内容丰富、意义深刻，本部分重点从交通与农村发展、交通与区域协调、交通与经济发展动力三个方面扼要回顾习近平总书记的相关论述。

习近平总书记非常重视改善贫困地区的交通状况。2013 年 11 月，习近平总书记在视察吉首矮寨特大悬索桥时指出"贫困地区要脱贫致富，改善交通等基础设施条件很重要，这方面要加大力度，继续支持"②。2014 年 3 月 4 日，习近平总书记在关于农村公路发展的报告上批示强调：特别是在一些贫困地区，改一条溜索、修一段公路就能给群众打开一扇脱贫致富的大门③。要想富，先修路，农村没有路，致富有难度，这是一句广泛流传于百姓之间的朴素语言。2016 年 9月，习近平总书记在指导交通运输工作时强调"'要想富，先修路'不过时"④。

---

① 习近平. 与世界相交 与时代相通 在可持续发展道路上阔步前行——在第二届联合国全球可持续交通大会开幕式上的主旨讲话［EB/OL］. 中华人民共和国中央人民政府网站，http：//www. gov. cn/xinwen/2021-10/14/content_5642639. htm，2021-10-14.

② 杨传堂. 推进农村公路建设 更好保障民生：深入学习习近平总书记关于农村公路建设重要指示精神［N］. 人民日报，2014-05-19（15）.

③ 筑好康庄大道 共圆小康梦想：习近平总书记关心农村公路发展纪实［N］. 人民日报，2014-04-29（1）.

④ 中共交通运输部党组. 小康路上不让任何一地因交通而掉队［J］. 求是，2020（4）：3-6.

2017 年 12 月习近平总书记对"四好农村路"建设作出重要指示强调，要"进一步深化对建设农村公路重要意义的认识，聚焦突出问题，完善政策机制，既要把农村公路建好，更要管好、护好、运营好，为广大农民致富奔小康、为加快推进农业农村现代化提供更好保障"①。党的十八大以来，习近平对农村公路建设高度重视，多次作出重要指示，要求建好、管好、护好、运营好农村公路。以习近平同志为核心的党中央把人民对美好生活的向往作为始终不渝的奋斗目标，大力推进农村地区尤其是贫困地区交通建设提速增质。事实表明，贫困地区交通运输状况一经改善，促进了生产要素向贫困地区流动，也促进了贫困地区的特色产品获得更大的市场空间，为打赢脱贫攻坚战搭建了基础性的桥梁。习近平主席还就借力交通解决全球贫困问题提供了中国方案和建议，他指出"要发挥交通先行作用，加大对贫困地区交通投入，让贫困地区经济民生因路而兴。要加强南北合作、南南合作，为最不发达国家、内陆发展中国家交通基础设施建设提供更多支持，促进共同繁荣"②。

习近平总书记非常重视交通对于促进区域协调发展的重要作用。2014 年 2 月 26 日，习近平总书记专题听取京津冀协同发展工作汇报时要求，"要着力构建现代化交通网络系统，把交通一体化作为先行领域，加快构建快速、便捷、高效、安全、大容量、低成本的互联互通综合交通网络"③。2019 年 1 月 17 日，习近平总书记视察天津时强调，经济要发展，国家要强大，交通特别是海运首先要强起来。要志在万里，努力打造世界一流的智慧港口、绿色港口，更好服务京津冀协同发展和共建"一带一路"④。2016 年 1 月 5 日，习近平总书记在重庆主持召开推动长江经济带发展座谈会，强调"把长江黄金水道作为重要依托，抓好航道畅通、枢纽互通、江海联通、关检直通，高起点高水平建设综合立体交通走廊"⑤。2018 年 4 月 26 日，习近平在武汉主持召开深入推动长江经济带发展座谈会时再次强调，"努力把长江经济带建设成为生态更优美、交通更顺畅、经济更协调、

① 把农村公路建好管好护好运营好 为广大农民致富奔小康加快推进农业农村现代化提供更好保障 [N].人民日报，2017-12-26（1）.

② 习近平.与世界相交 与时代相通 在可持续发展道路上阔步前行——在第二届联合国全球可持续交通大会开幕式上的主旨讲话［EB/OL］.中华人民共和国中央人民政府网站，http：//www.gov.cn/xinwen/2021-10/14/content_5642639.htm，2021-10-14.

③ 打破"一亩三分地"习近平就京津冀协同发展提七点要求［EB/OL］.人民网，习近平系列重要讲话数据库，http：//jhsjk.people.cn/article/24485849，2014-02-27.

④ 习近平在京津冀三省市考察并主持召开京津冀协同发展座谈会［EB/OL］.共产党新闻网，https：//www.12371.cn/2019/01/18/ARTI1547814646363917.shtml，2019-01-18.

⑤ 走生态优先绿色发展之路 让中华民族母亲河永葆生机活力［N］.人民日报，2016-01-08（1）.

市场更统一、机制更科学的黄金经济带"，"沿长江通道集合了各种类型的交通运输方式，要注意加强衔接协调，提高整体效率"①。

习近平主席非常重视交通对于开放合作、增强经济发展动力的重要作用。2016年1月，习近平主席在对伊朗进行国事访问之际，发表著名文章深刻指出，实现互联互通，要以交通基础设施为突破口②。2022年1月25日，习近平主席在中国同中亚五国建交30周年视频峰会上的讲话中建议，建设高质量发展的合作带，中国将建立人畅其行的"快捷通道"，完善物畅其流的"绿色通道"，加快推进中吉乌铁路项目，推进中国—中亚交通走廊建设，让中国同中亚国家的互联互通更加安全高效③。2016年9月，习近平总书记强调，推进供给侧结构性改革，促进物流业"降本增效"，交通运输大有可为④。2017年10月18日，习近平总书记在党的十九大报告中强调，要建设交通强国。2019年9月25日，习近平总书记出席北京大兴国际机场投运仪式时指出，要建设更多更先进的航空枢纽、更完善的综合交通运输系统，加快建设交通强国⑤。2022年1月24日，习近平在主持中共中央政治局第三十六次集体学习时强调，要统筹推进低碳交通体系建设，提升城乡建设绿色低碳发展质量⑥。

**二、习近平总书记关于构建新发展格局的重要论述**

2020年4月10日习近平总书记在中央财经委员会第七次会议上的讲话中指出："国内循环越顺畅，越能形成对全球资源要素的引力场，越有利于构建以国内大循环为主体、国内国际双循环相互促进的新发展格局，越有利于形成参与国际竞争和合作新优势。"⑦ 2020年5月14日中共中央政治局常务委员会召开会议，指出要"要深化供给侧结构性改革，充分发挥我国超大规模市场优势和内需

---

① 习近平. 在深入推动长江经济带发展座谈会上的讲话（2018年4月26日）[J]. 求是，2019（17）：4-14.

② 共创中伊关系美好明天 [N]. 人民日报，2016-01-22（1）.

③ 习近平. 携手共命运 一起向未来——在中国同中亚五国建交30周年视频峰会上的讲话 [EB/OL]. 人民网，http://jhsjk.people.cn/article/32339672，2022-01-25.

④ 本书编写组. 交通强国建设纲要学习读本 [M]. 北京：人民交通出版社，2020.

⑤ 习近平出席投运仪式并宣布北京大兴国际机场正式投入运营 [EB/OL]. 中华人民共和国中央人民政府网站，http://www.gov.cn/xinwen/2019-09/25/content_5433171.htm，2019-09-25.

⑥ 习近平主持中共中央政治局第三十六次集体学习并发表重要讲话 [EB/OL]. 中华人民共和国中央人民政府网站，http://www.gov.cn/xinwen/2022-01/25/content_5670359.htm，2022-01-25.

⑦ 习近平. 国家中长期经济社会发展战略若干重大问题 [J]. 求是，2020（21）：4-10.

潜力，构建国内国际双循环相互促进的新发展格局"①。此后，习近平总书记在多个场合就构建新发展格局发表重要论述和指示。

2020 年 5 月 23 日，习近平总书记在看望参加全国政协十三届三次会议的经济界委员时指出：面向未来，我们要把满足国内需求作为发展的出发点和落脚点，加快构建完整的内需体系，大力推进科技创新及其他各方面创新，加快推进数字经济、智能制造、生命健康、新材料等战略性新兴产业，形成更多新的增长点、增长极，着力打通生产、分配、流通、消费各个环节，逐步形成以国内大循环为主体、国内国际双循环相互促进的新发展格局，培育新形势下我国参与国际合作和竞争新优势②。2020 年 7 月 30 日，习近平总书记在中共中央政治局会议上强调：当前经济形势仍然复杂严峻，不稳定性不确定性较大，我们遇到的很多问题是中长期的，必须从持久战的角度加以认识，加快形成以国内大循环为主体、国内国际双循环相互促进的新发展格局③。2020 年 8 月 24 日，习近平总书记在经济社会领域专家座谈会上的讲话中指出，新发展格局是根据我国发展阶段、环境、条件变化提出来的，是重塑我国国际合作和竞争新优势的战略抉择。新发展格局决不是封闭的国内循环，而是开放的国内国际双循环④。2020 年 9 月 1 日，在中央全面深化改革委员会第十五次会议上习近平总书记指出：当前形势下，构建新发展格局面临不少新情况新问题，要善于运用改革思维和改革办法，统筹考虑短期应对和中长期发展，既要在战略上布好局，也要在关键处落好子。要加快推进有利于提高资源配置效率的改革，有利于提高发展质量和效益的改革，有利于调动各方面积极性的改革，聚焦重点问题，加强改革举措的系统集成、协同高效，打通淤点堵点，激发整体效应。要把构建新发展格局同实施国家区域协调发展战略、建设自由贸易试验区等衔接起来，在有条件的区域率先探索形成新发展格局，打造改革开放新高地⑤。

习近平总书记对构建新发展格局专门进行系统的阐述。《求是》杂志 2021 年第 9 期刊发的重要署名文章中，习近平总书记系统阐述了新发展格局的科学内涵、关键之处、本质特征和可能存在的八个方面的认识误区。文章强调，构建新

①　中共中央政治局常务委员会召开会议［N］.人民日报，2020-05-15（1）.

②　坚持用全面辩证长远眼光分析经济形势　努力在危机中育新机于变局中开新局［N］.人民日报，2020-05-24（1）.

③　决定召开十九届五中全会［N］.人民日报，2020-07-31（1）.

④　在经济社会领域专家座谈会上的讲话［N］.人民日报，2020-08-25（2）.

⑤　推动更深层次改革　实行更高水平开放　为构建新发展格局提供强大动力［N］.人民日报，2020-09-02（1）.

发展格局的关键在于经济循环的畅通无阻。经济活动需要各种生产要素的组合在生产、分配、流通、消费各环节有机衔接，从而实现循环流转。在正常情况下，如果经济循环顺畅，物质产品会增加，社会财富会积聚，人民福祉会增进，国家实力会增强，从而形成一个螺旋式上升的发展过程。在我国发展现阶段，畅通经济循环最主要的任务是供给侧有效畅通，有效供给能力强可以穿透循环堵点、消除瓶颈制约，可以创造就业和提高收入，从而形成需求能力。构建新发展格局最本质的特征是实现高水平的自立自强。市场资源是我国的巨大优势，必须充分利用和发挥这个优势，不断巩固和增强这个优势，形成构建新发展格局的雄厚支撑。要根据我国经济发展实际情况，建立起扩大内需的有效制度，释放内需潜力，加快培育完整内需体系，加强需求侧管理，扩大居民消费，提升消费层次，使建设超大规模的国内市场成为一个可持续的历史过程。要加强国内大循环在双循环中的主导作用，塑造我国参与国际合作和竞争新优势。要重视以国际循环提升国内大循环效率和水平，改善我国生产要素质量和配置水平①。

**三、习近平总书记关于交通物流与构建新发展格局关系的重要论述**

加快形成"双循环"新发展格局，交通运输和现代物流是关键之关键。没有通畅的立体式的交通网络，就无法把生产、消费和市场有效衔接起来。无法想象，没有发达的交通物流网，企业可以及时获得原材料、能及时把产品运送到市场和消费者手中。没有通畅的交通物流，企业生产的产品只是库存，产品价值无法有效转换商品价值，企业收益和利润也就不可能真正实现，市场和消费者的有效需求也不可能得以满足。海外市场和消费者或供应商，对交通物流网的要求更高。没有通达的立体交通物流网络，全球产业链和供应链就随时可能被中断。所以，构建起通畅发达的立体交通网是力促"双循环"发展新格局的必要条件和重要抓手。

习近平总书记指出，国内大循环为主体、国内国际双循环相互促进的新发展格局要避免将国民经济循环仅仅局限于物流循环的误区。他在《求是》杂志发表著名文章中警示："在实践中，我们要注意防范一些认识误区……四是认为畅通经济循环就是畅通物流，搞低层次物流循环。"②

物流循环是国民经济循环的一个重要方面，交通物流在国民经济循环中具有最基础的作用，习近平总书记对交通物流与构建新发展格局之间的关系给出了精辟的论述。2020年9月9日下午，习近平总书记在中央财经委员会第八次会议上指出：流通体系在国民经济中发挥着基础性作用，构建新发展格局，必须把建设现代流通体系作为一项重要战略任务来抓。统筹推进现代流通体系硬件和软件建设，发展流通新技术新业态新模式，完善流通领域制度规范和标准，培育壮大具有国际竞争力的现代物流企业，为构建以国内大循环为主体、国内国际双循环相互促进的新发展格局提供有力支撑①。

建设现代流通体系对构建新发展格局具有重要意义。在社会再生产过程中，流通效率和生产效率同等重要，是提高国民经济总体运行效率的重要方面。高效流通体系能够在更大范围把生产和消费联系起来，扩大交易范围，推动分工深化，提高生产效率，促进财富创造。国内循环和国际循环都离不开高效的现代流通体系。习近平总书记强调，要建设现代综合运输体系，形成统一开放的交通运输市场，优化完善综合运输通道布局，加强高铁货运和国际航空货运能力建设，加快形成内外联通、安全高效的物流网络。要完善现代商贸流通体系，培育一批具有全球竞争力的现代流通企业，推进数字化、智能化改造和跨界融合，加强标准化建设和绿色发展，支持关系居民日常生活的商贸流通设施改造升级、健康发展。

## 第二节　交通物流对构建新发展格局的战略意义

构建以国内大循环为主体、国内国际双循环相互促进的新发展格局，涉及国民经济循环体系各个环节的方方面面，包括强化国家战略科技力量、解决关键技术领域"卡脖子"问题、构建更加完善的要素市场化配置体制机制、扩大中等收入群体规模和提升消费、降低物流成本提升运输效率等。限于篇幅以及本书聚焦的主题，本章重点从交通运输和新发展格局关系的角度来展开相关的分析。

要加快形成"双循环"新发展格局，生产、流通、消费是必不可少的环节。第一，生产可循环之物——产品，是经济循环的前提条件，这一环节需要具备必要的生产技术，因此创新活动必不可少。交通在产品生产环节的重要作用在于，

---

① 统筹推进现代流通体系建设　为构建新发展格局提供有力支撑［N］．人民日报，2020-09-10（1）．

通过改变产品原材料的运输成本，来改变产品的生产成本并改变区域之间的生产协同性。产品的生产离不开原材料，现代化的交通基础设施和便捷的交通运输服务能够有效压缩原材料的运输时间和运输成本，从而降低产品的生产成本。现代化的生产又是一个区域协同的过程，最终产品下线之前所需要的零部件可能来自多个不同的地方，唯有便捷的交通运输才能使得空间上的协作生产终能高效汇集于最终产品上。因此，交通基础设施、生产性物流对于经济循环的第一个重要环节——生产作为产品的可循环之物，具有关键性作用。第二，当产品生产或组装完毕之后必然要进入市场，此过程离不开交通运输，市场的大小在很大程度上又由交通运输所决定。如果缺少高效的交通物流，则市场只能局限于很小的范围内，于是销售额微小、利润微薄，限制资本积累并且限制投资吸引力，进而制约产品创新、制约工人工资增长、制约企业家才能的回报增长，进一步又会制约生产的扩大乃至整个经济的增长。于是，从连接生产地到产品的需求地的通道作用上看，便捷的交通物流对于畅通经济循环必不可少。第三，在消费环节上交通运输具有更加重要的作用，其核心功能主要体现在两个方面。一方面，产品从市场进入千家万户离不开交通运输，尤其是在全国购、全球购的当今社会，高效的交通物流是产品快速到达用户手中的基本条件。另一方面，产品进入居民家庭要以居民购买为前提，如果居民没有购买能力，产品性能再好也没有任何意义，因此需要居民有收入并且收入要增长。良好的交通条件能够带动相应区域的经济活跃，从而有利于居民创业就业、增加收入，增强居民购买能力。大量研究表明，提供居民可支配收入，对于构建新发展格局至关重要。

国内外大量学术研究表明，改善交通条件通过多种机制促进经济社会发展，畅通国民经济循环。美国著名经济学家丹弗·唐纳森（Donaldson，2018）[1] 借助翔实的档案资料对印度历史上一场大规模的铁路建设进行的实证研究表明，贸易成本随着铁路的建成而显著降低、贸易环境因铁路网而改善、区域之间的价格鸿沟减小并增加了贸易量，并且铁路网络的扩展带动了相应区域农业收入的增长；Heblich 等（2020）[2] 以伦敦在 19 世纪中叶将蒸汽铁路这一现代化交通设施引入为例，从人口居住地与工作地在交通时间加大缩短的背景下可以适当拉开为视角，指明了现代化的交通设施造就了现代化的大都市圈；美国约翰霍普金斯大学

① Donaldson D. Railroads of the raj：Estimating the impact of transportation infrastructure ［J］．American Economic Review，2018，108（4-5）：899-934.

② Heblich S，Redding S J，Sturm D M. The making of the modern metropolis：Evidence from London ［J］．The Quarterly Journal of Economics，2020，135（4）：2059-2133.

Asher 和 Novosad（2020）① 的研究为农村公路对于促进农业人口非农就业提供了严谨的实证依据。国内学者关于完善交通网络促进经济发展的研究例证不胜枚举。张彬斌和陆万军（2018）② 以公路国道主干线贯通中国西部地区的事实为基础，发现如果企业所处县域被国道主干线覆盖，主干线贯通后，工业企业的存货水平趋于下降；刘冲等（2019）③ 认为，交通基础设施和金融发展对产业升级发挥了重要作用，基于县域—行业层面的实证分析表明，交通基础设施的提升带来了县域产业增加值、总产值、工业销售产值、从业人数和投资的增长，并且交通设施的提升有助于企业创新，尤其是受金融约束较弱的企业；梁若冰和汤韵（2021）④ 以福建省为例的研究表明，交通改善显著促进了异地贸易，促使企业在距离更远的地区中搜寻贸易伙伴并提高了销售企业的平均生产率水平；俞峰等（2021）⑤ 通过匹配 1999~2016 年交通基础设施数据和全国 313 个地级城市的经济数据所进行的实证分析发现，交通基础设施的改善通过提高城市化率而显著提高了城市经济收敛性，高速铁路加快了东部地区的收敛速度，而高速铁路、高速公路和普通铁路均加快了中西部地区的收敛速度，如果中西部地区的高速公路密度达到东部地区的平均水平，会使这些地区城市人均 GDP 达到北京市人均 GDP 的 40% 的时间缩短七年，普通铁路和高速铁路将分别使中西部城市的经济增长率均值提高 0.61% 和 0.77%，交通基础设施对产业结构的显著作用，国内交通网络预期能为"双循环"新发展格局提供有力支撑；罗丹等（2022）⑥ 的研究认为，由高铁网络和高速公路网络引致的市场接入度，通过库存成本下降和销售市场拓展而显著地提升了企业进口贸易的网络地位，进而指出在畅通"国内大循环"和"国际大循环"的背景下，完善交通网络有利于促进境内要素的跨地区流动，使扩大国际贸易"朋友圈"的非关税贸易成本得以降低，助力企业进

① Asher S, Novosad P. Rural roads and local economic development［J］. American Economic Review, 2020, 110（3）：797-823.

② 张彬斌, 陆万军. 国道主干线贯通与企业存货调整：来自西部地区制造业企业的证据［J］. 中央财经大学学报, 2018（10）：114-128.

③ 刘冲, 刘晨冉, 孙腾. 交通基础设施、金融约束与县域产业发展：基于"国道主干线系统"自然实验的证据［J］. 管理世界, 2019, 35（7）：78-88+203.

④ 梁若冰, 汤韵. 交通改善、企业贸易与区域市场整合：基于增值税发票的经验研究［J］. 财贸经济, 2021, 42（10）：36-51.

⑤ 俞峰, 梅冬州, 张梦婷. 交通基础设施建设、产业结构变化与经济收敛性研究［J］. 经济科学, 2021（5）：52-67.

⑥ 罗丹, 高自旺, 于周顺. 交通网络、市场接入度与进口贸易网络地位：基于中国制造业企业的研究［J/OL］. 财经论丛, DOI：10.13762/j.cn/ci.cj/c.20220311.002, 2022-09-15.

口贸易网络地位的提升。前些年，贵州脱贫攻坚的实践给出了关于交通助力摆脱贫困的直观例证：贵州的自然环境表现为山高谷深、沟壑纵横，几乎没有平原作为经济发展的支撑，重重大山形成了阻碍贵州经济发展和百姓致富的天然屏障，将贵州同富裕相隔绝。谌贻琴（2021）[①] 指出，经过多年在交通基础设施领域的奋战，贵州在西部地区率先实现县县通高速公路基础上，近年来又加快铺设通组硬化路，实现 30 户以上自然村寨通硬化路，惠及 1200 万农村人口，打通了产业发展的"致富路"、子孙后代的"幸福路"，交通问题不再是严重阻碍贵州经济社会发展的瓶颈。由此可见，交通运输连接生产和消费两端，是现代流通体系的基础依托，也是经济良性循环的重要环节。

习近平总书记精辟地指出，流通体系在国民经济中发挥着基础性作用，构建新发展格局，必须把建设现代流通体系作为一项重要战略任务来抓。[②]

## 第三节　贵州在交通强国建设和"双循环"新格局构建中的机遇

最近十余年来，贵州省经济社会发展不断取得新突破，不断蓄积新的发展优势，为不断把握发展中的新机遇奠定了基础。经济增长速度连续十年保持全国领先，不断将发展基础不足的劣势转变为赶超发展的优势。实现赶超进位的历史性跨越，创造贵州发展"黄金十年"。农业、工业、服务业不断取得新突破，数字经济实现跨越式发展，创新能力、生态文明、民生福祉等多个领域实现大踏步前进。贵州省地区生产总值从 2010 年末的 4519 亿元提高到 2020 年末的 17827 亿元，在全国 31 个省、自治区和直辖市（不含港澳台）中的位次从第 24 位上升至第 20 位；人均地区生产总值从 2010 年的 12882 元提高至 2020 年末的 46267 元，在全国 31 个省、自治区和直辖市（不含港澳台）中的位次从第 31 位上升至第 25 位[③]。交通基础设施不断完善，截至 2020 年末，全省铁路通车总里程达到 3873 千米，其中高铁通车里程 1527 千米，贵阳成为全国十大高铁枢纽；公路通

① 谌贻琴. 不负殷切嘱托　圆梦全面小康 [J]. 求是，2021（14）：66-71.

② 统筹推进现代流通体系建设　为构建新发展格局提供有力支撑 [N]. 人民日报，2020-09-10
（1）.

③ 根据《中国统计年鉴 2021》有关数据计算而得。

车总里程超过 20 万千米,其中高速公路通车里程 7607 千米,全国排名第 5;机场年旅客吞吐量突破 3000 万人次;高等级航道里程突破 1000 千米。快速发展形成的基础优势,为把握新的发展机遇创造了条件①。

在交通强国建设和"双循环"新发展格局背景下,贵州的发展机遇明显,一方面直接转化为物流成本优势,另一方面促进营商环境加速改善,形成有效把握中央构建新发展格局、推进新时代西部大开发、推动共同富裕等重大机遇,更好融入国内区域一体化、国际开放发展。

### 一、交通强国建设过程中的稳投资稳增长机遇

在交通强国建设过程中,能够通过防止基建投资过快下滑、提振相关领域投资等渠道形成"稳投资"的有形力量,促进全社会固定资产投资增速回归。

为了更好落实中共中央、国务院《交通强国建设纲要》,2019 年 12 月 2 日公布了《交通运输部关于开展交通强国建设试点工作的通知》(交规划函〔2019〕859 号)要求分地区、分主题、分批次地开展交通强国建设试点工作,将建设任务划分为设施领域、技术领域、管理领域、服务领域四大领域 22 试点建设项目。贵州省是交通强国建设的首批试点单位之一。根据《贵州省推进交通强国建设实施纲要》,"十四五"时期贵州将重点在交通运输投融资模式创新(管理领域)、智慧交通建设(技术领域和服务领域)、交通与旅游融合发展(服务领域)、"四好农村路"高质量发展(设施领域)、山区公路建设运营安全风险管控(设施领域和管理领域)五个方面开展试点任务。到"十四五"末期,要基本建成布局合理的综合运输大通道主干网、干线网、基础网和枢纽,铁路、高速公路、机场密度位居西部前列,基本建成便捷高效的客货运输服务体系,交通数字化、智慧化建设全面起步。

贵州省在参与交通强国建设试点的过程中,产生第一个显示性机遇就是基础设施建设领域的投资。贵州省作为首批试点单位参与交通强国建设的上述任务,必然需要投资带动。首先,考虑到 2025 年全省运输线路的建设情况,新增运输线路方面的固定资产投资是防止基建投资过快下滑的有效力量。在铁路方面,预计到 2025 年全省铁路通车里程达到 4500 千米以上,比 2020 年末至少增加 630 千米(2020 年末为 3873 千米);铁路总里程中的高速铁路里程数达到 2000 千米左右,比 2020 年末增加 540 千米左右(2020 年末运营里程为 1457 千米,通车里程

---

① 参见《贵州省国民经济和社会发展第十四个五年规划和 2035 年远景目标纲要》。

1527 千米①），"十四五"时期，全省铁路投资主要以高速铁路为主。在里程方面，预计 2025 年全省高速公路通车里程数达到 9000 千米以上，比 2020 年末至少增加 1400 千米（2020 年末为 7607 千米）。由于缺乏基础设施建设方面的详细成本，难以精确估算具体的固定资产投资规模，但可以根据"十三五"时期的建设经验，进行简单的匡算。"十三五"时期，全省高速铁路总里程增加约 900 千米（2015 年末为 560 千米），全部铁路总里程增加约 1100 千米，高速公路里程增加约 2500 千米，全部公路里程数增加约超过 20000 千米，铁路基础设施投资约 1100 亿元，公路基础设施投资约 9000 亿元，全部基础设施建设投资 3.4 万亿元②。考虑到高等级交通基础设施的存量因素，一旦建成投产将无须在短期内再进行初始规模的投资，未来五年的建设强度本身将比"十三五"时期有所减弱。因此，以运输线路等为主要构成带来基础设施建设投资在"十四五"时期可能接近"十三五"时期的水平，为 8000 亿~9000 亿元规模水平。预计大口径的基建投资整体水平在"十四五"时期可能弱于"十三五"时期。根据《贵州省扩大有效投资攻坚行动方案（2021—2023 年）》，"十四五"时期前三年，运输线路和场站建设方面的投资预计在 3900 亿元左右③。尽管交通领域基础设施建设投资呈现规律性减弱，但在交通强国建设试点任务之下，如果这部分固定资产投资能够有效落实，仍将是减缓基础设施建设投资增速过快下滑的重要力量。其次，交通旅游融合、"四好农村路"建设和维护、山区公路建设运营安全风险管控等方面的建设试点也需要规模可观的固定资产注入，同样构成防止基建投资过快下滑的有效力量。与此同时，在投融资模式创新方面参与交通强国建设试点，还能够为其他各个相关领域的投融资模式创新积累经验。最后，交通强国建设过程中不断形成的良好设施，改善了全省投资环境，为农业领域、工业领域、服务业领域的固定资产投资保持增长创造条件。"十三五"时期和 2021 年，除 2019 年之外，全省第一产业固定资产投资都保持了 29% 以上的增速，2018~2021 年的工业固定资产投资保持了 13% 以上的增速。随着交通基础设施的进一步改善，农业、工业领域的投资仍然有望维持在较高的水平，并进一步激发高技术制造业和现代服务业领域的固定资产投资。

---

① 《贵州统计年鉴 2021》表 16-1 显示，2020 年末高速铁路运营里程为 1457 千米；《贵州省国民经济和社会发展第十四个五年规划和 2035 年远景目标纲要》指出，"十三五"末期全省铁路通车里程为 1527 千米。

② "十三五"贵州交通建设迈上新台阶［N］.贵州日报，2021-01-05.

③ 贵州省推进交通强国建设实施纲要［EB/OL］.贵州省人民政府网站，https：///www. guizhou. gov. cn/zwgk/zcfg/swygwj/202111/t20211122_71761433. html，2021-11-22.

## 二、新型工业化和新型城镇化发展机遇

推进新型工业化和新型城镇化，离不开完善的交通基础设施。尽管贵州是资源大省，物质丰富，具备发展工业实现产业强省的资源基础，但由于地处大西南腹地，地理区位优势不明显，长期以来，尤其是党的十八大以前，贵州省交通基础设施状况处于较为落后的不利地位，严重制约了工业化和城镇化发展。近年来，国家加大了交通等基础设施领域的投入力度，贵州交通运输状况极大改善，随着交通强国战略和"双循环"战略在贵州省的进一步推进，综合物流成本和制度性交易成本必将持续降低，新型工业化、新型城镇化将迎来新的更大发展机遇。

贵州工业具有较大的发展潜力。2020 年全省工业增加值为 4602.69 亿元，占地区生产总值的比重为 25.8%，对地区生产总值的贡献率达到 24%，拉动地区生产总值增长 1.1 个百分点。从全国整体来看，2020 年全国工业增加值为 313071.1 亿元，占国内生产总值的比重为 30.8%，对国内生产总值的贡献率为 33.6%，拉动国内生产总值 0.8 个百分点。结合全国 31 个省、自治区、直辖市（不含港澳台）的相关统计数据，2020 年贵州省的工业增加值位列全国第 12 位，略低于广西壮族自治区（5221 亿元）并略高于北京市（4216 亿元），但工业增加值占 GDP 的比重处于全国第 23 位，介于青海省（26.14%）和甘肃省（25.39%）之间[①]。工业生产离不开生产性物流，随着交通物流条件的进一步改善，全省工业生产潜能必然得到进一步释放。更为显著的机遇在于，贵州的优势工业有望得到更大的发展，走向集约式、精细化。烟酒工业是贵州的传统优势工业，尤其是优质白酒需求量大，主要品牌享誉海内外。在交通强国战略和"双循环"战略下，烟草工业的机遇在于保持市场份额大致稳定，重在优化产品结构和提升工艺质量；酿造工业的核心机遇在于：酿酒基地建设的步伐加快，优质原料供给得到更好、更及时、更低成本保障，生产基地与前端柜台的距离进一步缩减。以贵州茅台酒为代表的白酒产业有望进一步做强做优，在全国市场和国际市场形成以贵州茅台酒为龙头，习酒、国台、金沙、珍酒、董酒等为骨干，优质散装白酒、啤酒、葡萄酒、果酒等为相关产品的贵州知名酒水产品体系。贵州良好的生态为优质农产品提供了条件，在交通强国战略和"双循环"战略下，贵州优质农产品获得更多走出大山的机遇，绿色食品加工业、贵州辣、贵州腊、精制

---

① 根据《中国统计年鉴 2021》有关数据计算而得。

茶、矿泉水等贵州特色生态绿色食品的市场占有率有望得到进一步提升。煤炭等基础能源产业智能化绿色化发展加快,新型煤化工、精细磷化工、精细氟化工、基础材料、新型建材、航空航天装备制造、汽车制造、能矿装备制造、节能环保设备、特色医药、特色轻工业等产业有望在交通强国战略、"双循环"战略以及其他有关政策的支持引导下提质增效发展。同时,随着现代化综合交通体系更加完善,还将更加有利于优化产业的区位布局,促进产业集群,这对于创新的扩散和节能环保都非常重要。

推进交通强国建设,构建"双循环"新发展格局,对贵州省加快推进以人为核心的新型城镇化创造了新的发展机遇。在具体的交通目标方面①,从近短期看,全省将基本建成布局合理的综合运输大通道主干网、干线网、基础网和枢纽,铁路、高速公路、机场密度位居西部前列,基本建成一体化便捷高效的客货运输服务体系,交通数字化、智慧化建设全面起步;从中长期看,全省将基本建成便捷顺畅、经济高效、绿色集约、智能先进、安全可靠的现代化高质量综合立体交通网,基本实现交通现代化。基本实现城镇居民半小时上高速、一小时上高铁、一小时到机场,城际轨道交通公交化服务,建成一站式、一单制、一小时集疏运服务的现代化货运物流体系。这为推进城镇化提供了最基础的设施条件。在构建"双循环"新发展格局各方面要求上看,为经济社会高质量发展、劳动就业、居民增收等方面创造了条件,这是城镇化得以持续的保障。在此背景下的城镇化机遇,一方面在于新型城镇化格局将持续优化,城市群和县域经济实力进一步增强;另一方面在于城乡经济深度融合。交通运输格局的大幅改善,将为都市圈和城市群的崛起创造条件,黔中城市群将加快壮大,以贵阳主城区和贵安新区为中心的贵阳—贵安—安顺都市圈有望加速发展,进一步提升首位度,形成千万人口规模都市圈;遵义主城区的周边辐射能力将进一步彰显,五百万人口规模级遵义都市圈有望加快构建。毕节、铜仁、兴义等城市的"区域中心"特征将更加突出,盘州、威宁、仁怀、赤水、松桃等处于交通节点和枢纽的县级城市将成为推进新型城镇化的重要支点。随着各层级交通通达性能提升,尤其是"双循环"带来的国民经济循环畅通,促进就业机会持续释放,县级以下城镇、乡村人口将呈现从村到镇、从镇到城、从小城镇到城市群的梯度转移,新型城镇化步伐加快。

---

① 贵州省推进交通强国建设实施纲要 [EB/OL].贵州省人民政府网站,https://www.guizhou.gov.cn/zwgk/zcfg/swygwj/202111/t20211122_71761443.html,2021-11-22.

### 三、农业现代化和旅游产业化发展机遇

在交通强国建设和"双循环"构建的背景下，借助畅通的农产品物流网络和客流网络，优化农业产业结构、发展特色优势农业、培育现代化的农业产业体系、推进乡村振兴、促进旅游产业化等方面都将获得新的机遇。

近年来，贵州省农业经济总体发展较平稳，特色化、高效化、集约化的趋势逐步凸显。2020 年全省第一产业增加值 2539.88 亿元，占地区生产总值的比重为 14.2%，对地区生产总值增长的贡献率为 19.6%，拉动经济增长 0.9 个百分点；当年全国的整体情况是，第一产业占国内生产总值的比重为 7.7%，对国内生产总值的贡献率为 9.5%，拉动国内生产总值增长 0.2 个百分点[①]。与全国整体水平相比可以看出，贵州省的国民经济构成中，农业特征明显。从增速上看，"十三五"期间（除 2020 年第二、第三产业受新型冠状病毒肺炎疫情严重影响之外）第一产业增速低于第二产业和第三产业增速。例如，2016 年第一产业增加 1846 亿元，比上一年增长 6.0%，而当年第二产业和第三产业增速分别为 11.3% 和 114.%；2017 年第一、第二、第三产业增加值相比上一年分别增长 6.3%、10.1% 和 11.5%；2018 年第一、第二、第三产业增加值相比上一年分别增长 6.9%、9.5% 和 9.5%；2019 年三次产业增加值相比上一年分别增长 5.7%、9.8% 和 7.8%；受新型冠状病毒肺炎疫情冲击，2020 年三次产业增加值相比上一年分别增长 6.3%、4.3% 和 4.1%[②]。第一产业在国民经济中的占比较高，客观上是经济快速增长的劣势，但特色种植业、林业等门类丰富，为发展食品加工、药材加工、竹木制品等相关制造业提供了优质原材料，为产业结构持续优化、提高附加值创造了条件。因此，一旦这些制品出黔的通道得到拓展，便有潜力进一步扩大产能和市场份额，与第一产业紧密联系的轻工业得到发展，种植业、林业、渔业、畜牧业等相应走更加集约的发展道路。结合贵州省第一产业的内部构成以及过去一段时期以来在相关领域已经形成的比较优势，借助交通强国的通道优势和支线网络优势，农林产品物流面临提速发展的机遇，高品质绿茶、珍稀食用菌、辣椒、特色水果、油茶、生猪、牛羊、家禽等特色农业产业受益，投资吸引力进一步提升，全国最大的优质茶原料基地、食用菌产业大省、辣椒强省、全国道地中药材的重要产区、油茶基地扩面提质等发展目标有望顺利实现，一批国际级现代农业产业园区得以加快建设。林业资源优势进一步凸显，林业经济和林下

---

①② 根据《贵州统计年鉴 2021》计算而得。

经济效益、生态效益有望持续提升，黔东南国家级林下经济示范区面临新的建设机遇。在"双循环"新格局构建背景下，体制机制障碍进一步清理，随着改革的深入推进，科技兴农、要素保障机制更加明确，将倍增交通物流带给农林牧渔及相关产业的机遇，促进农业现代化提速。

习近平总书记指出，优良生态环境是贵州最大的发展优势和竞争优势。贵州生态良好、风光迤逦、文化深厚，具有发展旅游业得天独厚的优势。近年来，贵州省旅游景区建设提速发展，截至 2021 年末全省共有 5A 级景区 8 个，4A 级景区 134 个①。同时，贵州还具有一大批全国重点文物保护单位、国家级风景名胜区、非物质文化遗产等。在新型冠状病毒肺炎疫情暴发前，2019 年国内旅游人次已经突破 11 亿，国内旅游收入达到 1.23 万亿元②。截止到"十三五"期末，全省已经形成了良好的旅游发展基础，战略性支柱产业的地位全面确立。在交通强国建设和"双循环"新格局加快构建的背景之下，贵州旅游的比较优势有望得到进一步凸显，这两大"战略"都是贵州旅游加速发展的重要支撑。一方面，旅游交通服务网将进一步完善，实现空铁陆水无缝对接，支线网络和旅游基础设施的完善步伐得以加快。因此，进一步优化旅游布局、构建全域旅游新格局迎来新机，以民族和山地为特色的文化旅游业加快发展，"山地公园省·多彩贵州风"品牌影响力将持续提升，加快建成国际一流山地旅游目的地、国内一流度假康养目的地和多彩贵州旅游强省。另一方面，"双循环"为加快体制机制改革、提振内需等方面提出了要求，在供给上必然要求贵州通过改革创新来不断提高作为旅游目的地的吸引力，在需求上又进一步激活广大居民消费潜力，贵州将成为居民文旅消费的一个重要选项。

**四、物流产业集群化发展机遇及其对产业结构升级的拉动**

交通网络、工业基础与物流产业高度关联，物流产业集群化发展离不开四通八达的交通网络，也离不开发达的工业和商业。交通强国建设背景下的运输网络密织，为沿线工业和商业带来新发展基础，促进产业集聚的同时，也为物流业创造了机遇。交通基础设施显著优化将激发物流行业的增长潜能，降低全社会物流成本，提高工业、农业、服务业的质量和效益。农林产品出黔的机会大幅增加，农林牧渔业实现生产方式转型，由粗放式转向集约式，促进以农林产品为原料的

---

① 《贵州省 2021 年国民经济和社会发展统计公报》。
② 《贵州省 2022 年国民经济和社会发展统计公报》。

食品制造、饮料制造、家具制造、工艺品制造等相关轻工业发展，经济效益提高。物流服务工业生产的效率提高，成本降低，有利于工业结构优化升级，尤其是代表性产业，代表性企业做强做大，提高市场竞争力。物流业尤其是以信息化为依托的现代物流业是现代服务业的重要组成部分，进而实现现代服务业在国民经济构成中的比重。同时，物流业高强度的就业吸纳能力能有效缓解农村劳动力转移就业问题，有利于维护社会稳定。此外，物流业的发展能有效降低生产、销售、服务等各类企业的运营成本，提升城镇招商引资的吸引力，促进新型城镇化高质量发展（罗艺等，2020）①。

目前，贵州物流业已经具备较好的发展基础，并且物流业发展的条件持续改善。2020年全省现代物流业增加值达到990亿元，占地区生产总值的比重达到5.6%，占服务业的比重达到10.9%，已经成为地区经济的重要组成部分。② 2021年全省货物运输总量达9.69亿吨，货物周转总量达1435.9亿吨千米，民航货邮吞吐量达11.7万吨，物流的实物体量庞大③。"十三五"时期，全省物流成本加快下降，全社会物流总费用占地区生产总值的比重由2015年末的18.5%下降至2020年的15.5%，下降幅度是全国平均水平的两倍以上，2020年末已经逼近全国平均水平（商务部数据显示2020年全社会物流总费用占GDP的比重为14.7%)④，这对于山区贵州而言实属不易，表明物流效率提升，企业生产面临的物流成本极大压缩，生产经营环境向好。随着交通运输条件在"十三五"时期的大幅改善，物流业提质增效发展的基本条件已经具备。在交通强国的建设进程中，贵州省各级各类交通运输条件势必得到进一步改善，全省"一核驱动、两轴拓展、四区集聚、多点支撑"的物流空间网络体系布局将更趋完善，物流集散功能将进一步放大。

我们更欣喜地看到，与物流业集聚发展的利好政策也密集指向贵州：根据国家发展改革委和交通运输部联合印发的《国家物流枢纽布局和建设规划》（发改经贸〔2018〕1886号），将贵阳同时列为四种重要功能类型的国家物流枢纽承载

① 罗艺，张盛，付江月. 贵州物流业与新型城镇化协调发展研究［J］. 物流技术，2020，39（10）：74-77+83.

② 贵州省"十四五"现代物流业发展规划［EB/OL］. 贵州省人民政府网站，http：//www. guizhou. gov. cn/zwgk/zdlygk/jjgzlfz/ghjh/zxgh_5870292/202112/t20211209_71993123. html，2021-12-09.

③ 贵州省发展和改革委员会. 贵州：完善物流枢纽功能，提高物流服务品质［EB/OL］. 中国发展网，https：//baijiahao. baidu. com/s? id=1710297363382124237&wfr=spider&for=pc，2021-09-08.

④ 贵州省2021年国民经济和社会发展统计公报［EB/OL］. 贵州省人民政府网站，http：//www. guizhou. gov. cn/zwgk/zfsj/tjgb/202203/t20220324_73107390. html，2022-03-24.

城市（陆港型国家物流枢纽承载城市、空港型国家物流枢纽承载城市、生产服务型国家物流枢纽承载城市、商贸服务型国家物流枢纽承载城市），将遵义列入陆港型国家物流枢纽承载城市；根据国家发展改革委 2019 年印发的《西部陆海新通道总体规划》（发改基础〔2019〕1333 号），多项重要基础设施涉及贵州省，贵阳成为通道沿线的重要物流枢纽，贵阳、遵义成为西部陆海新通道的重要节点，规划还对贵阳都拉营国际陆海通物流港、黔北（遵义）物流园、中国（贵阳）跨境电商综合试验区、贵阳临空经济示范区、部分过黔铁路干线等专门作出建设部署；《国务院关于支持贵州在新时代西部大开发上闯新路的意见》除了在整体的高度支持贵州建设"四区一高地"之外，还专门提出要支持黔货出山，大力发展冷链物流；此外，加入 RCEP 合作长江经济带发展、粤港澳大湾区建设、成渝地区双城经济圈建设等国家战略性部署以及共建"一带一路"的倡议，都为贵州物流业对内对外开放发展提供了新的机遇。

**五、数字基建担当发展加速器角色的新机遇**

在推进数字基建、实施大数据战略、发展数字经济方面，贵州不断刷新世界的认知，形成了较雄厚的基础。"十三五"时期，贵州省扎实推进首个国家大数据（贵州）综合试验区、贵阳·贵安大数据产业发展集聚区、贵阳大数据产业技术创新试验区建设，已经初步形成以贵阳贵安为核心、黔西南为补充的"两地三中心"数据中心产业布局，贵州·中国南方数据中心示范基地的区域地位持续巩固，形成中国南部规模最大的数据中心集聚区。数字产业化不断迈上新台阶，电子信息制造业、软件和信息技术服务业发展迅速，大数据电子信息产业成为全省重要的先导性产业；产业数字化转型不断取得新成效，大数据与实际经济融合程度加深；数字化治理效能持续提升。数字经济增速连续六年领跑全国，尤其是在大数据融合发展方面构建起独特而显著的优势。《贵州省"十四五"新型基础设施建设规划》指出，当今世界正在经历一场更大范围、更深层次的科技革命和产业变革，5G、大数据、人工智能等信息技术日新月异，电子信息制造技术加速创新，触发巨大的应用创新浪潮和商业突破，各地纷纷将新型基础设施作为新赛道开展战略布局，全国新型基础设施格局正处于将定未定的关键窗口期。叠加国家各类针对贵州的政策红利、试点交通强国建设机遇和融入"双循环"新发展格局等重要机遇，为贵州继续加快发展以数字基建为代表的新型基础设施提供了有利契机。

数字经济作为一大产业本身的发展机遇。一方面，大力发展数字经济，是贵州全面贯彻党的十九大和十九届历次全会精神和习近平总书记对贵州"在实施数字经济战略上抢新机"的重要指示，以及贵州省委"一二三四"工作思路的重要实践，顺应经济社会发展趋势，应当从原则性、战略性的高度加以推进。另一方面，大力发展经济与构建"双循环"新发展格局互益互促。中国信息通信研究院（2021）发布的《中国数字经济发展白皮书》指出，加快数字化发展，打造数字经济新优势，以数字经济和实体经济"双融合"支撑"双循环"，将为构建新发展格局提供强大支撑。构建新发展格局的关键在于畅通国民经济循环，数字经济有助于高效解决生产要素流通不畅、供需梗阻等问题，通过推动生产要素组织方式变革、与传统产业深度融合、助力理顺产业链供应链，对经济社会发展起到倍增效应。新发展格局的持续形成，又会对数字经济提速发展提供经济土壤。

数字基建赋能现代物流提质发展的机遇。最突出的机遇在于，通过与物流业的深度融合，网络货运、智慧物流加快发展，物流效率提高，城乡物流便利水平提升，全社会物流成本进一步压缩。其中，网络货运是智慧物流的初级形式，本质是通过网络平台组织货源、统筹组织调度运力，提高集约运输能力，距离最小化匹配运力并减少运力空驶，从而压缩物流成本。大数据与物流融合的高级形式是智慧物流。智慧物流通过将智能化硬件、信息技术与物流融合，提高物流系统整体的分析决策与质性能力。表现为利用集成智能化技术，是物流系统模仿人的智能，具有思维、感知、学习、推理判断和自行解决物流中某些问题的能力，推动信息流与物质流快速、高效、畅通运转（樊纲等，2021）[1]。尹丽波（2020）[2]提供的一个微观例子表明，在"5G+物流供应"的场景下，借助射频识别技术（RFID）、电子数据（EDI）交换等手段，智能物流供应几乎解决了传统物流仓储的种种难题。但现阶段自动导引运输车（AGV）的调度多使用 Wi-Fi 通信，易受干扰，并且存在信号切换和覆盖能力不足等问题，4G 已难以支撑物流信息化建设，而 5G 网络的低延时和精准性特征，可以使物流各个环节都更快速、直观、准确地获得相关数据，物流运输、商品检装等数据能更为迅捷到达用户端、管理端以及作业端。网络货运、智慧物流都离不开实体交通网络、离不开实物经济循环，借助交通强国建设形成的新的通道优势、"双循环"形成的经济循环畅通优势以及数字基建本身形成的信息畅通优势和算力优势，贵州省现代物流产业将梯次获得三重机遇：一是包括网络货运平台在内的平台经济发展迎来新的机遇；二

① 樊纲，郑宇劼，曹钟雄.双循环：构建"十四五"新发展格局［M］.北京：中信出版社，2021.
② 尹丽波.数字基建：工业互联网与工业电商［M］.北京：中信出版社，2020.

是网络货运本身趋向集聚化，市场主体不断壮大，总部经济效益显现，网络货运逐步成为全省数字经济发展重要增长点；三是智慧物流加快推广，车货匹配、物流管理、车辆调度等相关智慧物流服务产品加快形成，国家交通物流平台贵州区域交换节点（分平台）迎来快速建设机遇，数据互联互通加快，物流业智能化服务水平全面提升。

数字基建赋能其他产业提质发展的机遇。凭借数字经济连续领跑全国积累的新优势，在交通强国和"双循环"背景下，贵州省现代化的数字基础设施和良好的数字经济发展态势，有利于贵州继续在实施数字经济战略上抢新机，加速数字经济与实体经济的高效融合、持续改造提升传统产业、推进贵州原有的产业基础高级化转型、加速产业链现代化、推进智慧城市建设和乡村振兴，持续为贵州在新时代西部大开发上闯新路赋能。以强大的数字基建孕育的发展动能惠及经济发展的方方面面，数字经济已经形成贵州高效参与构建并全面融入新发展格局的关键支撑，名副其实。

## 第四节　交通强国和新发展格局视角下
## 贵州面临的挑战

推进交通强国建设和加快构建"双循环"新发展格局，给贵州经济发展带来全新机会的同时，也必然会带来新的挑战。交通基础设施更加优良完善，国民经济循环更加流畅，其本身就会产生加速"入"和"出"两种效应：各类生产要素能够更加便捷顺畅地流入贵州，产生集聚效应；同时，也为贵州原有的生产要素快速流出提供了机会，导致局部萧条乃至大规模倒退，尤其是那些不以自然地理为严格依托的产业。交通顺畅和外部循环畅通带给贵州的机遇，如果把握不好，就可能向其对立面转换，变为威胁贵州经济发展的严峻挑战，因此，战胜挑战的关键措施在于准确、及时把握发展机遇。整体上看，当前贵州经济发展面临两大方面的挑战，一是宏观层面的挑战，二是具体指向贵州的挑战。

宏观层面或全局层面上的挑战，是贵州省作为中华人民共和国的一部分与全国其他地区共同面临的挑战。当前，中国经济紧密与世界经济政治格局相关联，但外循环面临诸多不确定性，需要全国上下共同克服的困难和挑战增多。国际经济政治环境日趋复杂，格局多变，不稳定性和不确定性明显增加，新型冠状病毒肺炎疫情影响广泛深远。世界经济持续低迷，经济全球化遭遇逆流，单边主义、保护主义抬头，"灰犀牛"事件、"黑天鹅"事件扰断经济发展秩序，全球能源供需版图深刻变革，世界进入动荡变革期，局部战争和热点冲突迭起，霸权主义对世界和平与发展构成威胁。从国内来看，经济增速下行压力较大，我国经济社会发展不充分不平衡的矛盾仍然十分突出，供应链产业链堵点仍然较多，中小微企业经营困难，中等收入群体规模较小制约内需扩大。宏观经济运行整体上面临着需求收缩、供给冲击、预期转弱三重压力。这些挑战是全局性的，贵州的应对策略一方面在于着眼全局来贯彻落实党中央、国务院的重大决策部署，不搞省内、市内和其他局部小循环，作为整个国民经济运行的重要区域和重要环节，全面融入国家发展战略；另一方面在于加快省内经济社会发展步伐，不断扩大内需，深入推进供给侧结构性改革，理顺整个国民经济循环中涉及贵州的各个部分和各个环节。

具体指向贵州的新挑战，主要是指与全国其他地区相比，贵州经济社会发展可能面临更为严峻的考验。

一是国民经济循环的物质基础比较薄弱，难以有效适应新发展格局对增加生产供给和扩大内需的新要求。尽管近年来经济增速处于前列，但相当一部分是由基数低所致，2020年人均地区生产总值仅为全国平均水平的64.26%，按当年价格计算的全员劳动生产率仅为全国平均水平的69.61%；城乡居民收入水平相对较低，2020年城镇居民人均可支配收入仅为全国平均水平的82.35%，农村居民人均可支配收入仅为全国平均水平的67.96%；工业化和城镇化发展比较滞后，2020年末第二、第三产业在国民经济中的比重低于全国平均水平，全省常住人口城镇化率滞后全国平均水平10.7个百分点[①]。

二是数字经济机遇不会自动青睐贵州，需要继续加大发展力度。近年来全省数字经济增速较快，与全国其他地区相比连续六年位列第一。但与部分发达省份相比，数字经济的发育水平仍然相对不足，如果要缩小数字经济发展水平的差距，需要继续保持较高速度的增长。根据中国信通院的测算，2020年数字经济规模总量突破1万亿元的省（自治区、直辖市）有13个，贵州不在其列，数字经济规模总量超过5000亿元的省（自治区、直辖市）有8个，贵州处于其列的靠后位置，意味着贵州的数字经济规模在全国31个省（自治区、直辖市）（不含港澳台）中处于第20位左右，数字经济增加值占地区生产总值的比重尚未达

---

①　根据《中国统计年鉴2021》有关数据计算而得。

到全国平均水平。横向比较来看，贵州离数字经济强省仍然有较大的距离，并且在交通强国建设和"双循环"新格局背景下，优势数字经济资源会加快重新布局的步伐，贵州并非会自动成为相关生产要素首选目的地。尤其是广东、浙江、江苏等部分沿海发达地区和四川、重庆等邻近地区也正在加速数字经济发展布局，其在产业基础、市场范围、投资环境以及人才资源等方面更具优势，发展势头强劲，对目前仍相对稀缺的数字经济生产要素的虹吸效应可能进一步强化。要在"十四五"期末实现数字经济增加值倍增、占 GDP 比重达到 50% 的数量化目标，将数字经济打造成为驱动贵州经济发展主引擎，建成全国大数据电子信息产业集聚区，构建全国数据融合创新示范高地、数据算力服务高地、数据治理高地的概念化目标，都并非水到渠成之事。

三是创新资源相对不足、聚集水平不高，难以支撑高质量发展的需要。人才是最主要的瓶颈。一方面，高水平科研院所、重点高等学校的数量相对不足，培养高级人才的条件较为欠缺，例如，2020 年全省各类院校毕业的博士研究生数量为 133 人，尚不到在北京毕业的博士生人数的 1%，也尚未达到邻近地区广西壮族自治区的 1/2、云南省的 1/3，仅为四川省的 5%；与人口规模大致相当的其他省区（3000 万~4000 万人口的省，贵州为 3800 万人口）相比，2020 年从黑龙江省毕业的博士生人数为 1884、从山西省毕业的博士生人数为 554、从重庆市毕业的博士生人数为 1144、从陕西省毕业的博士生人数达 2942[1]。可见，贵州省目前较为缺乏培养高级人才的能力。另一方面，贵州当前的经济社会条件对引进外部人才的吸引力相对较弱，高质量发展的人才瓶颈难以在短期突破。另外，受到财政压力等方面的约束，全省在创新活动方面的经费投入严重不足。"十三五"末期，贵州省 R&D 经费占 GDP 的比重仅为 0.91%，远低于全国平均水平（2.4%），也低于周边的云、川、渝等省市，在全国 31 个省（自治区、直辖市）中（不含港澳台）位列第 26 位[2]，研发投入强度不足可能制约贵州经济的高质量发展。

贵州目前还在社会治理和营商环境方面存在短板、产业链供应链不健全、县域经济不强、城乡发展差距较大。文化旅游、交通物流等与交通强国建设和"双循环"紧密相关的行业仍然处于转型发展期，结构性矛盾较为突出，发展层次不高，相关管理服务、市场拓展相对较弱，发展中存在的这些短板弱项可能构成有效利用发展新机遇的制约因素，亟须完善。

---

① 《中国教育统计年鉴 2020》。
② 根据《中国统计年鉴 2021》有关数据计算而得。

# 第三章　贵州交通物流发展现状、经验与成本研究

## 第一节　贵州交通基础设施建设成就

贵州作为西南联结华南、华中的重要枢纽，作为联通粤港澳大湾区与成渝地区双城经济圈的重要枢纽，作为衔接长江经济带与珠江—西江经济带的重要枢纽，具有"承中启西、呼南应北"的区位特点，有利于加速构建西南地区综合立体交通枢纽中心，有利于深度融入以国内大循环为主体、国内国际双循环相互促进的新发展格局和全球产业链、价值链。自2016年获国务院批准设立内陆开放型经济试验区以来，贵州开放通道建设迅猛发展，现代综合交通运输网络基本形成。

### 一、高速公路建设成效显著

贵州高度重视高速公路建设，早在2013年就启动实施高速公路建设三年会战，实现县县通高速，并开展"两高"经济带研究。2015年贵州实现"县县通高速公路"后，2016年、2018年两次对高速公路进行修葺，全省高速公路规划总里程达11349千米，其中国家高速公路4300千米，省高速公路7049千米，规划省际通道47个。截至2020年底，全省高速公路总里程达7607千米（见图3-1），省际通道累计达22个，综合密度列全国第一。

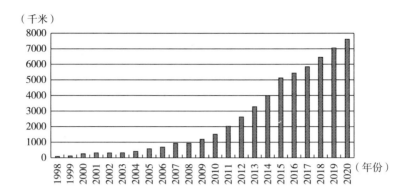

图 3-1　1998~2020 年贵州全省高速公路总里程

资料来源：CEIC 中国宏观数据库。

## 二、普通国省道服务不断提升

普通国道方面，根据《国家公路网规划（2013—2030 年）》，贵州普通国道规划建设 8557 千米。2015~2020 年，贵州普通国道通车里程从 8405 千米增长到 8422 千米（见图 3-2），其中，一级公路 943 千米，二级公路 5838 千米，三级公路 1012 千米，四级及以下 629 千米。二级及以上公路占比为 80.5%，较"十二五"末提高 27.9 个百分点。普通省道方面，根据《贵州省省道网规划（2012—2030 年）》，普通省道规划建设 18218 千米。2015~2020 年，贵州普通省道通车

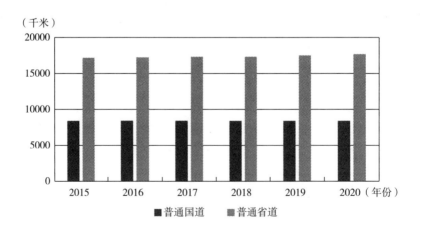

图 3-2　2015~2020 年贵州普通国道和普通省道通车里程

资料来源：《中国交通运输统计年鉴》（2016~2019）。

里程从 17176 千米增长到 17697 千米，其中，二级公路 3533 千米，占比约 20%，三级及以上公路 7163 千米，占比约为 40%。

### 三、农村公路率先突破

2017 年，贵州率先在西部实现建制村通硬化路、通客运。2019 年，率先在西部实现 30 户以上自然村寨通硬化路，惠及农村人口 1200 万。"十三五"时期，贵州省新改建农村公路 6.86 万千米、建成通组硬化路 7.87 万千米。2020 年底，全省农村公路里程达 17.3 万千米（不含通组硬化路），比 2012 年增长 14%；硬化路率大幅度提升，从 2012 年的 27% 提升至 2020 年底的 87.9%，让农村地区面貌焕然一新[①]。

### 四、内河水运加快发展

贵州乌江、北盘江—红水河、清水江是国家规划的"两横一纵两网十八线"高等级航道。2012 年，省政府印发《贵州省水运发展规划（2012—2030 年）》，明确贵州水运发展规划重点为"两主三辅"（即乌江、南北盘江—红水河两条出省水运主通道，赤水河、清水江、都柳江三条出省水运辅助通道）的通道建设。"十三五"时期，贵州共完成水运固定资产投资 88.2 亿元，同比增长 39.4%，建成西部山区内河第一批通航设施——乌江思林、沙沱 500 吨级升船机，断航 13 年之久的千里乌江全线复航[②]。构皮滩通航设施建成调试，清水江锦屏至白市高等级航道工程和都柳江从江、大融、郎洞、温寨 4 个航电枢纽工程建成使用。乌江沙沱水电站第二线 1000 吨级通航建筑物工程获 3 亿欧元贷款，成为欧洲投资银行支持的国内首个水运项目。2020 年，全省航道通航里程达 3957 千米，其中高等级航道突破 1000 千米，居全国 14 个非水网省市第一。北入长江、南下珠江的水运大动脉正加快形成[③]。

### 五、客货枢纽成效明显

"十三五"以来，贵州已建、在建 10 个综合客运枢纽项目，全省 9 个市州均

①　"十三五"时期贵州新改建农村公路 6.86 万公里［N/OL］. 潇湘晨报, https://baijiahao.baidu.com/s? id=1721766146366527202&wfr=spider&for=pc, 2022-01-13.

②　88.20 亿元！我省"十三五"水运固投创历史新高［N/OL］. 贵州日报数字版, http://szb.gzrbs.com.cn/pc/cont/202107/01/content_21530.html, 2021-07-01.

③　贵州交通：开好局起好步　书写精彩答卷［EB/OL］. 贵州省交通运输厅网站, http://jt.guizhou.gov.cn/xwzx/xwfb/202103/t20210311_67152703.html, 2021-03-11.

建有综合客运枢纽。建成以高铁站为主体集铁路、公路、城市交通为一体的贵阳客运北、安顺西、都匀东、遵义颜村等综合客运枢纽，以及以机场为主体集航空、铁路、公路、城市交通为一体的龙洞堡机场综合客运枢纽。高铁客运方面，渝贵新高铁等 4 条铁路纳入国家西部陆海新通道总体规划。空港运输方面，已建成贵阳龙洞堡、铜仁凤凰等 11 个运输机场，形成了一枢纽十支线机场布局。普通客运站方面，实现市州均建有一级客运站，全省 88 个县（市、区）普通客运站全覆盖，二级及以上客运站占比达 96%，同时 93% 以上的乡镇建有客运站。货运枢纽（物流园区）方面，纳入交通运输部"十三五"货运枢纽（物流园区）项目库共有 8 个项目。其中，中国辣椒城综合物流园、遵义传化公路港、贵阳传化公路港、贵阳深国际物流园等项目已建成。贵州铁路、公路、水运的货物周转总量从 2015 年的 1392.5 亿吨千米增长到 2021 年的 1435.9 亿吨千米，增长了 43.4 亿吨千米；民航货邮吞吐量从 2015 年的 8.96 万吨上涨到 2021 年的 11.7 万吨，增长了 2.74 万吨[1]。

贵州省素来有"天无三日晴，地无三尺平"的说法，这主要是用于描述贵州的地理状况，然而，近年来，在政府的大力支持下，贵州省已经初步建立了较为完善的综合交通网络枢纽，建设起 7600 多千米高速公路、2100 多条隧道、1.2 万余座桥梁，其中，建成世界级桥梁 18 座，世界高桥前 100 名中有 50 座、前 10 名中有 5 座，将"山地贵州"装点为"高速平原"[2]。贵州不仅拥有四通八达的立体交通线路，而且是目前中国唯一一个县县通高速的省份，这为现代物流行业的进一步发展打下了坚实的基础。

## 第二节　贵州物流产业发展成就

"十三五"时期以来，贵州省现代物流业立足供给侧结构性改革，紧紧围绕空间网络、物流通道、物流服务、信息平台、多式联运五大体系建设，推动现代物流业发展，全省呈现行业规模持续壮大、基础设施日趋完善、服务能力明显提

---

① 根据《贵州省 2015 年国民经济和社会发展统计公报》《贵州省 2021 年国民经济和社会发展统计公报》有关数据计算而得。

② 贵州："十三五"交通投资 8873 亿元　打通制约发展关键瓶颈 [EB/OL]. 人民网，http：//gz. people. cn/BIG5/n2/2021/0106/c222152-34513184. html，2021-01-06.

升、发展环境不断改善、发展质量显著提高的良好态势。

## 一、物流行业综合实力显著提高

"十三五"时期，贵州省现代物流业保持稳定增长，截至2020年，全省现代物流业增加值达到990亿元，年均增长11.8%（名义增速），占地区生产总值比重提升到5.6%。货运量从2015年的84539万吨增长到2020年的86444万吨。快递业务量从2015年的7034.25万件增加到2020年的28156.99万件，快递收入从2015年的13.24亿元增长到2020年的52.21亿元（见表3-1），均增长了约3倍。物流市场主体日益成长，到2020年底，全省物流企业总数近2万户，其中A级物流企业50户，比2015年增加23户。顺丰、京东等行业领军企业先后入驻贵州，贵州现代物流产业集团、贵州交通物流集团、贵州省冷链物流投资发展有限公司等本土物流企业加速成长，满帮集团多次登上中国独角兽企业榜单。

表3-1　2015～2020年贵州省货运量和周转量

| 年份 | 货物运输量（万吨） | 快递业务量（万件） | 快递收入（亿元） |
|---|---|---|---|
| 2015 | 84539 | 7034.25 | 13.24 |
| 2016 | 89525 | 11260.13 | 21.79 |
| 2017 | 96241 | 15781.90 | 31.15 |
| 2018 | 102536 | 21193.68 | 40.45 |
| 2019 | 83454 | 24584.40 | 46.11 |
| 2020 | 86444 | 28156.99 | 52.21 |

资料来源：《贵州统计年鉴》（2016～2021）。

## 二、物流空间网络体系初步形成

贵州目前已经形成了"一核驱动、两轴拓展、四区集聚、多点支撑"的物流空间网络体系。贵阳市列入陆港型、空港型、生产服务型和商贸服务型国家物流枢纽承载城市，物流首位度进一步增强。遵义市列入陆港型国家物流枢纽承载城市，成为西部陆海新通道中重要节点城市。以黔西北、黔东北、黔东南和黔西南为代表的四大物流集聚区，初步形成产业集聚合力，对外辐射能力持续增强。总的来看，贵州基本形成了以清镇市物流园区、黔中（安顺）物流园区国家级示范物流园区为重点，以贵阳改貌铁路物流中心、贵阳传化公路港、贵阳牛郎关物流园等省级物流园区为支撑，以金沙县洪星物流园、福泉国际陆港、铜仁鹏程物流园等区域性物流园区为补充的物流枢纽网络。

### 三、物流服务能力迅速提升

贵州物流信息化建设步伐加快，满帮集团信息化平台成为国家首批骨干物流信息平台，传化集团货源网和陆运通物流信息平台服务的企业数量快速增长，贵州梵云、贵州易林、铜仁等网络货运平台纷纷建成运营。快递服务能力显著提升，形成以 11565 处各类营业网点为支撑，覆盖县、乡、村三级的快递物流体系。粮食安全保障调控和应急物流能力进一步提升，建成含 165 家粮食应急加工企业，142 家应急储运企业，120 个粮食应急配送中心，2501 个粮食应急供应网点的粮食应急物流体系。冷链物流快速发展，到 2020 年底建成冷库 1236 座，库容突破 400 万立方米，冷库实现县域全覆盖。多式联运稳步推进，贵州昌明国际陆港、遵义黔北物流新城列入国家级多式联运示范工程项目，贵州省多式联运产业发展有限公司挂牌运营，贵州省磷化集团开通了长三角、珠三角、东南亚、新西兰等地的多式联运线路。

### 四、物流开放发展取得新成效

贵州积极融入"一带一路"和长江经济带战略，贵阳市、遵义市成为西部陆海新通道重要节点，与重庆、四川、云南、广西、湖南在设施共建、信息互联等方面的合作步伐逐步加快，与重庆、成都、南宁、北部湾等物流节点的联动不断增强。口岸建设成效明显，贵阳龙洞堡国际机场、遵义新舟机场获批为正式开放口岸，铜仁凤凰机场口岸获批为临时开放口岸，贵阳改貌海关监管作业场所通过海关验收。"一局四中心"项目建设有序推进，贵阳国际邮件互换局正式运营，国际货运中心及海关监管中心基本建成，保税物流中心（B 型）和国际快件中心建设加快推进。西部陆海新通道班列实现常态化开行，"黔新欧"等中欧班列开通，2020 年，累计开行西部陆海新通道铁海联运班列 126 列，公路班车 403 车次，发运 6695 标箱，贵州特色优势产品通达全球多个国家和地区。

## 第三节　贵州交通物流积聚优势与模式创新

近年来，贵州交通基础设施不断完善、物流产业不断做大都离不开贵州省委、省政府的坚定发展的决心和勇于担当的魄力、执行力。从顶层设计到发展路径，再到政策措施，贵州以大交通引领大发展，扛起了建设交通强国西部试点的发展战略重任。通过"三会战两决战一攻坚一行动"，贵州在短短五年时间里构建起现代综合性交通运输网络，在通道里程和枢纽运输方面打造出独特的交通基础设施优势。

## 一、打造交通基础设施优势

1. 通道优势

2021 年底，贵州省综合立体交通网络总里程规模达 22.5 万千米。其中，公路里程 20.7 万千米，高速公路达到 8010 千米，铁路营业里程 4014 千米，高速铁路达到 1609 千米，内河航道里程 3957 千米，城市轨道交通里程 35.1 千米，基本形成"一枢十支"机场格局①。这些交通基础设施的建成，使得贵州的通道优势更加凸显。

2. 枢纽优势

初步形成以省会贵阳为核心枢纽、其他 8 个市（州）首府城市为区域中心枢纽的"一核八心"枢纽格局。以贵阳铁路枢纽都拉营新建货运场站专用线项目、改貌公铁物流园、遵铁多式联运物流园、贵州昌明国际陆港、铜仁鹏程物流园等为代表的一批多式联运货运枢纽承担了贵州主要的公铁联运项目，为贵州加快推进西部陆海新通道建设打下了坚实基础。

3. 内陆开放高地优势

2022 年 1 月，国务院印发《关于支持贵州在新时代西部大开发上闯新路的意见》（国发〔2022〕2 号）赋予贵州"内陆开放型经济新高地"的战略定位。贵州抓住机遇，利用靠近东盟和居于西南几何中心的优势条件，大力打造货运枢纽物流中心地位。

2022 年 5 月，东盟国际货物"中老铁路＋中欧班列"过境模式在贵州落地，一趟满载 50 个标准集装箱的中欧班列从贵阳南站都拉营站缓缓驶出开往匈牙利布达佩斯②。在这一运行过程中，贵州政府和企业通力合作，努力降低交通物流成本和制度性成本，提高运行效率。为保障通关顺利，贵阳海关指导企业采用

① 多彩贵州强交通"黄金十年"迎巨变［EB/OL］. 中国水运网，http：//www. zgsyb. com/news. html？aid＝634455，2022-08-31.

② 黄娴. 中老铁路国际货运列车与中欧班列国内首次测试贯通［N］. 人民日报，2022-05-19（11）.

"两步申报"等便捷通关模式，提高货物整体通关效率，并保持与兄弟海关联系，磨憨口岸对查验异常情况第一时间通报，筑城海关第一时间完成报关单的修改，确保货物及时通关；贵阳综保区积极发挥属地职能作用，协调帮助企业解决注册落地、属地申报、新型冠状病毒肺炎疫情防控等问题，以最快时间、最高效率确保此次转抵运中企业获得最优质服务。① 贵州多式联运公司努力克服老挝段申报组织不畅困难，挖掘潜力、提高效率、加强协调，确保了班列进口平稳、转关顺畅，转口无缝衔接，完全按班列计划开行；美丽传奇（贵州）供应链管理有限公司携手敦豪和欧洲铁路巨头 RTSB 公司，通力合作，发挥各自优势，采取区域模块化分工和接力交棒方式顺利将货物从工厂运抵贵阳。②

贵州具有近边近海又处于西南内陆中心的优势，在双循环新发展格局中优势独特，正在加快沿着"一带一路"走出去。贵州正不断提升以企业为主导的双接货运试运行经验，全力实施中老铁路货运、中欧班列中转中心项目，用好 RCEP 相关政策和制度，打造中国西部重要的国际物流枢纽，把贵州从内陆省转变为内联省。今后，贵州将进一步推动中老铁路国际货运列车与中欧班列实现稳定衔接开行，并积极构建以老挝万象为东南亚集散中心、以贵阳为国内集散中心、以中老铁路国际货运列车—中欧班列衔接开行为运行线路的物流运输模式③，同时积极推动中欧班列、西部陆海新通道、黔粤通道、中老铁路等开放通道之间实现相互贯通，助力开放之路越走越宽。

## 二、创新物流产业发展模式

### 1. 创新"交邮融合+"服务模式

为全面贯彻落实国家关于乡村振兴和交邮融合的决策部署，贵州省推出"交邮融合+"创新发展模式，着力打造集聚基地、运输网络、发展主体等，构建起了畅通便捷、经济高效、便民利民的县、乡、村三级物流服务体系。

整合物流集散资源，畅通县、乡、村三级农村物流体系。通过整合县域内邮政、快递、客货运、新能源等资源，建立县级物流配送中心，统一集散、分拣物流货物和邮件快件辐射全县。整合升级乡镇综合服务站，拓展快递、商超、仓

---

① 谭榕. 贵阳海关保障贵州省中老铁路衔接中欧班列首批货物货运通关完成［EB/OL］. 海关总署网站，http：//beijing. customs. gov. cn/customs/xwfb34/302425/4351198/index. html，2022-05-19.

② 贵州省商务厅. 全国首次！贵州实现中老铁路与中欧班列测试衔接［N］. 潇湘晨报，2022-05-19.

③ 东盟国际货物"中老铁路+中欧班列"过境模式贵州落地［EB/OL］. 澎湃新闻网，https：//m. thepaper. cn/baijiahao_18188783，2022-05-20.

储、保鲜、新能源充电、就业指导等服务功能，提高乡镇客运站综合应用率和农村物流网络覆盖率，提升企业综合效益。

将村级便利店升级为"初心超市"，赋予乡村超市快递、金融保险、便民缴费、票务代办等服务功能，打造村级末端服务站点。同时通过人流连带效应，解决快递业务量不均衡导致的网点经营不持续、成本高等问题。

拓宽"交邮融合+"发展路径。充分利用电子商务、工业能源、金融服务等各类行业资源，不断增加"交邮融合+"的可持续发展动力。例如，探索"交邮融合+新零售"模式，鼓励电商运营团队包装策划和销售寄递农特产品，依托"初心超市"有效解决农产品内销和外售问题，改善"有货卖不出"的情况。探索"交邮融合+新能源+商超"模式，利用当地汽车客运站升级改造为集客运、货运、保鲜、快递、商超、汽车维修等为一体的交邮融合服务站，使用新能源车辆开展客货邮运输服务，成功探索出转型降本增效的绿色交通可持续发展新路径。

2. 打造物流数字化服务平台

贵州交通积极推动企业发展，帮助企业做大做强，通过企业龙头效用带动行业高质量发展。

贵州在全国率先研发推广"通村村"出行服务平台，该平台运用互联网+、大数据技术等，构建县、乡、村流通服务体系和末端服务网点，整合出行、物流、快递、电商、供销、金融等乡村惠民体系，目前已在贵州完成"1+9+88+16000"系统建设，即1个省平台，9个市/州平台，88个县运营中心，16000个村级综合服务站点。该平台在贵州、甘肃、吉林、辽宁、山东等八个省份取得较好效果，被交通运输部列为"12件更贴近民生实事"在全国推广，被国家网信办、国家发展改革委、国务院扶贫办、工业和信息化部四部委列为网络扶贫重点工作在全国推广。

再如，"互联网+物流平台企业"的满帮集团，以技术为导向，以平台、交易、金融服务、智能驾驶以及国际业务等多核心布局业务。该企业的前身为2013年入驻贵阳的货车帮科技有限公司，贵州省交通运输厅为其制定了十条帮扶措施，涉及ETC黔通卡代理发行、GPS监控设施发放、网络货运平台资质等方面，其中ETC黔通卡代理发行每年带来100亿元左右的现金流水，为其在美国资本市场融资上市起到了关键作用，成为西南地区综合运输服务企业的超级独角兽。满帮集团除了借助大数据、人工智能等数字技术，改变传统物流行业"小、散、乱、差"的局面，并且通过运力效能提升，仅2020年一年就为中国减少33万吨的碳排放量，带动贵州物流产业向"绿色物流"转变。

### 三、交通投融资模式创新

为落实《交通强国建设纲要》相关领域的目标任务，根据《交通运输部关于开展交通强国建设试点工作的通知》（交规划函〔2019〕859号）要求，贵州省交通运输厅于2020年正式开展交通领域投融资模式创新。探索利用经营性公路资产证券化、基础设施信托基金（REITs）、TOT等方式盘活存量资产，提高交通基础设施管养效率。通过市场化方式对全省高速公路机电系统改造，降低高速公路运营单位成本。以贵阳至龙洞堡机场、贵阳至黄果树等政府转让经营权高速公路项目为案例开展项目后评价，探索研究降低政府债务以及企业负债率，提高企业融资评级。利用省级交通建设专项资金和省属交通企业自有资金，在全国范围内率先设立贵州交通产业发展基金，支持全省交通基础设施建设。以"沪昆国家高速公路安顺至盘州（黔滇界）段扩容工程PPP（政府和社会资本合作）项目""贵州省高速公路机电系统升级改造PPP项目"为依托，探索"经营性公路+公益性交通项目"实施方式可行性和路径，指导和推动一批高速公路PPP项目落地，全面盘活交通基础设施存量资产，优化交通产业基金模式，形成具有"贵州"特色、可复制可推广的投融资新模式。

### 四、智慧交通建设模式创新

智慧交通建设既是重大发展工程，也是重大民生工程。随着社会发展和科技进步，人们对良好道路交通环境的需求和期待越来越高，高效便捷的现代交通体系，也无疑是推进高标准要求高水平开放高质量发展的关键一环。近年来，贵州省在加强交通硬件建设的基础上，充分利用大数据、人工智能等信息技术手段，深入实施"大数据+"，全面开启了全面建设智慧交通工程，积极构建智慧高速公路技术体系，推动高速公路基础设施数字化。贵州智慧交通建设模式是以构建"大平台、大数据、大应用"为途径，打造贵州省交通运输行业"聚通用"升级版，建设交通建设质监平台、交通建设工程投资和建设预警监督平台、新农村交通综合服务开放生态平台、综合交通出行平台，形成以"一张网、一朵云、一中心、一平台"为载体和以"统一基础条件、统一门户入口、统一信息资源、统一地图服务、统一安全防护、统一标准规范"为支撑的"4+6"新格局。

### 五、"交通+旅游"融合发展模式创新

为有效解决交通与旅游发展中存在的问题，推动交通业和旅游业提质增效、转型升级，贵州省开展了"交通+旅游"融合发展模式创新。"交通+旅游"融合创新模式的重点在于"创机制、连区域、提服务、树品牌和引资本"。在机制创新上，设立旅游公路建设专项资金池，研究制定相应专项资金使用办法；建立"交通+旅游"融合发展领导小组，推动成立社会化管理机构，统筹旅游公路的属地管理和行业管理。在区域旅游交通上，结合高速公路、普通国省道、旅游公路道路体系，推动公路与核心景区、旅游资源有效串联，形成主题突出、特性鲜明、快进慢出的旅游交通快进慢游网络。在服务品质上，充分整合交通运输与旅游、气象、餐饮、住宿等服务资源，大力发展共享交通。增加高速公路、普通国省道、旅游公路等旅游服务设施，完善交通运输车辆服务、信息服务等内容，全面提升交通服务旅游能力。在塑造品牌上，依托贵州荔波、梵净山和交通特大桥梁等精品资源，建设精品旅游公路。探索开发旅游航道、低空飞行旅游等新业态新模式，丰富旅游交通产品。在资本融资上，打通旅游与交通的共建共享融资渠道，将旅游资源与道路捆绑开发。逐步培育交通、旅游综合性开发企业，鼓励交旅投企业分别投资道路建设和景区建设，形成多方投入、社会融资的多元化融资模式。

# 第四节 贵州物流产业发展存在的问题

目前贵州省物流业与社会经济发展需要仍有差距，主要体现在以下几个方面。

### 一、公路货运占比过高，运输结构有待完善

当前，贵州的运输结构中仍以公路货运为主，各种运输方式呈现出分散、独自发展态势。就货物运输量结构来看，2015~2020年，公路运输一直占据绝对优势，比重始终在91%以上，铁路运输不足7%，水路大部分时间不足2%（见表3-2）。贵州货运量铁路、水路合计仅占8.1%左右，对比周边省份云南9.3%、广西22%、湖南13%、四川8.2%，重庆20.2%，贵州目前铁路和水路的运输量

明显偏低。就货物周转量结构来看,公路和铁路周转基本持平,2015~2020年,公路周转比例呈现明显下降趋势,而铁路周转比例持续上升,相比之下,水路周转微乎其微。铁路和水路的运输费用明显低于公路,据调查,铁路运输费用占公路运输费用的比例为46.0%,水路运输费用占公路运输费用的比例仅为8.8%。但为何运输成本较低的铁路和水路运输在贵州发展较慢,是有一定历史因素的。就铁路而言,铁路运输需要在两端与公路进行转运装卸,将额外增加货物损耗和转运装卸成本,这种"公铁转运"的基础设施在贵州一直建设滞后;就水路而言,贵州省水路运输受到航道及载运工具的影响,还不能实现规模化运输。

表3-2 2015~2020年贵州公路、铁路和水路比例

| 年份 | 货物运输量比例（%） | | | 货物周转量比例（%） | | |
|---|---|---|---|---|---|---|
| | 铁路 | 公路 | 水路 | 铁路 | 公路 | 水路 |
| 2015 | 6.79 | 91.49 | 1.73 | 40.70 | 56.74 | 2.56 |
| 2016 | 6.29 | 91.86 | 1.85 | 38.22 | 58.92 | 2.86 |
| 2017 | 5.48 | 92.79 | 1.73 | 36.38 | 60.90 | 2.72 |
| 2018 | 5.37 | 93.00 | 1.63 | 33.72 | 63.78 | 2.51 |
| 2019 | 6.62 | 91.38 | 2.01 | 51.94 | 44.40 | 3.66 |
| 2020 | 6.71 | 91.87 | 1.42 | 48.83 | 48.20 | 2.97 |

资料来源:《贵州统计年鉴》(2016-2021)。

## 二、物流发展区域内不均衡,产业发展效率不高

贵州物流在省内区域发展不平衡主要体现在物流枢纽分布不均衡和物流业务的不均衡。物流枢纽主要集中在贵阳、遵义两个国家物流枢纽承载城市和铜仁、毕节等主要交通通道城市,部分物流枢纽与公路、铁路、港口等交通基础设施以及产业集聚区距离较远,物流仓储空间与交通运输空间分割严重,缺乏系统整合。货运物流枢纽较为分散、功能定位不足、子业态匹配度不够等问题影响了物流枢纽使用效率。物流业务不均衡是指快递业务量以及收入不均衡。快递业务量排名前三的市(州)依次是贵阳市、遵义市、黔南州,其快递业务量合计占全省快递业务量的比重为74.4%(见图3-3)。导致这些不均衡的根本原因在于自然条件以及地理区位的差异。地理区位因素通过交通因素间接影响产业布局、人流物流、区域经济差距等,从而导致贵州交通不便的部分区域物流运输和经济发

展相对靠后。

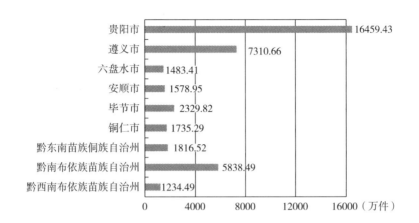

**图 3-3　2021 年贵州省分市（州）快递服务业务量**

资料来源:《贵州统计年鉴 2022》。

### 三、运输量流向差异较大，物流管理成本偏高

贵州省工矿业和生产制造业较为分散、农业产品商品化率不高导致运输流量流向省区间、市州间、季节间的差异较大，且总体呈现进省多出省少、短途多长途少的特点。2019 年有货物订单的 27 个省份中，排名前五的广西、四川、广东、河南和湖北就占到总量的 91%；跨省商品流入集中在黔西南、毕节和六盘水，占 57%，流出量集中在安顺和贵阳，占 80%；2019 年货物运输量较高的月份集中在 6 月、7 月、9 月，都在 240 万单以上，2 月、3 月、12 月较低，均在 50 万单以下。贵州省物流成本中，运输费用占 51%、保管费用占 33.5%，均低于全国 52.7% 和 34.2% 的平均水平，而管理费用占 15.5%，高于全国平均水平（13.1%）2.4 个百分点，物流管理水平低下导致管理费用偏高。

### 四、物流主体规模偏小，龙头企业示范带动作用不强

2020 年，贵州省共有物流企业总数 2 万户，A 级以上物流企业 50 户，比 2015 年增加 23 户[①]。纵向比进步不小。但总体来看，龙头企业示范带动作用不

---

① 贵州省"十四五"现代物流业发展规划［EB/OL］. 贵州省人民政府网站，http://www.guizhou.gov.cn/zwgk/zdlygk/jjgzlfz/ghjh/zxgh_5870292/202112/t20211209_71993123.html，2021-12-09.

强，物流企业"小、散、弱"的格局尚未得到根本改变。对于物流主体而言，大多数物流企业仅将自己定位为"运输""搬运""送货"等角色，导致物流产业难以为其他产业升级提供服务和支撑。此外，贵州省物流行业发展多为个体投资经营，导致经营范围和综合性能受到很大的限制，这一发展劣势尤其在乡镇和农村更为明显。比如，毕节市下属的很多村镇没有安排快递配送人员，而且快递只能到镇，哪怕都是公路直达乡村的，仍然没有物流配送人员，这就为取货带来很大的不便。

## 第五节　贵州物流产业成本问题剖析

### 一、贵州物流成本比较研究

1. 物流成本衡量维度

在经济全球化的背景下，影响经济发展和投资环境的一个重要因素就是物流成本，它对一个企业、地区、国家的市场竞争力直接产生影响。近年来，为解决物流领域长期存在的成本高、效率低等突出问题，大力推动物流业降本增效，推进物流业转型升级，提升行业整体发展水平，更好地服务于经济社会发展，我国先后印发了《国务院关于印发物流业发展中长期规划（2014—2020年）的通知》（国发〔2014〕42号）、《国务院办公厅关于转发国家发展改革委物流业降本增效专项行动方案（2016—2018年）的通知》（国办发〔2016〕69号）、《国务院办公厅关于进一步推进物流降本增效促进实体经济发展的意见》（国办发〔2017〕73号）、《关于推动物流高质量发展促进形成强大国内市场的意见》（发改经贸〔2019〕352号）、《国务院办公厅转发国家发展改革委交通运输部关于进一步降低物流成本实施意见的通知》（国办发〔2020〕10号）等政策文件。推动物流业降本增效，正逐渐成为当前我国经济转向高质量发展阶段物流管理活动的首要任务[①]。《中华人民共和国国民经济和社会发展第十四个五年规划和2035年远景目标纲要》指出，"要强化流通体系支撑作用。深化流通体制改革，畅通商品服务

---

① 胡雪芹、姜旭、王雅琪. 物流成本水平对小微企业的经济影响：来自中国小微企业调查（CMES）数据的分析〔J〕. 工业技术经济，2022（2）：23-32.

流通渠道，提升流通效率，降低全社会交易成本。……建设现代物流体系，加快发展冷链物流，统筹物流枢纽设施、骨干线路、区域分拨中心和末端配送节点建设，完善国家物流枢纽、骨干冷链物流基地设施条件，健全县乡村三级物流配送体系，发展高铁快运等铁路快捷货运产品，加强国际航空货运能力建设，提升国际海运竞争力。优化国际物流通道，加快形成内外联通、安全高效的物流网络。"作为流通过程与流通成本的决定性因素，现代物流业发展水平直接决定着商品是否能够快速、高效、低成本地"流通"①。

目前，行业通用的衡量物流成本的指标是"社会物流总费用占 GDP 的比率"。社会物流总费用可以划分为运输费用、保管费用和管理费用三个部分。运输费用包括铁路运输费用、公路运输费用、水上运输费用等；保管费用则包括利息费用、仓储费用、保险费用、损耗费用、信息及相关服务费用、配送费用、流通加工费用、包装费用、其他保管费用；管理费用是指货主方因组织管理各项物流活动所发生的费用，包括管理人员的报酬、职工福利、办公费用、教育培训费用、劳动保险、车船使用费等。从图 3-4 可以看出，伴随着经济规模的扩大，2010~2020 年我国社会物流总费用呈上升态势，由 2010 年的 7.1 万亿元上升为2020 年的 14.9 万亿元，但社会物流总费用占 GDP 的比率从 2013 年开始有所下降，到 2020 年该指标下降为 14.7%。

图 3-4　2010~2020 年我国社会物流总费用变化

资料来源：《中国物流年鉴》（2011~2021）。

---

① 吴敬茹. 构建新发展格局背景下的物流业高质量发展研究 [J]. 价格月刊，2021（8）：90-94.

2. 基于"社会物流总费用占 GDP 的比率"指标看贵州物流成本水平

从行业通用的衡量物流成本的指标——"社会物流总费用占 GDP 的比率"来看，"十二五"以来贵州的物流成本有所下降。贵州省社会物流总费用占GDP 比率从 2010 年的 22.5%下降到了 2020 年的 15.5%，下降了 7 个百分点，下降幅度为全国同期的 2 倍以上①。从物流成本构成来看，根据现有统计数据，2019 年贵州运输费用为 1368.38 亿元，占社会物流总费用的 51%；保管费用为 898.84 亿元，占社会物流总费用的 33.5%；管理费用为 415.88 亿元，占社会物流总费用的 15.5%，如图 3-5 所示。总体来看，作为全国唯一没有平原支撑的省份，贵州省物流成本之所以能够有如此大幅度的下降，主要在于采取了下列举措。

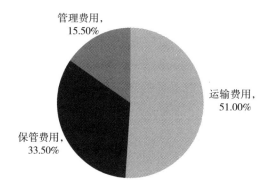

**图 3-5　2019 年贵州省物流成本内部构成**

资料来源：沙松涛. 贵州省物流成本浅析［EB/OL］. 中国物流与采购联合会官网，http：//Chinawu-liu. com. cn/xsyj/202102/25/542090. shtml，2021-02-25.

一是政府高度重视，多项政策促进物流业降本增效。近年来，贵州持续加大对物流降本增效的支持力度，先后出台了《关于印发降低企业物流成本若干措施的通知》（黔发改经贸〔2016〕313 号）、《省发展改革委关于印发贵州省"十三五"现代物流业发展规划的通知》（黔发改经贸〔2017〕89 号）、《贵州省发展冷链物流业助推脱贫攻坚三年行动方案（2017—2019 年)》、《省发展改革委关于印发贵州省"十四五"现代物流业发展规划的通知》（黔发改经贸〔2021〕878号)、《贵州省进一步降低物流成本若干政策措施》（黔发改经贸〔2021〕249

---

① 《贵州省"十三五"现代物流业发展规划》和《贵州省"十四五"现代物流业发展规划》。

号）等政策文件，对全省物流降本增效工作进行指引和保障。表3-3列示了近年来贵州物流业降本增效的主要政策。

表3-3　近年来贵州物流业降本增效的主要政策梳理

| 发文部门 | 文件名 | 主要内容 | 发文号 | 是否有效 |
|---|---|---|---|---|
| 贵州省人民政府 | 《省人民政府关于印发贵州省贯彻落实物流业调整和振兴规划工作方案的通知》 | 提出"积极扩大物流市场需求，大力推进物流服务的社会化和专业化；加快物流企业兼并重组；推动重点领域物流发展；稳步推进国际物流和保税物流发展；优化物流业发展的区域布局；加强物流基础设施的衔接与协调；提高物流信息化水平；认真执行国家物流标准；加强物流新技术的开发和应用"九大任务 | 黔府发〔2009〕28号 | 2017年12月27日宣布失效 |
| 贵州省人民政府办公厅 | 《省人民政府办公厅关于成立贵州省实施物流业调整和振兴规划工作领导小组的通知》 | 成立贵州省实施《物流业调整和振兴规划》工作领导小组，并明确领导小组和办公室的职责 | 黔府办发〔2009〕147号 | 是 |
| 贵州省人民政府办公厅 | 《省人民政府办公厅关于加快发展现代物流业的若干意见》 | 提出加快发展现代物流业的总体要求和发展目标，提出"全力推动物流企业规模化、集约化发展；着力提升物流业创新发展能力和水平；强力推动层级合理、需求匹配的物流网络体系建设；加快构建重点突出、协调发展的现代物流业发展格局；切实改善现代物流业发展环境；加大物流业协调保障力度"六大重点任务 | 黔府办发〔2015〕3号 | 是 |
| 贵州省人民政府 | 《省人民政府关于贵州省"十三五"现代物流业发展规划的批复》 | 突出抓好大扶贫、大数据两大战略行动，以建设布局合理、便捷高效、功能完善、安全有序的物流空间网络体系、物流通道体系、现代物流服务体系、物流信息体系、多式联运体系"五大体系"为着力点，加快把物流产业培育成为贵州经济发展新动能 | 黔府函〔2016〕314号 | 是 |
| 贵州省发展改革委 | 《关于印发降低企业物流成本若干措施的通知》 | 对货运车辆通行费实行优惠；运用大数据技术提升物流企业信息化水平；积极推动多式联运发展；减轻物流企业负担 | 黔发改经贸〔2016〕313号 | 是 |
| 贵州省人民政府办公厅 | 《省人民政府办公厅关于印发贵州省发展冷链物流业助推脱贫攻坚三年行动方案（2017—2019年）的通知》 | 提出"提高冷链物流覆盖面、打通低温运输全链条、培育冷链物流龙头企业、搭建冷链物流大数据信息平台、建立健全冷链物流标准体系、不断深化加工环节、加快建设冷链配送终端"七大任务 | 黔府办发〔2017〕40号 | 2020年12月9日宣布失效 |

续表

| 发文部门 | 文件名 | 主要内容 | 发文号 | 是否有效 |
|---|---|---|---|---|
| 贵州省人民政府办公厅 | 《省人民政府办公厅关于印发贵州省降低绿色农产品冷链成本若干政策措施的通知》 | 围绕降低冷链设施用电成本、运输车辆通行成本、建设用地成本、融资成本、设备购置使用成本等，作出了系列具体规定，以进一步推进贵州绿色农产品冷链物流降本增效 | 黔府办函〔2017〕169 号 | 是 |
| 贵州省人民政府办公厅 | 《省人民政府办公厅关于印发贵州省推进电子商务与快递物流协同发展实施方案的通知》 | 到 2020 年，基本建立覆盖全省、布局合理、便捷高效、安全有序的电子商务与快递物流服务体系，培育一批具有一定规模、主营业务突出、辐射范围广、技术水平高、模式先进、服务优质、具有较强资源整合能力和综合竞争力、经济和社会效益好的电子商务与快递物流龙头企业，网络零售额和快递业务量年增长 30%以上，农产品上行取得显著成效 | 黔府办函〔2018〕118 号 | 是 |
| 贵州省人民政府 | 《省人民政府关于贵州省"十四五"现代物流业发展规划的批复》 | 以深化物流领域供给侧结构性改革为主线，以高质量发展统揽全局，以补齐物流短板、提升运行效率、降低物流成本为关键，统筹现代物流业与区域、产业、消费、城乡协同布局，全力提升物流网络化、信息化、标准化水平，加快构建高效、智能、绿色、安全的现代物流体系，着力打造西部现代物流枢纽 | 黔府函〔2021〕186 号 | 是 |
| 贵州省发展改革委等 8 部门 | 《贵州省进一步降低物流成本若干政策措施》 | 围绕提质降本增效总目标，按照"立足当前、着眼长远、远近结合、标本兼治"的基本原则，提出 12 条降低物流成本具体举措 | 黔发改经贸〔2021〕249 号 | 是 |

资料来源：根据贵州省人民政府网站和贵州省发展和改革委员会网站公开文件整理。

二是以数字技术助推物流业降本增效。"十三五"以来，贵州省深入贯彻落实国家大数据战略，积极探索，先行先试，高质量建设国家大数据（贵州）综合试验区，推进新一代信息技术在经济社会各个领域融合应用，取得了显著成果。在物流业领域，充分运用大数据技术提高物流组织率，大力推进物流企业、物流园区信息化建设。物流信息化建设步伐加快，有力助推了全省物流降本增效。目前，贵州已建成贵州省交通运输物流公共信息平台交易数据达 888 万条、订单数据超过 20 万条，有效监管了无车承运人试点企业，降低了空驶率和仓储周转周期，明显提高了物流效率。

三是以高速公路降费助推物流业降本增效。贵州货物运输中主要以公路运输为主，公路货物运输占货物运输总量的比重一直维持在90%以上水平。为此，近年来，在促进物流业降本增效方面，贵州高度重视高速公路领域的降费问题。2016 年，贵州省交通运输厅与省发展改革委、省财政厅联合印发《关于印发降低企业物流成本若干措施的通知》（黔发改经贸〔2016〕313 号），对持有黔通卡的货车给予通行费 9.5 折优惠；实行货运车辆通行费积分阶梯优惠，单车月消费额度分别达 3000 元、5000 元、10000 元以上的货运车辆，次月通过在线返利形式分别给予通行费 9.4 折、9.2 折和 9 折优惠；对注册货运车辆 100 辆以上的全省重点物流运输企业，在普遍优惠方式及积分阶梯优惠方式的基础上再优惠 1% 的通行费。2019 年，取消省界收费站后贵州省实施开展了高速公路差异化收费试点（黔交运〔2019〕77 号），如 G76 厦蓉高速水口至都匀段、S85 贵阳至都匀高速、G78 汕昆高速板坝至江底段、S77 六盘水至盘县高速、G7521 遵义至贵阳复线（青山至羊昌段）、G4215 赤水至仁怀高速、S30 息烽至黔西高速等在不同时段对货车通行实行 7.5~9 折不等的优惠；全路网一类货车基础费率 9 折优惠（不含桥隧），四类货车 8.6 折优惠，国标集装箱运输车辆 7 折优惠等。2020 年，贵州省收费公路共减免车辆通行费 86.7 亿元，其中新型冠状病毒肺炎疫情防控期间减免 64.3 亿元，重大节假日减免 7.9 亿元，鲜活农产品运输"绿色通道"政策减免 5.3 亿元，ETC 用户 9.5 折优惠减免 5.1 亿元，差异化收费优惠减免 4.1 亿元[①]。这些年系列高速公路降费举措，对全省物流降本增效给予了很大支持。

**二、贵州物流成本过高的根源分析**

尽管近些年来贵州通过数字技术赋能、货物运输减税降费等举措助推物流业降本增效取得了一定成效，但总体来看贵州物流成本在全国依然处于较高水平，其根源到底在哪儿？下面从运输结构、物流运价指数、物流成本构成和产业发展四个维度进行分析。

1. 从运输结构看贵州物流成本

全球经济的快速发展带动了物流业的发展，其中水路、公路和铁路运输是大宗货物长距离运输的主要方式。但不同地区因其区位优势、资源禀赋等不同，货物运输中水路、公路和铁路运输所占比重有所不同。2010 年，贵州公路运输占货物运输总量比重尚处于 80% 以下水平，只高出国家公路运输比重 2.08 个百分

---

① 2021 年 7 月贵州省交通运输厅发布的《关于贵州交通设施优势转化为服务产业物流成本优势的汇报材料》。

点。随着"十二五"时期贵州高速公路"678网"主要线路基本建成，高速公路
里程达5128千米，在西部各省（份）中第一个实现了"县县通高速"，贵阳至
各市（州）首府形成了2条以上高速公路通路可到达，连接省外的高速公路省际
通道达15个，基本构建形成黔中2小时、全省4小时、周边省会城市7小时的
高速公路通道网络，贵州省公路运输量占货物运输量比重到"十二五"期末跃
升至90%以上。"十三五"以来，贵州省公路货物运输量占货物运输量比重一直
维持在90%以上水平。

从表3-4也可以看出，贵州与云南、四川这些山区省份类似，货物运输均以
公路运输为主，所占比重均在90%以上。贵州省公路货运物流长期存在"进多出
少"的情况，以2018年高速公路为例，根据长安大学的研究结果，贵州和湖南
之间，进入贵州货运量是运出贵州货运量的1.74倍；贵州省和重庆之间，进入
贵州货运量是运出贵州货运量的1.65倍。由于抵达贵州省的公路货运量高于运
出贵州省的公路货运量，因此抵达贵州省的公路货车空车比要比出省货车空车比
小得多。例如，从湖南进贵州的空车比为10.03%，出贵州进湖南的空车比为
24.89%。从重庆进入贵州的空车比为11.86%，出贵州进重庆的空车比为
24.18%。鉴于空车比较高，加上公路的单位运输成本一般来说要比铁路和水路
高出很多，有人认为公路货物运输所占比重居高不下是贵州物流成本一直比较高
的原因。

表3-4 2020年贵州与全国、周边地区铁路、公路、水运货运情况

| 地区 | 货物运输总量（万吨） | 铁路货运 | | 公路货运 | | 水运货运 | |
|---|---|---|---|---|---|---|---|
| | | 铁路货运量（万吨） | 铁路货运量所占比重（%） | 公路货运量（万吨） | 公路货运量所占比重（%） | 水运货运量（万吨） | 水运货运量所占比重（%） |
| 全国 | 4729579 | 455236 | 9.63 | 3426413 | 72.45 | 761630 | 16.10 |
| 贵州 | 86444 | 5801 | 6.71 | 79412 | 91.87 | 1231 | 1.42 |
| 云南 | 121058 | 4919 | 4.06 | 115620 | 95.51 | 519 | 0.43 |
| 四川 | 171896 | 7771 | 4.52 | 157598 | 91.68 | 6527 | 3.80 |
| 广西 | 187444 | 9269 | 4.94 | 145323 | 77.53 | 32852 | 17.53 |
| 重庆 | 121692 | 2194 | 1.80 | 99679 | 81.91 | 19819 | 16.29 |

资料来源：根据2021年国家、贵州、云南、四川、广西和重庆统计年鉴计算整理。

但事实并非如此。关于出现贵州空车比较高现象，主要是由于贵州省籍货车

构成中，5 轴和 6 轴货车比重偏低，2 轴货车比重偏高。在省内运输的贵州省籍货车中，2 轴占 86.20%，而 5 轴和 6 轴仅占 1.49%；非贵州籍货车中，2 轴占 41.68%，而 5 轴和 6 轴占 22.75%。尤其在贵州和湖南间运输的非贵州籍货车中，2 轴占 28.21%，而 5 轴和 6 轴占比达到了 48.04%。由于 5 轴和 6 轴货车空车比要比 2 轴货车空车比小得多，所以使得贵州省籍货车空车比高于非贵州省籍货车空车比。[①] 关于贵州高速公路收费问题，尽管贵州高速公路桥隧比高达 75%，修建养护成本较高，但从收费标准看，与周边省份相比，各地收费标准计算方式各有不同，贵州省和广西采用全省统一标准模式，重庆有两套货车收费标准，湖南有 8 套货车收费标准，四川和云南采取一路一标准模式。根据 2020 年贵州省交通运输厅公布的《贵州省收费公路货车收费标准表》，一类货车在基本费率（0.5 元/千米）基础上实行 9 折优惠（道路部分，不含桥隧）即具体收费费率为 0.45 元/千米。总体来看，贵州的高速公路收费总体并不高于周边省份。由此可以看出，虽然贵州货运主要以公路运输为主，但这并不是贵州物流成本较高的根本原因。

2. 从物流运价指数看贵州物流成本

由中国物流与采购联合会和林安物流集团联合调查的中国公路运价指数，是反映一定时期内，我国经济领土范围内公路物流运输价格变动程度和变动趋势的相对数。目前，该指数采集的价格数据是以公路运价为基础的指数体系，涵盖了中国 9 大物流区域，38 个重点城市，74 个物流节点平台，1046 条公路运输线路，200 万辆货运车辆。从表 3-5 可以看出，2013~2017 年贵阳市公路运价指数均高于 100，说明这五年贵阳的公路运价与基期 2012 年相比均有所上升。2018 年后，贵阳公路运价指数有较大回落，到 2021 年该指数为 87.97，与基期相比回落了 12.03 个百分点，这说明与基期相比，贵阳公路运价有了较大的下降。与周边地区相比，2021 年贵阳公路运价指数处于较低水平，分别比成都、昆明、南宁和重庆低 0.73 个、9.29 个、11.25 个和 15.26 个百分点。贵阳作为贵州的省会城市，其公路运价变动情况在一定程度上也映射出了贵州的公路运价情况，与贵州省社会物流总费用占 GDP 比率变动趋势一致。伴随着公路通车里程的增加，高速公路实现"两小时"覆盖黔中经济圈、"四小时"通达全省、"七小时"通达周边省会城市，通村公路、通组公路在西部地区率先突破等，贵州公路运价有所

---

① 2021 年 7 月贵州省交通运输厅发布的《关于贵州交通设施优势转化为服务产业物流成本优势的汇报材料》。

降低。公路货运作为贵州货运的主要方式，其运价的降低，促进了运输成本的下降。由此，也可以看出，公路运价并不是导致贵州物流成本高的因素。

表 3-5　2013~2021 年贵阳与全国、周边省会城市公路运价指数情况

| 年份 | 贵阳 | 全国 | 南宁 | 成都 | 昆明 | 重庆 |
|---|---|---|---|---|---|---|
| 2013 | 118.00 | 118.04 | 118.10 | 118.06 | 118.06 | 118.00 |
| 2014 | 109.00 | 108.96 | 108.95 | 108.92 | 108.98 | 108.92 |
| 2015 | 107.16 | 106.27 | 104.09 | 110.90 | 110.14 | 112.30 |
| 2016 | 105.71 | 103.43 | 99.15 | 110.52 | 110.25 | 113.15 |
| 2017 | 106.88 | 106.38 | 99.76 | 111.01 | 110.30 | 113.37 |
| 2018 | 93.44 | 97.70 | 93.76 | 92.44 | 96.76 | 96.20 |
| 2019 | 85.65 | 97.72 | 87.84 | 85.71 | 92.80 | 94.66 |
| 2020 | 92.01 | 98.50 | 101.83 | 89.02 | 97.51 | 102.53 |
| 2021 | 87.97 | 100.04 | 99.22 | 88.70 | 97.26 | 103.23 |

资料来源：Wind 数据库。

3. 从物流成本构成看贵州物流成本

通过与全国以及周边省份的对比分析，可以看出贵州物流成本尚处于比较高的水平。2019 年，贵州社会物流总费用占 GDP 比率比全国平均水平高出 1.3 个百分点，究其原因主要是贵州管理费用较高。2019 年，贵州运输费用占社会物流总费用的比重比全国平均水平低 1.74 个百分点，保管费用占社会物流总费用的比重比全国低 0.75 个百分点，而管理费用占社会物流总费用的比重比全国高出 2.49 个百分点。与周边省份相比较也面临类似问题，重庆和四川的社会物流总费用占 GDP 比重分别为 14.7%和 15.2%，分别比贵州低 1.3 个和 0.8 个百分点。从物流成本内部构成看，重庆和四川的运输费用占社会物流总费用比重分别为 62.07%和 56.37%，分别比贵州的高出 11.07 个和 5.37 个百分点；保管费用占社会物流总费用比重分别为 28.79%和 35.31%，分别比贵州的低 4.71 个百分点和高 1.81 个百分点；而管理费用占社会物流总费用比重均处于 10%以下水平，分别比贵州低 6.37 个和 7.18 个百分点①。图 3-6 显示了 2019 年贵州与全国、周边部分省（份）物流成本构成。

---

① 全国、四川和重庆的数据来自《中国物流年鉴 2020》，贵州的数据来自 2021 年 7 月贵州省交通厅《关于贵州交通设施优势转化为服务产业物流成本优势的汇报材料》。

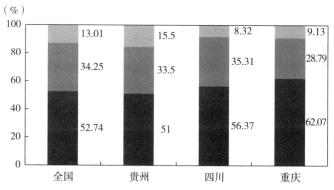

图 3-6　2019 年贵州与全国、周边部分省（份）物流成本构成比较

### 4. 从产业发展看贵州物流成本

西部大开发 20 多年来，贵州已初步构建起立体的综合交通运输体系，对外开放的通道已经打开，已初步形成以省会贵阳为核心枢纽、其他八个市（州）首府城市为区域中心枢纽的"一核八心"枢纽格局，交通不再是导致贵州物流成本居高不下的根源，产业发展与物流运输的供需不匹配才是这个问题的关键。作为全国唯一没有平原支撑的省份，受土地、矿产、能源等资源零散分布局限，贵州促进产业规模化、集群化发展难度非常大，已建设的不少产业园区是闲置状态。这就决定了其产业主要是发展特色优势产业，强调的是"精、品、特、优"。

在农业领域，贵州充分挖掘发挥山地特色优势，创造性提出产业革命"八要素"，采取超常规举措推进农村产业革命，推动了茶叶、食用菌、蔬菜、生态畜牧、中药材等 12 个特色农业产业快速发展，积极打造了一批特色农产品优势区。贵州茶园面积从 2010 年的 246.38 万亩增加到了 2020 年的 714.63 万亩，增长到 2.9 倍；果园面积从 2010 年的 230.19 万亩增加到了 2020 年的 1169.2 万亩，增长到 5.1 倍；中草药材面积从 2010 年的 41.7 万亩增长到 2020 年的 253.08 万亩，增长到 6.1 倍；蔬菜面积从 2010 年的 932.05 万亩增长到了 2020 年的 2266.99 万亩，增长到 2.4 倍[1]。目前，贵州茶叶、蓝莓、李子、刺梨种植面积全国第一；食用菌裂变式发展，迈入全国生产第一梯队省份；猕猴桃、火龙果等产业名列全国前茅；百香果快速发展，产业规模跻进全国前三。虽说贵州不少农产品种植面

---

[1] 《贵州统计年鉴 2021》。

积已位居全国前列，但受限于土地极其零碎，多数农产品种植基地、加工都比较分散，再加上贵州农产品加工转化率还处于较低水平，2020年仅为51%，比全国农产品加工转化率低16.5个百分点，这就使目前的农产品物流偏向小规模和个体化运作，进而导致农产品物流成本长期以来处于较高水平。

在工业领域，贵州结合资源优势和产业基础，遴选出现代能源、优质烟酒、新型建材和生态特色食品等十大工业产业进行重点扶持发展。2020年，全省十大工业产业实现总产值为14317亿元，其中：清洁高效电力总产值为1866.39亿元，所占比重为13.03%；优质烟酒总产值为1780.69亿元，所占比重为12.44%；新型建材总产值为1595.48亿元，所占比重为11.14%；生态特色食品总产值为1400.85亿元，所占比重为9.78%；大数据电子信息总产值为1400.07亿元，所占比重为9.78%；基础材料总产值为1358.91亿元，所占比重为9.49%；先进装备制造总产值为1281.47亿元，所占比重为8.95%；基础能源总产值为1279.56亿元，所占比重为8.94%；现代化工总产值为1188.91亿元，所占比重为8.30%；健康医药总产值为1164.67亿元，所占比重为8.13%。[①] 虽说十大工业产业已全部跃上千亿级，但从其空间分布特征来看，产业分布较为分散，例如，清洁高效电力就分散在毕水兴经济带和"三州"等民族地区；现代化工分散在黔中、黔北、毕水兴等地，这进一步导致了贵州工业经济规模化、集群化发展不足。2020年，贵州规模以上工业企业数为4482个，仅为广西的0.63、重庆的0.65、四川的0.29；实现工业增加值为4602.7亿元，仅为广西的0.88、云南的0.84、重庆的0.66、四川的0.34[②]。较为分散的工矿业和生产制造业，再加上工业产品方面主要以初加工产品、原材料产品以及低端产品为主，深加工产品、终端产品以及高端产品较为缺乏等，导致贵州能"走出去"的货物比较少。

受较为分散的空间分布特征影响，无论是农业还是工业虽然部分产品能够实现"精、品、特、优"，能够"走出去"，但却难以实现规模化运输。"精、品、特、优"的一个特点就是产品的产量通常会比较少，这些年贵州12个特色农业和十大工业产业发展已经取得显著成效，但由于产业规模小，未能改变货物"进多出少"局面。同时，产业发展的"小、散、弱"导致了货物的分散供给与现代物流规模化运输需求不相匹配，进而导致物流管理费用较高。所以，产业发展

---

① 2020年度十大工业产业发展统计监测报告［EB/OL］. http：//stjj. guizhou. gov. cn/tjsj_35719/tjfx_35729/202102/t20210202_66649458. html.

② 2021年贵州、广西、重庆、四川统计年鉴。

的"小、散、弱"才是贵州物流成本较高的根源。

# 第六节　提升贵州产业发展能力与降低物流成本

近年来，贵州省委、省政府高度重视物流业降本增效问题，出台了系列政策进行指引和支持，并依托大数据发展优势赋能物流业降本增效，促使物流成本比"十三五"期初有了明显降低。但与周边地区和全国平均水平相比，贵州物流成本还处于比较高的一个水平。从运输结构、物流运价指数、物流成本构成和产业发展四个维度的分析发现，贵州物流成本居高不下的根源是第四个维度——产业发展问题。

## 一、产业发展能力不足与物流成本过高密切相关

### 1. 工业不发达导致货物运输"进多出少"

产业革命把人类社会带入了工业化时代。目前，我国已建立起了门类齐全的现代工业体系，实现了由一个贫穷落后的农业国成长为世界第一工业制造大国的历史性转变。工业经济的快速发展，促使工业品物流成为我国社会物流的主要组成部分。2020年，我国工业品物流总额达到269.9万亿元，比2010年增加了156.8亿元，工业品物流总额占社会物流总额的比重接近90%[1]。作为不沿边、不沿江、不沿海的内陆省份，近年来贵州在诸多利好政策的支撑下，创造了经济快速增长的"黄金十年"。然而，由于工业经济发展水平较低、产业链条不健全，贵州目前尚处于工业化中期，使得贵州大量工业品需要从外地运进来，但能运出去的货物却比较少，成为典型的输入型城市，这对于降低其物流成本极为不利。

### 2. 产业集聚发展能力不足导致货物无法规模化运输

以克鲁格曼（P. Krugman）为代表的新经济地理学认为，经济无限增长和经济地理研究中的积聚现象有着依存关联，这种理论后来扩展到区域物流系统的构建中，揭示了物流发展和区域产业集群相依相从的关系。集群的网络化结构实现了运输、物流的一体化；空间集聚效应降低了产品的运输、库存成本；人脉关系

---

[1] 《中国物流年鉴2011》《中国物流年鉴2021》。

产生的信任和契约机制加快了资金流、信息流的传递。在集群内部容易形成贯通运输、仓储、包装、加工的综合作业系统的物流链①。长期以来，作为全国唯一没有平原支撑的山地省份，受土地、矿产、能源等资源零散分布局限，贵州产业集群化发展难度非常大。以制造业为例，从空间分布看，贵州制造业集群配套能力有待提升，现代制造业集群在空间分布上的合理性有待优化。因为，各地为了培育新的经济增长点，均纷纷加快现代制造业项目的投放，呈现出多地重复投放，空间分布分散的特征②。较为分散的产业空间分布和依然比较小的产业规模发展特征，导致了贵州货物运输比较分散，管理费用较高，无法应用先进的工业物流运输体系，决定了货物运输多以公路运输为主。工业物流的出现源于工业发展进入高加工度阶段，通过将企业订单管理、库存、运输、仓储管理、物料处理以及包装管理优化成为一个有机整体，使得物流过程与供应链整体运作能保持同步，可有效降低物流横版、缩短平均订单处理时间、减少整体库存水平。

3. 产业市场竞争力不足导致货物运输以公路运输为主

由于产业发展层次低，导致了贵州农产品和工业品在国内和国际两个市场中竞争力不足。2020 年贵州实现进出口总额为 546.52 亿元，仅是广西的 11%、云南的 20%、重庆的 8%、四川的 7%③。从进出口总额这一指标可以看出贵州在周边省份中并不具备外向型经济基础的优势，产品市场竞争力较弱。在少量"走出去"的货物中，辐射范围多以广东地区为核心、以江浙和西南三省份为主，除江浙外，其他地区都在 1000 千米范围内，都不是铁路运输的优势范围。较为分散的产业空间分布和依然比较小的产业规模发展特征决定了贵州货物运输多以公路运输为主。产业和产品市场竞争力不足，决定了贵州货物运输中短途运输货物多，长途运输货物少，进而决定了货物运输方式主要以适合短途运输的公路运输为主。

## 二、以提升产业发展能力作为降低物流成本的根本抓手

产业是介于宏观经济与微观经济之间的中观经济。贵州推动物流业降本增效

---

① 王海燕，黄章树，张岐山. 区域物流与产业集群发展内在机理研究及其现实启示［J］. 物流技术，2008，27（2）：5-7+19.

② 王丰阁，赵旭，詹淑清. 贵州现代产业体系中制造业集群发展问题及对策研究［J］. 商业经济，2021（9）：51-52.

③ 根据《2020 年贵州省国民经济和社会发展统计公报》《2020 年四川省国民经济和社会发展统计公报》《2020 年云南省国民经济和社会发展统计公报》《2020 年重庆市国民经济和社会发展统计公报》《2020 年广西壮族自治区国民经济和社会发展统计公报》有关数据计算而得。

的关键是需要从中观层次着手，通过做大做强工业产业，提升产业集聚发展水平和产品市场竞争力等，扩大出省货物规模和辐射范围，优化物流运输结构，提高物流枢纽利用效率，降低物流管理费用等。

1. 做大做强工业产业，提升工业品物流比重

"十四五"以来，贵州已出台《贵州省"十四五"工业发展规划》和《中共贵州省委贵州省人民政府关于实施工业倍增行动奋力实现工业大突破的意见》等文件对全省工业发展进行指引，并提出"到 2025 年，全省产业门类多元并进，产业梯次发展成效显著，工业经济总量迈上新台阶，创新能力不断增强，工业结构持续优化，集聚集约水平明显提高，绿色发展成效显著，高质量发展工业产业体系初步形成，工业对国民经济的贡献明显提升，综合实力基本达到全国中等水平。到 2035 年，工业产业整体竞争优势明显增强，创新能力大幅提升，产品附加值大幅提高，质量效益显著增强，高质量发展工业产业体系基本形成，现代化水平明显提高，基本实现新型工业化"。贵州应立足资源环境承载能力，以国家实施长江经济带、粤港澳大湾区、成渝地区双城经济圈等区域发展战略和新时代推进西部大开发形成新格局为契机，大力实施创新驱动发展战略，聚焦十大工业产业，大力实施产业发展提升行动，完善工业产业生态，做大做强传统优势产业，做优做特地方特色产业，做专做精新兴潜力产业，培育发展新业态新模式，促进产业基础高级化和产业链现代化。唯有工业产业发达了，才能改变贵州长期以来货物运输"进省多出省少"的物流运输困境。

2. 提高产业集聚发展水平，与货物规模化运输相适应

随着迈克尔·波特《国家竞争优势》一书的问世，产业集群化的趋势日趋得到重视。产业集聚化是产业呈现区域集聚发展的态势，就是指在一个适当大的区域范围内，生产某种产品的若干个同类企业，为这些企业配套的上下游企业，以及相关的服务业，高密度地聚集在一起，形成产业集群①。目前，贵州已发布《贵州省"十四五"战略性新兴产业集群发展规划》，并提出"发展壮大大数据、酱香白酒、特色新材料、现代中药民族药、精细磷煤化工等千亿级规模的支柱型产业集群，着重培育特色农产品精深加工、航空装备制造、新能源、新能源汽车、节能环保、数字与文化创意等培育型产业集群。到 2025 年，全省形成 5 个千亿级、4 个五百亿级、2 个两百亿级战略性新兴产业集群"。这是全省首个产业集群发展规划，将引领全省产业集聚、集约、高效发展。根据《国务院关于支持

---

① 苏东水. 产业经济学［M］. 北京：高等教育出版社，2005.

贵州在新时代西部大开发上闯新路的意见》（国发〔2022〕2号），贵州省充分抓住政策机遇，发挥财政政策的引导性作用，加大对现代农业园区、工业园区、开发区等产业集群发展载体的支持；探索多元化柔性引才机制，积极吸引数字经济、清洁能源、高端制造、山地农业等行业领军人才，强化产业集群发展人才支撑。促进产业集群发展，可以从供给端提高贵州大宗货物及中长距离货物所占比重，进而促进贵州货物运输向铁路运输和水路运输有序转移，优化运输结构，提高物流枢纽利用效率，降低物流管理费用等。

3. 提升产品市场竞争力，丰富多式联运服务产品

2021年12月，国务院办公厅印发了《推进多式联运发展优化调整运输结构工作方案（2021—2025年）》，指出"到2025年，多式联运发展水平明显提升，基本形成大宗货物及集装箱中长距离运输以铁路和水路为主的发展格局，全国铁路和水路货运量比2020年分别增长10%和12%左右，集装箱铁水联运量年均增长15%以上"。贵州应充分发挥作为西部陆海新通道重要节点城市作用，抢抓新一轮历史发展机遇，实施创新引领发展行动和产业开放发展行动，围绕产业链部署创新链，结合创新链布局产业链，构建以数字经济为引领的现代产业体系，提高产品品质，提升产品市场竞争力。产品市场竞争力的提升，有助于扩大其市场辐射范围，满足铁路和水运运输长途运输要求，推动大宗货物和中长途货物运输"公转铁""公转水"。

# 第四章　以交通设施优势转向物流成本优势

目前，关于交通运输与物流的相互作用与共同发展，学术界已经有了一定的研究成果。就两者的作用机理、耦合协同等，学者们论证了交通运输与现代物流业相辅相成的关系。本章旨在结合贵州省经济发展现状，综合运输体系与物流管理体制等现实情况，深入研究交通运输与物流产业发展的关系，阐释贵州如何从交通设施优势转化为服务产业的物流成本优势。

## 第一节　交通、物流与增长互促共生

### 一、交通设施的经济效益

交通运输是国家发展的关键因素，是社会经济发展中的重要基础设施和支柱产业。交通基础设施不足会造成市场一体化的薄弱，影响国家和地区的进出口水平。加强交通基础设施建设可以促进生产力的提高，劳动力和资本的重新分配，支持全球生产网络的重组，并促进应对多样化的市场。因此，在衡量一个国家或地区的连通性时，运输及其相互关联的多式联运系统至关重要，同时在加速经济增长方面发挥着根本作用。

以公共基础设施资本存量作为交通基础设施变量的代表，意味着公共资金是交通部门发展的主要贡献来源。具体而言，公共基础设施资本包括交通基础设施、文化教育和医疗卫生等支出。交通基础设施有助于提高运输和物流部门的能力，具体需要通过计算投资支出实际产生的服务流量。Martinez－Zarzoso 等

（2008）利用西班牙出口公司的分类贸易面板数据，调查了运输成本对贸易的影响，并估算出各部门运输成本的贸易弹性。其分析结果表明，较高的运输成本极大阻碍了贸易，尤其是在高附加值产业，门到门服务质量、运输基础设施、港口效率和不同运输方式的可用性是影响运输成本的关键变量，并且贸易数量、运输成本与运输服务质量之间还存在着相互影响的关系。尽管运输基础设施很重要，但它并不是影响运输和物流发展的唯一决定因素。其他变量例如治理、融资和社区、人口密度、信息和通信技术投资对运输和物流发展也很重要。

研究物流运输影响因素不能忽视信息和通信技术（ICT），Banister 和 Stead（2004）表明，由于 ICT 的大量投资，降低了货物运输配送、进出口的成本。研究者还发现欧洲的主要中心位于高铁和国际机场枢纽，特别是在公路和铁路之间以及公路、铁路和航空之间的交汇处。同样地，国际节点位于优质交通连接的地方，这些节点也将越来越多地成为国际信息网络的中心——物流平台。[1] Capineri 和 Leinbach（2004）发现信息和通信技术可用于降低与商品和服务贸易相关的交易成本，以及降低市场信息可用性成本，同时以最大限度减少了面对面的交易活动。[2] 其实这不仅是交易费用降低，如今看来，在全球新型冠状病毒肺炎疫情背景下，对于地区贸易合作也是发挥极大作用的。国内学者张文尝等（2002）系统阐述了交通经济带理论，认为交通基础设施对于经济发展具有先行功能、引导功能、从属功能与调节功能。[3] 刘生龙和胡鞍钢（2010）的研究得出交通基础设施规模是影响我国区域经济差距的重要原因之一，肯定了西部大开发战略对区域经济发展的推动作用，在一定程度上缩小了区域发展的差异。[4]

## 二、交通促进物流发展

作为联通社会生产、消费各环节的纽带，交通运输及物流行业对于全球经济发展起到关键作用。交通运输作为物流业的基础和主体，在推进物流业发展中发挥着至关重要的作用。交通基础设施对物流业发展的作用并不是单向的，而是存在两者之间互相影响的作用。交通基础设施对物流业发展产生影响的同时，物流

① Banister D, Stead D. Impact of information and communications technology on transport [J]. Transport Reviews, 2004, 24 (5): 611-632.

② Capineri C, Leinbach T R. Globalization, e-economy and trade [J]. Transport Reviews, 2004, 24 (6): 645-663.

③ 张文尝，金凤君，樊杰. 交通经济带 [M]. 北京：科学出版社，2002.

④ 刘生龙，胡鞍钢. 基础设施的外部性在中国的检验：1988-2007 [J]. 经济研究，2010 (3)：4-15.

业的快速发展也会对交通基础设施产生反向推动作用。物流效率的提高加快了物流业发展水平，促进区域经济协调发展，提高了国民经济存量，基于此政府会加大交通基础设施建设的投入，为其发展提供资金和技术的支持。同时，物流业快速发展会刺激区域经济增长，从而刺激地区交通运输的需求，区域交通运输需求又影响该地区交通基础设施的建设。交通运输基础设施的质量和物流服务的效率两者共同促进经济增长。

随着实体经济企业的成本不断上升，运输成本与物流成本成为社会关注的热点。交通收费重、环节多、成本高等论点不绝于耳，对于交通运输行业发展政策的制定和实施产生了显著影响。如何科学、客观地认识交通运输发展与物流成本之间的关系，对于行业政策的制定显得尤为重要。降低物流成本是我国经济进入新常态后产业转型升级的客观要求，也是我国近期经济工作重点内容之一。运输是物流总量最大、联系最紧密、服务市场最广的物流环节。它对物流业的发展具有基础性和主导性作用，是国民经济和社会发展的先驱者。促进物流业成本的降低，效率是交通的应有之义，也是交通行业自身发展的必然选择。

运输业的发展与物流业的发展是相辅相成的。加快交通建设正是为了提高交通运输的通行能力和运输效率，从而降低物流成本。以公路为例，近年来，中国物流业与公路里程增长率的高峰和低谷重合，基本实现了"同频共振"。然而，由于过路费是影响物流成本的主要因素，这也是干线运输企业成本的主要组成部分之一，而干线运输企业和长途货运司机长期处于"微利时代"，高速公路的收费会导致运输成本的增加，也会导致物流成本的增加。综上所述，计算运输成本应选取与经济单位相关的国民生产总值、与运输组织相关的各种运输方式的货运量以及各种运输方式的运输单价作为指标。

我国交通运输实现了从"瓶颈制约""基本缓解"到"初步适应"再到"适度推进"的快速发展，已经具备了"先行"的基本条件。交通运输促进物流业降低成本、提高效率不是单方面的收益，而是一个互惠互利的互动过程，特别是物流业的发展对综合交通的建设有很大的好处。当前阶段，深入研究交通运输发展与物流成本的关系，系统梳理物流运行链条上交通运输相关影响要素，进一步厘清交通运输发展与物流成本的关系，提出交通运输推进物流业降本增效的具体措施，对于交通运输行业支持国家宏观战略、推进物流业降本增效、缓解实体经济企业成本压力、促进社会经济发展具有重要意义。

### 三、物流推动经济增长

物流贯穿于商品的生产、流通、消费全过程，打通了供应链、协调产业链、创造价值链，是联通经济社会各个环节和领域的有机构成，是宏观经济不可或缺的重要组成部分。从物流行业服务的对象角度来看，物流服务对于第一、第二、第三产业之间的商品流动，企业、区域、国家之间的商品流动是必不可少的。物流业是集交通运输、仓储、信息通信等各行业为一体的综合服务业，与国家经济各部门高度融合，为保障社会生产和社会生活供给的产物。它在促进产业结构调整、转变经济发展方式扮演着重要角色。在国际上，物流业被认为是国民经济发展的基础性、先导性、战略性产业。Tamura（1996）率先提出，鉴于区域经济一体化进程加快，需要在经济区内实施统一的物流计划，以适应整个区域经济快速发展的需要。① 吴继贵和叶阿忠（2015）提出，物流规模的增长可以促进经济增长，要着力提升物流效率，转变物流增长模式。这不仅要求扩大物流在国民生产总值所占的比重，而且要降低物流单位产出所带来的能源消耗比例。并且提出要营造良好的经济发展环境，加强交通等基础设施建设，以此为我国物流业发展提供良好的支撑条件。② 杨芇博（2015）指出物流业作为服务业的主导行业与经济发展是相辅相成、相互依存的关系，两者之间共同促进社会经济发展。③ 廖海（2004）提出现代化的物流管理可以促进企业降低交易成本，提高经济效益。④ 葛喜俊（2014）在研究城市物流区位时发现其与交通运输轴线和城市产业空间表现出空间耦合特征，物流需求与物流设施服务功能与交通区位呈现耦合发展特征。⑤

物流是实现经济增长和支持出口数量增加的重要资源。众所周知，运输和物流业的发展通过其对生产、消费和贸易的影响从而促进经济增长。20 世纪 40 年代，Rosenstein-Rodan（1943）的大推进理论认为，运输和物流基础设施建设首先作为一种社会资本，必须优先发展。⑥ Whitman Rostow 认为交通运输和物流不仅仅是一种社会先行资本，更是助推地区经济腾飞的关键因素。对运输基础设施

① Tamura R. Regional economies and market integration［J］. Journal of Economic Dynamics and Control, 1996, 20（5）: 825-845.

② 吴继贵, 叶阿忠. 中国现代物流业与经济增长关系的研究［J］. 统计与决策, 2015（15）: 109-112.

③ 杨芇博. 物流业与经济发展的关系及其发展战略研究［J］. 现代商业, 2015（17）: 76-77.

④ 廖海. 我国物流产业发展对策研究［J］. 中国流通经济, 2004（9）: 17-19.

⑤ 葛喜俊. 城市物流区位形成机理及空间结构特征研究［J］. 物流技术, 2014, 33（13）: 1-4.

⑥ Rosenstein-Rodan P N. The problems of industrialization of Eastern and South-Eatern Europe［J］. The Economic Journal, 1943（53）: 202-211.

的投资、信息和通信技术的进步、造船、货物装卸和跟踪降低了生产、出口和进口的成本。运输和物流促进贸易的带动作用，也可以从基础设施发展及其在经济增长中的作用等宏观背景中得知。运输和物流业的发展不仅直接影响生产和消费，而且还创造了许多直接和间接的外部性，并涉及大量支出，从而通过乘数效应刺激增长。因为它直接有助于提高对运输服务的需求，从而为企业的扩张和投资创造更多的机会。这意味着贸易与运输和物流部门之间存在双向因果关系。像新加坡和中国香港这样的经济体在 20 世纪 90 年代之所以成为发达经济体，部分原因是它们过去对优质运输的投资促进了贸易的发展。①

物流被定义为"供应链管理的一部分，计划、实施和控制货物的高效、有效的正向和反向流动和存储，服务和相关信息从起点到消费点，以满足客户的需求"，② 因此，运输在此表达中通过"流"一词来表示。运输提供了库存从供应链的起点到目的地，或使用和消费点的流动。现代物流主要是以网络信息技术为支撑，应用先进的管理技术和组织方式，将原本分离的商流、物流、信息流和采购、运输、仓储、代理、配送等环节紧密联系起来，形成一条不可分割的完整链条。现代物流业是综合性服务业，与其他行业紧密相连，可以带动相关行业的发展。随着经济全球化的发展，为提高企业竞争力，增加国际影响力，跨国公司纷纷在全球范围内寻找原材料产地和消费市场，以降低成本、增加利润。在这个过程中，物流业发挥着重要作用，是一个具有巨大发展潜力的新兴产业，不断为企业提供全面的物流服务，提高物流运输效率，降低社会整体物流成本，从而满足客户日益多样化和个性化的物流服务需求。

## 第二节 贵州省物流发展检视

### 一、物流行业规模稳定增长

贵州位于中国西南部，是连接四川、重庆和华南地区的重要交通枢纽。由于

① Rietveld P, Boonstra J. On the supply of network infrastructure [J]. The Annals of Regional Science, 1995, 29 (2): 207-220.

② Obasan K A, Ogunkoya O A, Hassan B A. The effect of transportation in logistics operation on an entrepreneurial performance [J]. Ethiopian Journal of Environmental Studies and Management, 2016, 9 (2): 228-234.

贵州特殊的喀斯特地貌，大部分物流企业主要选择公路运输和铁路运输。分析最近十年的数据，贵州邮政业务总量由 2012 年的 17.93 亿元，增长到 2020 年的 85.48 亿元，增长了 4.76 倍。货物运输总量由 2011 年的 44890 万吨增长到 2019 年的 106802 万吨，2020 年则受新型冠状病毒肺炎疫情影响货运总量出现小幅减少，为 86444.38 万吨。[①] 2012~2020 年贵州省邮政、交通、仓储业 GDP 分别为 687.45、772.44、828.69、920.36、987.47、576.27、655.29、709.88、725.39 亿元。[②] 由此可见，贵州省物流业规模整体处于稳定增长的状态。近年来，随着各种生产流通领域的不断扩大，贵州省的货物运输量、货物周转量、各种运输方式的经营里程也在不断增加，特别是在公路运输和铁路运输方面。其中，货物周转量由 2011 年的 1060.69 亿吨/千米增长到 2019 年的 1267.06 亿吨/千米。出口总额由 2010 年的 495223 万美元增长到 2021 年的 753968 万美元。[③] 早在"十二五"时期，贵州省就启动了一系列交通基础设施建设行动，共同推动物流业的发展。

根据贵州省第四次全国经济普查数据，2018 年底全省共有交通运输、仓储和邮政业企业法人单位 7644 个，比 2013 年末增长 206.9%。其中，道路运输业企业最多，占到了 70.89%，其次是邮政业、装卸搬运和仓储业，分别占 11.36% 和 10.44%。多式联运和运输代理业增长较快，企业数占比 5.04%，说明贵州在发展多式联运和第三方上取得一定成效。水上运输业占比 1.53%，反映出贵州省内河水运较为薄弱的实际。[④]

物流行业营运主体方面，2019 年全省共有物流企业总数 2 万户，A 级以上物流企业 44 户，仅占全国总量的 0.6%，其中 5A 级仅 1 户，与周边湖南相比，湖南省 2019 年 A 级以上企业达 223 家，有 5 倍以上的差距。此外规模以上装卸搬运和仓储业企业仅 35 户，[⑤] 龙头企业示范带动作用不强，物流企业"小、散、弱"的格局尚未得到根本改变。

网络货运业务发展迅速。贵州省 2018 年实施开展"无车承运人"试点业务，首批试点企业共 8 家，培育了行业"独角兽"企业——满帮集团；2019 年在省交通运输厅的支持下，为快速形成产业集聚，铜仁市政府制定印发了《关于支持网络货运企业发展的意见》（铜府发〔2020〕3 号），自 2020 年贵州省于铜仁市颁发首张"网络货运"牌照后，越来越多的外地物流企业前往铜仁市网络货运

①②③　贵州省宏观经济数据库。
④　贵州省第四次全国经济普查数据。
⑤　中国物流与采购联合会统计数据。

线上数字产业园投资，促进了铜仁市的经济发展。

**二、物流运输需求不断增加**

随着经济的快速发展，各地区对物流的需求不断上升，运输是物流中不可缺少的一部分。因此，随着人们对物流的需求不断增加，对交通运输业的需求也在不断增长。下面从以下几个方面来总结贵州省近年来对交通运输业的需求：第一，贵州的 GDP。一个地区的 GDP 直接反映了一个地区的经济发展水平和人民生活水平。只有人民生活水平不断提高，该地区的物质需求才会相应增加。因此，这也直接产生了物流运输需求。近年来，贵州的 GDP 一直处于快速增长的状态。截至 2021 年，贵州省地区生产总值为 19586.42 亿元，比上年增长 8.1%。第二，贵州货运量。贵州省的运输方式主要有公路运输、铁路运输、水路运输和航空运输。目前主要采用公路运输和铁路运输。截至 2021 年，贵州省货物运输总量为 9.70 亿吨，同比增长 12.2%；货物周转量为 1435.90 亿吨千米，同比增长 13.5%。第三，城镇居民可支配收入和固定资产投资。城镇居民的可支配收入和固定资产投资反映了生产、消费和流通，也直接反映了对物流运输的需求。2021 年，贵州省全省常住居民人均可支配收入为 23996 元，比上年名义增长 10.1%，城镇居民可支配收入 39211 元，名义增长 8.6%。[①]

通过对贵州省 2010~2021 年公路货运量与其影响因素之间的相关性进行排序，得出 GDP>消费品零售总额>城镇居民可支配收入>卡车保有量>固定资产投资>就业人数。铁路货运量与其影响因素之间的关联度进行排序，即原煤产量>公路运营里程>铁路运营里程>消费品零售总额>GDP>固定资产投资。

货运量是指运输部门在一定时期内实际运输的货物吨位，被用来评估区域交通部门完成国家计划的程度。货运量的多少也直接反映了运输业的发展状况。根据公路货运量影响因素关联度排序可知，GDP 和社会消费品零售总额这两个影响因素与公路货运量的关联度最高，其次是城镇居民可支配收入和卡车保有量与公路货运量的关联度，说明这两个因素的关联度处于较强的水平。贵州省公路货运量与 GDP 存在正相关关系。贵州工业的发展直接带动了公路货运量的发展。城镇居民可支配收入和社会消费品零售总额是人们日常生活中的基本购买支出，也是普遍存在的经济活动。目前，由于经济发展水平的提高，人们的收入增加，进而消费需求增加，同时刺激货物流通加快，从而带动公路运输业的进步和发展。

① 贵州省统计局。

### 三、物流综合实力显著提升

随着运输业需求的不断增长，涌现出一大批较有影响的物流运输企业。贵州现代物流产业集团就是其中最有影响的物流运输企业之一。该公司按照贵州省委省政府打造"四梁八柱"工业体系的要求，以原贵州省物资集团有限责任公司和原贵州省商贸投资集团有限责任公司为基础组建设立，是省政府批准成立的唯一涉及农产品流通最多并明确有行业主管部门的省管国有大一型企业集团，于2018年9月28日正式挂牌，下辖11户全资子公司、5户控股公司和7户参股公司，注册资本50亿元。根据贵州省政府批复组建方案，贵州现代物流产业集团的战略定位是"打造现代物流体系，发展现代商贸服务；从事生产生活物资配送，大力推动'黔货出山'；降低区域物流成本，提高物流运行效率，努力实现'交通流通、两通财通'"。自组建以来，贵州现代物流产业集团紧紧围绕省政府批复组建方案明确的发展目标和业务板块，科学谋划、克难攻坚，大力推动物流商贸、智慧物流运营管理、物流设施建设与物流装备制造、农产品流通四大业务板块布局和高质量发展，"四轮驱动"的经营发展格局正在加速成型。其中物流商贸板块主要包括大宗商品贸易、供应链集成服务、冷链物流及市场体系的规划建设等。智慧物流运营管理板块主要包括智慧运营管理平台建设、智慧系统软硬件技术开发、冷链车运营管理等。物流设施建设与物流装备制造板块主要包括农产品市场综合体及现代物流产业园的建设或升级改造、冷链车修理保养、资源回收制造利用等。农产品流通板块主要包括农产品的市场开发推广、综合体运营、贸易及调配、供应链集成服务、品牌创建等。另外值得关注的是，2012~2020年贵州省地区生产总值构成中，交通运输、物流和仓储业占全省GDP的比值分别为10%、9.5%、8.9%、8.7%、8.4%、7.9%、7.8%、4.2%和4.1%，[①] 呈现九年连续减少的趋势，物流成本降低也是地区物流综合实力显著提升的具体表现。

## 第三节  贵州交通带动物流发展存在的问题

近年来，贵州省加大对物流降本增效的研究，2017年形成了《关于进一步

---

① 贵州省宏观经济数据库。

降低贵州省物流成本提升物流供应链效率的调研报告》，2018 年编制了《贵州省交通物流数据报告》，2021 年课题《发挥交通枢纽区位优势促进物流业降本增效研究》已列入省委改革办重大调研课题。目前贵州省物流业与社会经济发展需要仍有差距，主要体现在以下几个方面：

## 一、综合运输体系尚未确立

贵州省交通运输各主要业务已基本实现信息化覆盖，但信息系统繁多、规模小且分布较散。省交通运输厅与下属单位有多个独立运行系统，小规模的系统功能缺乏多样化。数字交通建设"上强下弱"，省内各单位对于交通系统的运用存在"纵强横弱"局面，基层信息化水平薄弱。资源整合、业务协同与系统互联较难，导致贵州数字交通规模和整体效益难以充分实现。

贵州省综合交通运输尚未形成，各种运输方式呈现出分散、独自发展态势，交通基础设施的配套性、兼容性较弱。各种运输方式主要从事传统的港到港、站到站的服务模式，缺少相应的服务延伸，与现代物流旨在为顾客创造价值最大化的目标有很大差距。主要表现为公路货运量在全省货运量中占比过高。如图 4-1 所示，这一现象在 2016~2022 年皆是如此。全省货物周转量 1265 亿吨千米，其中公路货物周转量 610 亿吨千米、铁路货物周转量 618 亿吨千米、水路货物周转量 37 亿吨千米，分别占比 48.2%、48.86% 和 2.92%。货物周转量公路、铁路基本持平。其次是铁路、水路货运量合计仅占 8.1%，对比周边省份云南 9.3%、广西 22%、湖南 13%、四川 8.2%、重庆 20.2%，贵州目前铁路和水路的运输量明

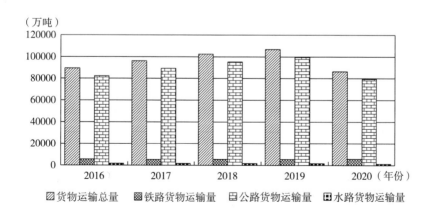

**图 4-1 2016~2020 年贵州省公路、铁路、水路货物运输量**

资料来源：贵州省宏观经济数据库。

显偏低。根据贵州省交通厅统计数据，2021 年公路水运交通固定资产投资 903.2 亿元，其中，高速公路 677.2 亿元，普通国省道 98.1 亿元，农村公路及路网结构改造 92.1 亿元，水路 7.3 亿元。全省公路完成货运量 8.9 亿吨，同比增长 12.3%；全省水路完成货运量 560 万吨，同比增长-54.5%。①

贵州省的公路货运量占比仍然过高，推进货运"公转铁""公转水"还有很大空间。从运价上看，贵州省现代物流集团通过对武汉—重庆线路同一批钢材（60 吨）公路、铁路、水路三种运输方式货运价格进行了分析，结果显示铁路运输费用占公路运输费用的比例为 46.0%，水路运输费用占公路运输费用的比例仅为 8.8%；② 但由于铁路运输需要在两端与公路进行转运装卸，将额外增加货物损耗和转运装卸成本；同时贵州省水路运输受到航道及载运工具的影响，还不能实现规模化运输，因此贵州的铁路和水路运输量并不大。

### 二、区域经济差异化明显

综观全国运输网络呈现"东南密、西北疏"的空间布局特征，运输和区域经济的发展息息相关，交通运输资源的占有率几乎决定了区域经济发展的潜力与优势。交通运输资源匮乏会引起该地区的运输成本居高不下，然而，现代产业之间的关联度和专业化程度较高，受运输影响导致产业进一步分工较难，拉大了与运输资源较丰富地区的贫富差距。③ 经济发展可以为物流业的发展创造良好的经济和市场环境，促进物流业的发展。贵州省地处西部内陆地区，经济发展起步较晚，发展速度较慢，低于全国平均水平。据中国统计年鉴数据，2021 年贵州省 GDP 为 19586.42 亿元，远低于邻近的四川、重庆、云南和湖南。因此，贵州经济仍有很大的发展空间。④ 从增速来看，黔东南州、贵阳市和毕节市这三个地区的增速均在全省水平之下。⑤

一般而言，交通不便的地区物流运输和经济发展相对较后。比如远离城市中心而交通不便的黔西南地区。根本原因在于自然条件以及地理区位的差异，导致贵州省各地区的经济存在明显差距。基于良好的地区农业条件和旅游资源，安顺市和遵义市的经济状况较好，六盘水地区所处位置基础设施良好具备资源优势利

① 贵州省交通运输厅网站（http：//jt. guizhou. gov. cn/）。
② 贵州省现代物流产业集团。
③ 夏杰长．我国综合交通运输创新发展的总体思路和对策建议［J］．新经济导刊，2021（1）：4-9.
④ 国家统计局。
⑤ 贵州省统计局。

于工业发展。工业在经济分工中占据主导地位，工业发展也是拉动物流发展的重要载体和原动力。2021 年贵州省第一、第二、第三产业的地区生产总值分别为2730.92 亿元、6984.7 亿元和 9870.8 亿元，目前呈现出第三产业占据主导地位的产业构成现象。① 贵州省三次产业发展的关联度较低，其原因是：三次产业对农业的拉动效应不明显，农业仍是以手工劳动为主。农工商产业链比较短，生产水平不高，影响程度不高。且与服务部门最后的消费和资金构成关系很小②。总之，区域经济发展不平衡以及产业发展不协调是制约贵州物流发展的主要原因。

### 三、物流枢纽分布不均衡

贵州物流园区空间布局不完善，物流枢纽分布不均衡，主要集中在贵阳、毕节两个国家物流枢纽承载城市，占据全省物流园区及物流枢纽的 55%，贵阳汇集了双龙航空港、都拉营国际陆海通物流港两处物流港，九个物流园和一处物流中心，仅贵阳市花溪区就有三家物流园和一处公路港。其次是具备商贸城、现代农业物流园、中小微型企业创业物流园、物流分发中心的主要交通通道城市毕节市，③ 除了现代物流园布局分布不均的问题，贵州部分物流枢纽与公路、铁路、港口等交通基础设施以及产业集聚区距离较远，物流仓储空间与交通运输空间分割严重，缺乏系统整合。货运物流枢纽较为分散、功能定位不足、子业态匹配度不够等问题影响了物流枢纽使用效率。

### 四、运输量流向差异较大

贵州省工矿业和生产制造业较为分散、农业产品商品化率不高导致运输流量流向省区间、市州间、季节间的差异较大，且总体呈现进省多出省少、短途多长途少的特点。一直以来，物流成本过高是导致贵阳乃至贵州省物价居高不下的重要因素，严重制约地方经济社会发展。社会物流总额占当年 GDP 的比重是衡量物流成本水平的一个重要指标，该指标可以反映出一个国家的物流发展水平与物流业的运作效率。2021 年我国社会物流总费用与 GDP 的比率为 14.6%。④ 截至2021 年 6 月，贵阳市物流总费用占 GDP 比重由 15.50% 降低至 15.20%，黔南州

---

① 贵州省统计局。
② 蔡承智.贵州经济、产业及城乡发展态势［M］.北京：中国社会科学出版社，2020.
③ 贵州省发展和改革委员会官方网站（http：//fgw.guizhou.gov.cn/）。
④ 国家发展改革委中国物流与采购联合会。

物流总费用占 GDP 比重由 18%降低至 17%①，均高于全国平均水平。由于运输方式单一，管理效率较低，现阶段物流成本仍处于较高水平。

### 五、物流管理体制不完善

贵州省物流业涉及省发展改革委、省商务厅、省交通运输厅等多个部门，分别负责生产、仓储、运输、销售等环节，尚未形成宏观调控、管理集中、组织科学、协调统一的物流产业管理体制。政策不一、信息不畅和资源整合不足等问题影响了物流业的发展。图 4-2 反映了 2019 年贵州省社会物流成本构成情况存在着明显的不合理，尤其是管理费用显著高于全国平均水平，反映了管理体制存在不少弊病。

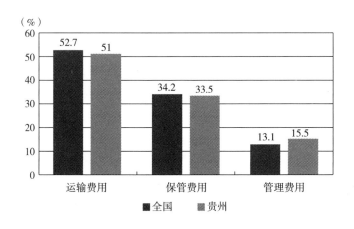

**图 4-2　2019 年贵州省与全国社会物流总费用组成对比**

快递进村难，农货出山难。农村电商带动快递物流需求的快速增长与县乡村三级物流体系的缺失矛盾突出。目前，贵州省的物流业大多以个人投资为主，严重制约了企业的规模和整体绩效，特别是在乡镇和乡村地区。例如，毕节市下辖的许多乡镇都没有专门的快递员，快递只能送达到乡镇，乡村居民的快递需要步行或搭乘交通工具才能到镇上取到快递，这给行动能力较弱的群体带来极大的不便。然而这些乡村地区全部都通了公路，在交通道路的基础设施上具备了配送条件，但由于缺乏快递配送员和物流网点，造成了许多偏远地区的居民不能参与到

---

① 贵州省政府数据开放平台。

平台经济的开发中来，同时也极大地制约了当地的物流业发展。

## 第四节　交通设施带动物流发展的案例分析

### 一、国外交通设施带动物流发展的典型案例

（一）美国：行业法制健全注重物流质量管理

美国是世界上第一个提出"物流产业"概念的国家，也是目前物流最发达的国家。现在美国的物流产业规模大约有 15000 亿美元，占到了美国 GDP 的 10%。几万个不同种类的物流公司通过一系列的整合链接，把美国与全球超过 150000 家的零售店和 500000 家的批发企业联系在一起。美国先进的物流依赖于完善的高速公路系统，整个美国的公路总长为 650 多万千米。其中用于长途快速运输的高速公路约有 10 万千米，高速交通网络广泛辐射了所有 5 万居民以上规模的城镇。① 美国发达的公路运输网，主要由超过 1500 万辆标准商用货车构成，跨昼夜、跨区域不间断地输送全美陆地的货物运输，从而确保了美国正常稳定的经济与社会运转。

1. 美国物流管理体制与政策

作为市场经济体制较为完善的国家，美国并没有设置专门的政府部门来管理物流业，而是由政府各个部门根据其具体职责对物流分环节进行负责。但是美国的物流体系建设与运营模式等方面都处于全球的领先位置。美国物流模式重视"整体化的物流管理体系"，即以全局的效益为中心点，打破了传统单一部门分管的制度，实施从总体上进行宏观统筹的经营模式。20 世纪 80 年代以来，美国相继出台系列政策法规，对公路、铁路、航空、航海等运输市场进行了严格的管制，废除了运输公司在市场准入、经营路线、联合运输、合同运输、运输代理与费率等多个环节上的审批和限制，并通过自由激烈的市场竞争，使得运输费率不断下降的同时，逐步提升了国家的物流服务水平②。

2. 美国物流金融规范体系

目前，世界上最完善的物流金融规范体系是以美国和加拿大为典型的北美洲

---

① 李作聚. 美国物流业发展现状分析［J］. 中国流通经济，2012，26（11）：24-30.

② 王旭. 美国集装箱多式联运发展的启示与思考［J］. 铁道运输与经济，2016，38（5）：91-94.

等地区。美国的农产品仓库抵押是当下美国最重要的物流融资方式。仓单可以用作银行的按揭，也可以用作交易中的付款方式。美国的物流融资制度建立在国家层面上，物流金融体系以政府为基础。早在 20 世纪初期，美国就已经颁布了《美国仓库存贮法案 1916》（*US Warehousing Act of 1916*），该方案对仓库中的质押问题，制定了一揽子制度规则。以此作为家庭式农场经营的一个重要金融工具，并且提高了全美农业经营销售的整体效率，一定程度上降低了系统化运作成本①。

3. 美国高速公路的运营模式

政府通过提供宏观物流管理体制、建设高效完备的交通体系以及完善物流专业人才的培养等推动物流业的产业发展。高速公路建设资金投入由各级政府承担，美国联邦政府、州政府和地方政府的投资占总投资的 80% 以上；平时维护费用主要由州政府负责。美国的高速公路绝大部分实施免费通行，几乎看不到收费站，个别收费的桥段，使用电子扫描系统，并不影响车辆正常行驶②。

4. 美国注重高质量物流运输

其一，美国的物流业法律制度比较完善，企业重合同、重信誉。完善的法律制度保证了当事人的权利与义务，为物流企业的经营打下了良好的基础。美国国内大多数的物流业务都是按照正式的商业合同来承接和开展的，如果发生了相关问题，联邦法庭可以按照法律进行裁决和追究相关责任。所依据的系列法律法规包括：1980 年，美国对早在 40 年前颁布的《运输法》（1940）进行修改，旨在把"鼓励和推动一体化运输"作为国家运输政策写入该法案，随之发生的是美国交通组织与运输结构彻底性改变③。《地区运输补助法》《汽车承运人规章制度改革和现代化法案》等一系列法令的颁布，为美国的交通改革奠定了良好的政策环境；20 世纪 90 年代，《多式联运法》等立法通过，推动了美国综合交通与多式联运的发展，使物流运输更好地与市场经济相融合。

其二，要使监管机制得到有效的落实。美国各州都设有独立的审核和监察机关，负责对各个部门和公共工程项目的建设进行监督和审计④。

---

① 王玉霞，胡绍强. 美国 UPS 物流金融对中国企业构建物流银行的思考：以中国邮政银邮金融物流为例［J］. 当代世界，2013（11）：78-80.

② 袁凤仪. 《1956 年联邦援助高速公路法》与美国州际高速公路建设［D］. 天津：天津师范大学，2019.

③ 诸葛恒英，齐向春，周浪雅. 美国铁路多式联运发展的启示［J］. 铁道运输与经济，2016，38（12）：69-73.

④ 柳长立. 美国综合运输交通安全战略规划综述［J］. 交通与运输，1999（6）：33.

其三，严格市场准入，在承包商的资质预审中要特别重视质量信誉。美国大多数的公路工程都是由国家直接出资修建的，因此，政府在招标、投标工作时都十分注重承包商的选择和管理，实力充分并且讲求质量信誉的承包商则是政府选择施工单位的主要目标①。

其四，要重视契约管理的方法，并在实践中不断地完善与创新。无论是基础设施建设还是其他方面，美国各级政府都十分注重研究合同的管理方法，结果实际情况不断优化，吸纳创新的合同管理办法，致力于追求更高质量的同时降低工程造价，并且保证项目完成的日期与各项方针目标。

（二）日本：基础设施建设带动物流高速发展

1. 日本物流的管理体系与政策

日本物流业政策注重形成协同效应，强调连续性、及时调整策略。虽然物流涉及交通运输、旅游、农业、工业贸易等政府部门，但是日本没有成立专门机构统一管理物流业，而是各部门在政府的协调下履行其职责。根据现代物流的产业特点，以国家土地、交通和经济等行政部门为核心，形成协调一致的物流管理体系，以及综合一体化的物流政策。工业部负责制定物流业的标准、结构、布局、政策和发展战略，交通部下属的运输政策局负责主要运输方式的政策设计和计划起草、城市和区域运输的规划和协调、管理仓储和配送的市场准入。20 世纪 70 年代，日本经济贸易工业部和交通运输部提出一系列物流政策，旨在通过实施多式联运和一体化枢纽建设实现"货运系统一体化"目标。现阶段，日本加大物流现代化的直接投资，积极支持提高民营企业的物流能力，支持物流基础设施的转型完善，将物流融入整个社会的标准化体系。1997 年，为了改变各部门制定物流政策的观念，日本政府制定了第一个系统的国家物流政策——《综合物流施政大纲》，对日本物流业的发展具有重要的历史意义②。之后在 2001 年、2005 年、2009 年和 2013 年进行了修订，不断完善绿色物流系统。

2. 日本交通与物流设施的建设

为了大力扶持物流产业发展，日本政府着力营造良好的制度环境。其中，以发达的交通运输带动物流业的发展就是极具代表性的做法之一。日本业界认为，交通运输与物流将形成全球性的、综合性的立体全方位网络。日本的大型基建工程建设在很大程度上是与其现代物流业的崛起相适应的。20 世纪 70 年代以来，

① 喻永华. 美国公路建设的几点思考［J］. 北方交通，2013（S2）：12–13.
② 孙海云. 政府在物流产业发展中的作用研究［D］. 济南：山东大学，2018.

日本从以原材料投入为主、重厚长大规模的工业转型成附加价值型、轻薄短小型工业，其特征是多频率、短途运输，从而从运输需求端推动了日本的货运行业快速发展。① 促进商品在不同地区之间的流通速度，增加整体货运量，提升物流运输的效益，是日本现代物流业不断追求的目标。

日本根据国家与国民的实际情况，将其物流业的发展与高速公路、港口设施、海运网络等交通基础设施建设高度融合。在产业转型和物流发展的年代，大量的公路投入使用，日本的交通事业得到了迅速发展。集装箱运输这一托运方式的应用则对日本发展国际贸易起到了巨大的推动作用。2001 年颁布的《新综合物流施政大纲》建议综合运用多种运输方式，具体运用由各物流运输主体自行选定，最终目的是实现货物运量的平衡和整体运输效率的提高②。多年来，日本已建立形成完善的基建设施网络，其中包含高速公路网、新干线铁路运输网络、沿海港口设施、航空枢纽港、流通集散地等，与之配套形成了完备的运输和仓储体系。日本的交通运输基础建设处于全球前列，为促进国家物流产业的发展以及扩大物流市场形成了坚实保障。

3. 日本交通设施与物流园配套

2001 年以来，日本为适应现代物流业的发展需要，把建设重心转移到国际物流基地（如国际港口）、海上高速网络干线，以及连接港口、机场和高速公路的出入口基础设施方面。城市修建立体环状公路、改进道口数量与建设规模等扩大交通运输容量。解决城市内部物流运输瓶颈问题的同时，进一步强化了国际物流基地的现代化机能。近期，日本政府与业界从环境保护、能源合理利用和提升运力的角度着手，建立适应多式联运的现代化交通体系，从而缓解交通运输施加在自然环境上的压力③。针对物流发展的整体规划方面，日本政府积极规划建设物流园区，鼓励加强配送中心的发展。日本作为亚洲大陆东岸外的岛国，其国土面积狭小、国内资源与消费市场等方面都非常有限，商品绝大部分依赖进出口，考虑到上述众多因素，日本成为全球范围内最早建设物流园区的国家，其物流园区遍布全国大中城市港口和主要公路枢纽，基础设施与物流园区之间的配套日臻完善，经营效益明显提高。

① 李作聚. 美国物流业发展现状分析［J］. 中国流通经济，2012，26（11）：24-30.

② 张军，牛玉巧，许海晏. 美、日物流政策梳理及其启示［J］. 企业改革与管理，2016（17）：188-189.

③ 陈昊泽，何丽新. 《日本商法典》运输总则最新修订之评析［J］. 中国海商法研究，2018，29（3）：88-97.

（三）荷兰：鹿特丹港的综合交通运输

1. 重视建设投入发展多式联运

荷兰政府对多式联运市场行为和标准进行规范化，实行一票制，并且制定了系列优惠政策。如税费减免、免收铁路租金，把从事联运的集装箱卡车不定义为重载车辆，只按普通车辆收取税费等。绝大部分的多式联运中转站是由国家、地方政府投资建设，经营则必须由与承运人和托运人没有利益关系的中间人负责①。

荷兰政府将多式联运作为优先发展事项。跨行业、跨部门的综合运输方式，打破了传统的单一运输模式，打破某类运输方式的垄断地位。荷兰的运输基础设施主要是国家出资、公司租用和运营，这为发展多式联运创造了有利的制度和经济环境。它的运营模式是海运、铁路、公路和内河等专业化的运输公司，在其主要的业务范围之外，还可以租用和运营其他运输业务。比如海运加上经营铁路，铁路运输公司拓展公路运输业务等②。国内外的运输企业均可以在开展除国内货运业务外，还可以从事跨行业、跨国家的租赁其他的运输业务。承运人也可以租用某些交通模式的某种运输业务，例如租赁一段货运路线（如某条铁路的某一区段），并自行购置设备来经营。

2. 重视集疏运系统的建设与配套

荷兰政府和港务局重视港口技术系统的基础建设与配套供给，优化内陆运输流程，提高运输系统的灵活性，并且把潜在的交通问题进行疏解，通过扩展集疏运链接方式和协作者，增加内陆承运人。从而加强了港口与欧洲大陆的联系，将荷兰与整个欧洲经济紧密结合。除了发达的内河运输外，来自海外近1/4的货物通过陆路运输。鹿特丹港有直通荷兰内陆的高速公路，并与欧洲各国高速公路紧密相连。荷兰的运输公司采用"门到门"的运输方式，货物直接送到客户手中，负责欧洲约30%的国际货运。除去充分利用公路运输的快捷性，荷兰兼顾铁路运输费用相对低廉、距离跨度大、不间断货运服务的特征。因此，400多千米的铁路环绕着港区，特设两个口岸铁路服务中心，提高铁路装卸效率。并且铁路服务中心还设有专线，无须中转即可定期、快速直达欧洲多个国家。除原油外，还有20多种化工（半）产品，通过地下管道运输网络从鹿特丹港运往欧洲各客户手上③。

---

①② 许文汉. 德国、荷兰发展集装箱多式联运的情况和启示［J］. 铁道货运，2001（4）：34-37.

③ 胡承谷. 借鉴国外经验　改革发展湖北水运事业：赴德国荷兰航运港口考察的体会［J］. 交通财会，1998（6）：18-19.

3. 运输基础设施实行分权管理制度

荷兰在港口、机场、公路、铁路、内河水路等方面均实施了产权和管理权分离的制度，从而建立起一套以市场化为导向的高效行政体制。政府投资兴建交通基础设施，其所有权属鹿特丹市政府。日常港务管理由行使政府职能的鹿特丹港务局负责，其主要功能包括对港口实施管理，并承担港口工程建设、行使港口管理权、海湾交通管制、安全和环境保护等内容。各类物流运输公司不受政府干预（盈亏自负）的承担港区基础设施发展业务，例如，鹿特丹港的综合管理事项由港务局规划统筹，具体的码头泊位却是交由多家私营公司租赁，其运输、装卸、仓储和货物分拨等业务也由公司运营①。史基浦机场的管理部门主要负责机场的规划和建设，包括飞行区、航站楼和机场房地产的开发管理。其他大部分的机场运营项目，例如地面运输服务、航站楼商业服务、航空维修服务等，都是各公司通过由机场管理机构招投标程序进行租赁和经营②。

## 二、国内交通设施带动物流发展的典型案例

（一）湖南怀化：立体交通网畅通双循环

湖南怀化素有"火车拖出来的城市"之称，中欧班列加快了怀化企业走出国门的步伐。怀化铁路口岸将以一类口岸的标准，申报成为整车、木材、动物制品、水果、粮食、药品等产品指定口岸，打造成中国大西南国际中心陆港。怀化是中部地区通往大西南的"桥头堡"，是国家实施"一带一路"北通欧亚、南接东盟的重要节点城市，也是中西部地区与东盟最接近的城市。2020年，怀化市外贸进出口总值达 14.5 亿元，同比增长 40.5%，增速居全省第一。其中出口12.1 亿元，增长 54.6%。③ 出口增幅最大的地区是东盟地区，增长 72.8%，商贸物流业已成为怀化的支柱产业。依托铁路口岸和中欧班列，怀化成功打通武陵山片区、大西南地区乃至东盟地区，进而联通欧洲腹地的快速通道，加速融入国际轨道。国家发展改革委和交通运输部联合颁发《国家物流枢纽布局和建设规划》，明确提出将怀化列为"商贸服务型国家物流枢纽承载城市"的发展战略。怀化正在抢抓机遇、山海联动、水路并举，积极构建公路、铁路、水运、航空等为一体的综合交通体系。

① 周桂荣，翔宇. 荷兰鹿特丹港口经济园区和贸易批发中心的作用［J］. 环渤海经济瞭望，1994（6）：44-45.

② 罗克平. 城市化的航空港：访荷兰阿姆斯特丹史基浦机场［J］. 航空港，2005（1）：46-47.

③ 湖南省商务厅。

湖南省正全面统筹规划的五大国际物流通道和货运集结中心工程，怀化是"五向齐发"的重要节点城市之一。该规划向北以长沙为中心，做强中欧班列对欧洲、中亚的国际物流通道；向东以岳阳为中心，发挥城陵矶港口的一类口岸作用和长江黄金水道功能，借道长三角港口群出海；向南以株洲为中心，打造湘粤非铁海联运通道；向西以怀化为中心，对接西部陆海新通道，打造对接东盟的国际物流通道；向上，以黄花机场为中心，构建 RCEP 国家的区域中转枢纽，打造对非航空客货运门户枢纽。五大国际物流通道不仅使企业物流运输降本、增效、提质，还将扩大湖南进出口总量，促进实现国内国际贸易双循环。

怀化依托中欧、中亚和北部湾港班列，正打通大通道，形成大枢纽，构建大网络。《国家综合立体交通网规划纲要》将怀化定位为 6 条主轴中的"粤港澳—成渝主轴"、7 条走廊中的"沪昆走廊"、8 条通道中的"二连浩特—湛江通道"上的主要节点城市。以怀化国际陆港为平台、以东盟物流产业园为载体，构建以怀化为中心、辐射五省周边地区、连接东盟各国的物流贸易网络，促进生产要素集聚，降低实体经济运营成本，推动优质产业加速转移怀化市，打造高质量跨越式发展的新引擎。"一港一园"项目建设，促使怀化市全国性综合交通枢纽优势的充分释放，发挥区位交通优势，大力提升物流产业发展水平，加快畅通国内国际双循环。同时，通过制造业、产业链的发展，大量的人流、物流和资金流在怀化市交汇，不断集聚和放大，更加提升怀化市"全国性综合交通枢纽"地位[①]。

（二）山东临沂：数字交通助力物流发展

"南义乌，北临沂"，临沂是中国商贸名城、物流之都，是中国北方最大的市场集群和商品集散中心。临沂地处长三角经济圈与京津唐经济圈结合点、中国东部南北大通道中心枢纽，是新亚欧大陆桥国际经济合作走廊主要节点城市。城市物流网络覆盖了全国 1800 个县级以上网点并辐射全球 30 多个国家和地区。临沂市位于山东省东南部，地近黄海，东连日照，西接枣庄、济宁、泰安，北靠淄博、潍坊，南邻江苏，是山东省面积最大的市。临沂市交通十分便利，先后成为全国公路枢纽城市、全国 50 个铁路枢纽城市、商贸服务型国家物流枢纽承载城市，成功创建全国综合运输服务示范城市、全国绿色交通试点城市，争创了全国城乡交通运输一体化、全国"四好农村路"示范县第一批创建县，打造了沂蒙

① 李青青. 怀化市全国性综合交通枢纽优势将充分释放［N］. 怀化日报，2021-08-25.

贵州交通设施优势转化为物流成本优势研究

幸福路品牌。沂蒙公路、首条 BRT 运营、京沪高速临沂段开通三件大事入选省、市改革开放 40 年最具影响力事件。截至 2020 年底，全市公路通车总里程达到30856.4 千米，居全省第一。① 京沪、日兰、长深、青兰、岚曹五条高速公路纵横交错，环绕市区、通达全国；菏兖日、坪岚、胶新、东平、枣临、沂沭六条铁路在市区形成"十"字形路网主骨架。形成了城市、市场、物流、仓储、服务一体化的独特的共生性商业生态体系。中欧班列齐鲁号以济南、青岛、临沂为核心，高标准建设三个中欧班列集结中心，目前已经初步建起"一群两心三圈延黄达海、畅联欧亚"国际物流供应链网络多式联运大格局。

1. 打造数字交通新基建

《山东省数字交通"十四五"发展规划》的重要战略任务要求贯彻新发展理念，服务和融入新发展格局，以新一代的信息技术引领全省的交通运输高质量发展。其具体内容包括：一是打造综合交通运输数据"赋能"中心，通过完善交通运输数字体系，建立综合交通运输数据平台，从而推进交通运输的数据开发与应用；二是构建交通运输"新基建"网络，推动智慧港口、智慧公路、铁路、机场和交通信息基础等数字化建设；三是提升数字货运服务能力，推行跨运输方式和跨区域的电子运单，建立"一单制"的多式联运体系，强化货物运输的全程数字追踪监管；四是推进建设交通运输数字政府部门，带动运输与物流相关行业的数字化升级等。

建设智慧公路综合管理服务平台，推进临沂智慧公路体系建设。通过对道路设施状况、通行情况的全程监控，实现对道路、桥隧等交通流量实时智能监测，促进行业管理转型升级、提质增效。依托中国（临沂）物流科技产业研究院，建设物流科技企业孵化器。落实国家无车承运人试点的相关税收政策，支持规模物流企业争创无车承运人试点。推进国产三代货运车辆更新，利用新能源车辆开展配送运输服务。实施标准化、智慧化仓储建设工程，鼓励物流企业应用人工智能、物联网、区块链等智慧物流管理技术，打造中国物流大数据中心和区域性智能货物集拼中心。

2. 不断完善物流设施

"十四五"时期是加强交通强省建设、推动交通运输行业高质量发展的重要阶段。高水平建设商贸服务型国家物流枢纽，以临沂快递物流园、临沂公铁联运物流园等专业物流园区为支点，统筹临沂港、综合保税区与济铁物流园建设，加

---

① 临沂市交通运输局。

· 112 ·

快推进多式联运监管中心建设，打造国际陆港。优化电商物流服务，建设区域电商公共仓储中心，提升建设一批智慧电商快递产业园区，支持快递龙头企业在临沂设立区域集散中心，形成以临沂为中心、辐射周边地区的网络零售物流集疏运体系。提升"齐鲁号"欧亚班列往返运营效率，争取开行更多国际货运班列，开通青岛到临沂双向班列。积极培育国际航空物流，规划建设国际快件监管中心、邮件分拨中心和保税仓库，争取开通更多国际航班和货运包机。支持临沂组开直达青岛的国际邮件邮路，在临沂设立国际邮件互换局。

（三）河南郑州：四路协同促进多式联运

郑州是中部大省河南的省会城市，连南贯北，承东启西，具备区位优势和综合交通优势，公路、高铁、地铁、城市轻轨、铁路网络配套完善，早已成为全国铁路和公路货运的枢纽，被称为"全国路网枢纽中心"。郑州充分发挥自身的现代综合交通枢纽优势，抓住枢纽效应、高质量、信息化、规范化等核心竞争力，构建了覆盖欧洲、中亚、东盟和亚太地区的国际多式联运物流网络枢纽；持续创新"一单制""门到门"全链条物流服务，打造了"数字班列"和"运贸一体"等富有特色的河南班列品牌，打造内陆，引领带动汽车、肉类、粮食、跨境电商等口岸经济融合发展。

陆上丝绸之路——对于地方经济的发展而言，中欧班列是外贸经济复苏的一大推动力。据郑州海关总署发布的数据，2021年底郑州的中欧班列开行数量累计突破5000班，累计货值达到1299.5亿元。八年前，首班郑州中欧班列驶向德国汉堡，为我国中东部地区架起了连通欧亚的贸易桥梁，打开了河南内陆通向欧洲的西向突破口。开行频次也由原来每月1班，增加至如今的每周去程16列。2021年，河南省外贸进出口总值8208.1亿元，较上年同期增长22.9%，高于全国总体增速水平。[①]

空中丝绸之路——2021年郑州航空港区生产总值完成1172.8亿元，同比增长12.1%，分别比国家、省、市高4.0个、5.8个、7.4个百分点。[②] 经过这些年快速发展，郑州航空港区的内陆国际航空物流枢纽地位得以确定，正在打造联通中国与全球的"空中丝绸之路"关键节点，不断彰显其辐射带动的作用。以航空物流枢纽打造为核心，通过大力发展航空物流业，集聚各种生产要素反哺航空经济，从而实现区域物流与产业融合的互动发展。

---

① 郑州海关统计数据。

② 郑州政务服务网（https：//zz.hnzwfw.gov.cn/）。

网络丝绸之路——郑州在国内率先建立"网购保税 1210"的监管服务模式，并在卢森堡等国家进行示范推广，加速建立电子世界贸易平台（EWTP）核心功能集聚区，实现郑州跨境电商零售量位于全国前列。成立"国际物流数据标准"联盟，构建"贸易集成服务单一窗口"，打造电子商务+行邮监管+保税中心的新型通关模式，提供一站式服务，在全国范围内首创跨境电商领域的"郑州模式"。不断增强交通运输网络信息共享的深度与广度，实现郑州国际陆港多式联运综合服务平台与郑州机场国际多式联运数据交易平台、河南保税物流中心"买卖全球网""贸易单一窗口"平台互联互通。

海上丝绸之路——相较于发达的公路、铁路和航空货运，河南由于地处内陆没有得天独厚的海港运输资源，但其除了通过多线路、多港口、多站点铁公海多式联运加快推进，实现与青岛、连云港、天津等港口的无缝衔接外，河南还通过"内河航运"的疏导与开发，重新打通河运与"海上丝路"新通路。以内河航运、铁海联运为主要依托，有效连接连云港、黄岛港、上海港等港口，2020 年 3 月郑州出台《郑州市对接海上"丝绸之路"发展扶持办法》及实施细则，加快推进"郑州港"内陆启运港建设，自 2015 年开通铁海联运班列以来累计开行超过 500 班。航运对于以农产品、矿产品和钢铁产品外销为主的河南来说，除了承载量更适合大宗货物，且具有较低的物流运输成本优势。作为淮河航运起点的淮滨中心港，于 2022 年 1 月 4 日正式通航，该港是河南省最大的综合性单体港口，建设"北有郑州航空港、南有信阳淮滨港"的大物流格局。将淮滨县打造成淮河生态经济带重要节点城市和中原物流新枢纽，成为河南省县域经济高质量发展"流通贸易型"典型代表。

（四）西南重庆：物流金融创新融合发展

重庆是西部地区唯一兼备公、铁、水、空四类交通资源的城市。基于多式联运能够有效降低企业运输成本的特点，重庆大力推进多式联运物流枢纽项目建设。新通道的核心竞争力是成本，"西部陆海新通道"的建设解决了重庆市对外贸易货物运输的痛点，通过铁海联运，货物从重庆市到东南亚、南亚各国的主要港口仅需要 7~10 天，全程比原来缩短了 15~20 天。为推进降费提效，重庆经北部湾港至新加坡的铁海联运采取"一口价"3800 元/标箱的价格标准，比分段运输成本降低 38%。"西部陆海新通道"通过公铁、铁海将过去单一的运输方式连接起来，充分发挥公路、铁路、水运的优势，使货物运输更加合理，节省货物运输时间，大幅度降低企业进出口物流成本。[①]

建设绿色智慧港口——果园港位于重庆市两江新区核心区域，是我国最大的内河水、铁、公联运枢纽港。以国际枢纽建设为重点，以全球供应链整合为基础，全面规划布局物流枢纽区域，通过海、陆、空多种运输方式的有效衔接，打造常态开行、稳定运行的"一站式"多式联运服务产品和品牌。港口采用无纸化平台、理货智能化、智能仓储系统、集装箱场桥智能远程操控系统等。两江新区直属国企重庆港务物流集团通过加速推进大数据、物联网、区块链和5G等新技术在物流运输领域的应用，不断提升港口智慧化、码头专业化水平，不断培育数据互联互通、业务协同高效的口岸营商环境，构建多方共赢的物流生态体系。物流可以产生集聚效应，增强地方经济的辐射功能。

2021年9月底开港的重庆新生港是长江上游首个万吨级码头，旨在打造"前港中仓后园"和"铁公水"的联运模式。"新生港+广忠黔铁路"开创了中欧班列（渝新欧）新起点，较之重庆果园港或万州港连接中欧班列，可有效避开航道回水期的不利状况，且时间和运费因其区位特征更具优势。重庆对于西部地区资源集聚和区域辐射带动的重要作用，夯实内陆开放门户的功能基础。重庆两江新区着力打造果园港和综保区空港有关片区为国际贸易物流产业功能区，果园港发挥航运优势，发展智慧港口、智能化仓储、大宗货运和冷链物流，综保区空港片区则重点招商引进第三方和第四方物流，建设辐射全国范围的商品分拨中心。

搭建物流金融服务平台——重庆物流金融服务公司于2017年底落户西部物流园，是重庆市设立的首个政府主导型金融科技企业。该公司将致力于搭建四大服务平台，即动产质押登记信息服务平台、开放式投融资对接服务平台、物流全过程监管动态跟踪服务平台以及物流供应链普惠性融资、增信服务平台。平台推出了"铁路提单"创新模式，开通"一单制"铁路数字贸易班列。构建金融服务链，缓解物流企业、进出口企业贸易融资难、效率低、周期长的难题，促进物流业"降本增效"与金融创新融合发展。

打造保税+产业生态圈——重庆围绕商品、贸易和物流枢纽，推动"保税+"为特色的产业集群创新发展，多层次打造临港"保税+"产业生态圈。"保税+智能制造"引领加工制造高质量发展，重庆保税港区多家全球知名智能终端加工企

① 袁伟彦. 西部陆海新通道建设效应：内涵、方法与研究框架［J］. 广西师范大学学报（哲学社会科学版），2019，55（6）：63-73.

业，产品涵盖苹果、索尼、华为、惠普、LG 等一线品牌。"保税+服务贸易"是重庆首创的保税区范围内开展保税商品交易，同时将功能性政策延伸至区外的成熟商圈，通过中欧班列（渝新欧）将汽车整车进口并在保税区展示展销。在原有的"保税+现代物流"基础上打造"保税+国际物流分拨"中心，构建以国际生鲜冷链、医疗供应链为特色的国际商品流通、国际大宗商品交易分拨体系。并且进一步打造"保税+创新研发"中心，通过保税研发模式，聚集研发产业集群。面向"一带一路"打造"保税+维修检测"国际检测维修服务中心。

### 三、案例经验启示

通过分析国内外不同区域城市发展物流的案例，无论是大力改善商贸流通环境，促进高端资源集聚和功能塑造，推动物流业的发展，还是加快数字科技变革，从而加速物流运输业绿色智能化转型，抑或是加强交通和物流基础设施建设，都是在不断推进现代物流业的高质量发展。对比研究后可以发现物流发达地区都充分利用区位优势，不断完善交通基础设施，综合运用多种运输方式以实现物流低成本、高效率，同时注重物流与科技、产业融合。

从上述案例可以就交通基础设施优势带动物流发展方面得到四点经验启示，分别是完善交通基础设施、发展多式联运综合运输、加快物流运输数字化转型以及形成"交通+物流+产业"集聚效应。第一，交通运输是物流发展的基础和主体，完善的交通基础设施也为多式联运创造了良好的条件。同时要注重加强交通设施与物流园区之间的配套建设，提高经营的规模效益。第二，多式联运是把交通基础设施优势转化为物流成本优势的主要途径，结合地区实际地理资源和核心产业情况，在因地制宜的基础上拓展运输方式的多样化。内陆地区也可以内河航运、铁路运输为依托，连接到港口，打通海运的通道，最大限度提高货物运输量、降低物流运输成本。第三，智慧化物流与数字化物流是促进交通带动物流发展的重要推力，数字技术与物联网深度融合是现代物流业的内在要求和必然发展趋势，网络加快了物流信息的收集、处理、交换和传送，包括将原有的铁路运单转变为铁路提单，以及将数字技术与物流金融结合，通过数字金融平台打通物流、商流、信息流和资金流。第四，形成"交通+物流+产业"集聚效应，促进物流产业链、供应链与价值链融合发展。利用本地优势产业，扩大物流枢纽的腹地货源，持续发挥以交通带动物流发展以及产业带动物流循环累积的正反馈效应。

# 第五章　贵州物流服务产业高质量发展理论机理与实施路径

## 第一节　物流服务产业高质量发展的理论机理

### 一、物流服务产业高质量发展的内涵

在高质量发展逐渐成为经济和社会发展主线的趋势下，物流业逐渐从"粗放型""重成本"向"集约型""重服务"的现代物流业方向发展。国家"十四五"规划纲要指出，要将现代物流体系建设列入支撑构建新发展格局的重要领域。在新科技革命成果不断推广应用和国家高度重视发展的背景下，物流业加快向柔性自动化、智慧化方向发展。作为生产性服务业、流通性服务业的重要组成部分，物流业发展的贡献不仅在于行业企业本身创造的税收、就业等，更在于支撑和促进区域内各相关产业产生更多的税收和就业，促进区域经济增长①。因此，物流业不仅是培育经济发展新动能的关键抓手，更是服务产业高质量发展过程中不可或缺的重要力量。

物流服务产业高质量发展是物流业提升产业发展质量的过程。一方面，物流业融合了包装、仓储、运输、信息等产业的服务保障功能，衔接生产与消费，兼具生产性与生活性特征；物流业贯穿了一二三次产业，能够满足农业、制造业、

---

① 关于推动物流高质量发展促进形成强大国内市场的意见［EB/OL］．中华人民共和国中央人民政府网，http：//www.gov.cn/zhengce/zhengceku/2019-09/29/content_5434995.htm，2019-02-26.

商贸业等相关产业的流通需求。另一方面，现代物流业的快速发展能够促进产业结构的升级换代，通过推动第一、第二产业的协调发展促进第三产业的转型升级，优化三次产业间的比例结构，从而实现产业结构的现代化和高级化①。因此，无论是促进产业结构升级、推动产业规模集聚，还是降低实体经济、提升社会运行效率，物流业在推动相关产业的质量提升、效率改进和创新发展过程中发挥着不可替代的作用。

## 二、物流服务产业高质量发展的理论机理

物流业作为基础性、战略性、先导性产业，是推动国民经济健康发展的加速器。通过为其他产业提供生产要素、提升产品附加值，物流业在推动产业结构由劳动密集型向技术密集型和知识密集型转变过程中发挥着重要作用②，在服务产业高质量发展的过程中有着突出贡献。产业高质量发展具体包括规模集聚、结构高级、智能智慧、高质高效、绿色低碳、布局合理六个维度。基于此，物流业通过作用于产业规模、结构、技术、效率、环境和布局，实现与其他产业的联动，促进产业高质量发展（见图5-1）。

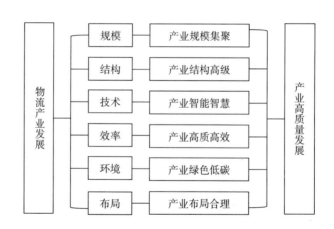

**图5-1　物流服务产业高质量发展的理论路径**

---

① 孙浩杰，吴群琪，汪蕴慧. 现代物流业优化经济结构的实证分析 [J]. 经济问题，2011（6）：27-31.

② 韩明华. 生产性服务业促进产业结构优化升级研究：以宁波制造业转型为例 [J]. 经济体制改革，2010（4）：51-55.

1. 产业规模集聚路径

物流业的发展对产业规模集聚有着重要的推动作用。一方面，随着物流需求的增加，物流市场的韧性也在不断增强，能够带动产业规模的持续扩张；同时，专业物流的发展也能够推动企业转型升级，扩大产业规模集聚效应。另一方面，物流产业通过促进基础设施的建设，能够为相关产业的规模化发展提供物质基础与保障。例如，不断升级物流枢纽建设，能够进一步带动区域内农业、工业、商贸等产业集聚发展，形成各种要素大聚集、大交易、大流通的枢纽经济①。同时，物流运输的规模经济和运输成本也是促进产业集聚的原因之一②。随着产业规模的提升，又能够进一步降低物流成本，促进现代物流业向专业化方向发展，进一步促进新的产业集群的形成③。

2. 产业结构高级路径

物流业作为地区经济发展的基础产业，相关产业的转型和升级离不开物流服务业的有力支持。物流业能够通过优化其内部结构，提升经济发展速率，使产业重心转移，促进其上下游相关产业的结构趋向高级化和合理化，从而推动整体产业链的优化。例如，提升冷链物流体系的建设能够推动特色农业发展；促进工业物流体系的建设能够进一步推动制造业高质量发展。此外，物流业发展也进一步带动了货运、仓储、集疏运等业态的发展，促进了金融、通信、保险、旅游等第三产业结构的转型升级④。

3. 产业智能智慧路径

《"十四五"数字经济发展规划》中提到要发展"重点行业数字化转型提升工程"，要求把"智慧物流"与农业、工业、商务、金融等并列为七大重点行业，这表明发展智慧物流促进相关产业的智能化、智慧化发展，升级传统产业、为产业链赋能是必然趋势。大数据、物联网、云计算、人工智能等前沿科技应用于物流产业，能够推进智慧物流基础设施的建设、智能物流装备的研发应用、智能物流公共信息平台的建设等，从而推进物流业与农业、制造业、商贸流通业的协同发展。此外，智慧物流的服务保障功能，能够有效整合产业链，形成智慧产业链和生态圈，促进智慧社区、智慧政务、智慧医疗、智慧教育等产业的发展。

① 魏娟. 物流枢纽与枢纽经济发展路径及产业集聚原理 [J]. 供应链管理, 2021, 2 (10): 104-111.
② 刘雪妮, 宁宣熙, 张冬青. 产业集群演化与物流业发展的耦合分析：兼论长三角制造业集群与物流产业的关系 [J]. 科技进步与对策, 2007 (9): 161-166.
③ 张世军. 产业集聚视角下的现代物流业发展分析 [J]. 物流技术, 2012, 31 (13): 94-96+137.
④ 吴小勇. 港口物流与福州市区域经济发展探究 [J]. 经济与社会发展, 2007 (1): 112-114.

4. 产业高质高效路径

随着物流业需求的多样化和物流服务的多元化，物流业不再单纯地以降低产业成本的方式带动经济发展，而是直接影响产业发展效率①。一个地区物流业的发展水平，在一定程度上反映了该地区经济发展的流通效率。区域内物流业发展水平高，有助于提升各行业商品对区域外的辐射和扩散能力②。因此，通过提升现代物流业的质量效率，能够驱动区域产业结构转型，促进物流与制造、商贸、金融等产业的互动与融合，进而提升区域经济效率。目前，各省市针对如何降低物流成本、提升物流效率，提出包括供应链、仓储、配送网络、包装等在内的相关政策，取得显著成效。

5. 产业绿色低碳路径

绿色低碳循环发展成为全球经济发展的必然选择。实现碳达峰、碳中和目标，推进现代农业、工业、服务业向绿色低碳优势产业转化，是物流业推动产业高质量发展的内在要求。物流服务产业高质量发展的绿色低碳路径体现在两个层面。一是通过物流业本身保障其他产业低碳发展，即打通绿色物流产业链，运用绿色包装、低碳运输、绿色仓储、绿色流通加工、绿色信息收集和管理等绿色物流技术，减少各项物流活动中的污染排放，服务其他产业的绿色低碳化发展。二是与绿色金融、绿色工业、绿色农业等相关产业融合，利用绿色招投标、绿色产品认证、合同能源管理等绿色经营方式，支撑相关物流企业获得绿色服务，从而推动物流业及其上下游产业链的绿色低碳化发展。

6. 产业布局合理路径

物流产业的主要功能是承载产业发展的物流运输需求，其对相关产业的服务保障性质，不仅有利于产业的资源整合，还有利于相关产业产品的销售。物流园区、物流企业等的选址基于区域工业、农业等产业规模和物流服务需求特征而建设，能够进一步保证相关产业布局的合理化。因此，物流交通网络的集约化、物流产业合理的区域布局战略和地理分布状况，在一定程度上决定了相关产业的布局情况，对企业间沟通交流、提高效率有着重要作用，能够有针对性地服务于相关产业发展。

① 孔继利，朱翔宇. 物流业高质量发展路径探索研究［J］. 物流研究，2021（2）：66-79.
② 黄先军，李亦亮. 物流业与其他产业之间联动发展的路径及实证分析：以安徽省为例［J］. 江淮论坛，2014（3）：70-74.

### 三、贵州物流服务产业高质量发展的总体思路

通过上述物流服务产业高质量发展的理论机理和路径分析，我们可以提出贵州物流服务产业高质量发展的总体思路（见图5-2）。

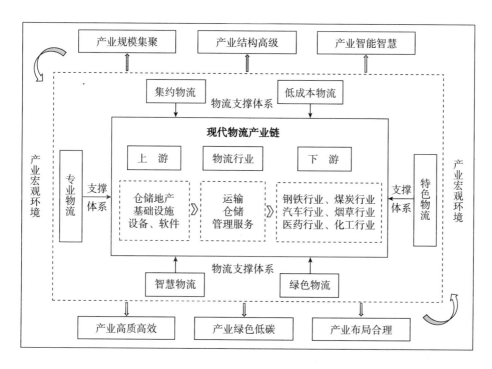

**图5-2　贵州物流服务产业高质量发展的总体思路**

### 四、物流服务产业高质量发展的具体模式

产业高质量发展不仅有助于产业的转型升级和业态模式的创新，更有助于经济社会整体效益的提升。在构建新发展格局的背景下，完善物流产业多式联运服务模式、建立供应链主企业服务模式、确保物流服务专业化并建立线上线下融合的服务平台，是降低社会物流成本、提升产业自身供应链能力、形成差异化竞争优势和促进物流运营效率的重要方式，也是服务产业高质量发展的具体模式。

1. 多式联运服务模式

多式联运服务模式不仅需要结合特定产业的需求，进行多种运输工具的转

换，还需要充分考虑物流中心所处区域的特点，因地制宜进行多功能的服务。例如，在铁路枢纽区域，加强干线运输的同时，还应根据其地理特点进行物流产业建设，提供货物集散、分拨等服务；在城市港口区域，提供包括海关、报检、货代、船代、报税等一系列服务，同时，加强各环节的紧密联系，提高运转效率。作为高效的货物运输组织方式，多式联运服务能够调整现阶段的物流运输结构，充分利用运输资源，实现公路、铁路、水运、航空等多种交通运输途径的联通结合，提升一体化运输服务水平，降低社会物流成本。以芝加哥为例，其成熟的以多式联运为主的农业物流体系，服务美国成为第一大粮食出口国，对本地制造业、批发零售业等都产生了巨大影响。

2. 供应链主企业服务模式

供应链主企业服务模式是借助一个在供应链中占据主导地位的大型优势企业，发挥其行业影响力和规模效应，构建以自身为核心的产业供应链体系，以产业供应链链条为纽带实现物流业与其他产业的深度融合。这类模式的发展，能够推动物流业更好地服务实体经济，促进消费者和生产端的连接。以浙江巨化物流有限公司为例，其在企业主体、设施设备、业务流程等环节，大力推动物流业与制造业的深度融合，为巨化集团下属其他制造企业子公司及周边制造业企业提供物流供应链服务。这种物流业与制造业以供应链体系为主的融合，有利于制造业企业业务充分外包，提高制造业自身的供应链能力，降低物流成本，增强生产柔性化水平①。

3. 第三方专业化服务模式

对于不同产业不同领域的物流需求，通过开发专业的物流系统，匹配相应的物流设施设备，形成专业化的物流服务模式，以满足产业高质量发展的专业化物流需求。根据特定产业的采购、生产、销售等物流需求，通过第三方物流的服务模式，整合业务资源，为其提供整体外包物流服务，从而形成从采购供应到线边物流，再到成品物流、末端配送的专业物流系统。以上海市为例，通过重点培育为特定行业提供服务保障的第三方专业化物流企业，例如汽车、石化、电子、医药、食品等行业，实现了物流业服务制造业高质量发展。此外，也可以采用硬件加软件的专业化物流服务模式，形成差异化竞争优势。以港口物流为例，通过针对港口企业开发相应的物流服务软件平台，并依托港口自身的专业化硬件设施设

---

① Yang W, Li W, Cao Y, et al. An information theory inspired real-time self-adaptive scheduling for production-logistics resources: Framework, principle, and implementation [J]. Sensors (Basel, Switzerland), 2020, 20 (24).

备，满足相关产业的高质量发展。

4. 智慧平台化服务模式

物流服务产业高质量发展的平台服务模式，即线上物流与线下物流融合的平台模式。线下物流包括以物流园区、物流运输枢纽等为主的实体物流资源，线上物流主要包括一系列智能网络平台，比如智能物流平台、智能货运平台、智能仓储平台、信息追溯系统等，以实现各生产运输环节的信息共享。通过线上物流与线下物流融合的平台服务模式，拓展产业链，为其他产业提供保姆式服务。此外，还可以根据以制造业为主的相关产业的现实需求加入金融资源。例如，传化智联股份有限公司以"物流+科技+金融"的模式，打造了"线上+线下"供应链物流服务平台，形成"智能公路港、网络货运平台、智能物流服务、支付金融"的服务闭环①。这种线上与线下融合的物流服务平台模式，提升了物流运营效率，推动了产业动能升级。

# 第二节 物流服务产业高质量发展的案例分析

## 一、国外物流服务产业高质量发展的典型案例

1. 美国芝加哥：多式联运为主的农业物流服务美国成为第一大粮食输出国

芝加哥地处美国中西部，地理位置优越、交通便利，是美国主要的交通和物流枢纽之一。其地区经济发展的动力主要来自大宗货物的高效运输，对本地制造业、批发零售业等都产生了巨大影响。芝加哥物流产业发展成功的一大因素是其强大的多式联运网络。从芝加哥的发展历程来看，早在 20 世纪上半叶就成为美国主要的交通枢纽——铁路中心。随着铁路运输逐渐失去优势，芝加哥从单一运输方式向多式联运物流转变，而"没落"的铁路也成了当下多式联运体系的重要组成部分。

芝加哥成熟的国际多式联运体系为美国粮食出口提供了更加便利、高效的运输方式。美国是世界最大的粮食出口国，每年出口的粮食在国际市场上占比高达

---

① 楼小明，王贤卫，付旻. 促进物流业制造业深度融合发展的模式分析与思考建议［J］. 浙江经济，2021（2）：25-27.

10%。2021 年美国出口粮食创汇收入达 1490 亿美元①。在如此庞大的出口量背后，美国物流体系发挥了极其重要的作用。美国粮食运输以多式联运为主要模式，公路、铁路、水路各种运输方式流畅衔接。以完善的交通基础设施为基础，成熟的多式联运体系大大降低了物流成本，极大提高了物流效率，也是美国能够以低价出口大量粮食的重要原因。

2. 荷兰阿姆斯特丹：智慧物流服务农业高质量发展

荷兰位于欧洲西部，东邻德国，西接比利时，极其优越的地理位置为其发展物流产业创造了得天独厚的优势，使其成为欧洲最经济的交通物流枢纽。21 世纪以来，高速的全球化进程更是助推了荷兰物流产业的繁荣发展，荷兰现已成为上千家全球性跨国企业在欧洲的物流分销中心。荷兰物流产业高度发达且在物流市场处于领先地位的重要原因是其拥有欧洲最好的机场——阿姆斯特丹史基浦机场。阿姆斯特丹的地理位置能够辐射整个欧洲市场。实际上，阿姆斯特丹有 400 多年的国际贸易和物流经验。荷兰阿姆斯特丹优越的地理位置以及强大的物流产业为其食品产业繁荣发展提供了重要条件。阿姆斯特丹拥有 3600 家食品公司，如 Heineken、Cargill 和 Mead Johnson 等。

在荷兰，农业物流约占 25%，其中荷兰的冷链物流发展尤为突出。第一，荷兰完善的农产品物流基础设施为其发达的物流体系奠定了良好基础，道路运输量大约占欧洲总体的 1/3，人均制冷和冷冻容积量居世界第一。第二，荷兰智慧物流发展水平较高。通过建立电子虚拟农产品物流供应链对物流产业进行全流程监管、信息共享、物流追踪等，以物流产业信息化、智慧化极大程度地保证了物流准确度和及时性。第三，荷兰农业物流基地建设布局和分工合理，各大物流基地各司其职，形成了发达的物流网络，大大提高了物流运输效率。例如，鹿特丹港因其地理位置临近重要的蔬菜和水果种植地区，主要用于运输农产品和食品；阿姆斯特丹—斯希波尔飞机场主要负责运输花卉；弗拉辛港主要负责运输水果；埃姆斯哈文港则主要负责运输鱼、肉等冷冻食品。

3. 德国杜伊斯堡：以物流服务产业转型

杜伊斯堡是德国西部的重要工业城市，也是世界第一大内河港、重要的铁路枢纽、钢铁产业中心。物流业是德国的核心产业之一，并且德国物流产业在与制造业联动发展上成效显著，尤其是发达的国际物流建设对其制造业出口发挥了关键作用。杜伊斯堡作为德国重要的物流枢纽，其物流产业的发展也处于德国领先

---

① 世界十大粮食出口国［EB/OL］. https：//www. maigoo. com/top/425019. html.

地位，以物流产业实现产业转型，逐渐成为"欧洲物流中心"。

物流业是杜伊斯堡实现产业转型的重要抓手。杜伊斯堡最大的两个标签便是"煤炭"和"港口"。杜伊斯堡曾是德国最重要的煤铁矿产区，但自 20 世纪 60 年代钢铁和煤矿业衰退起，这个曾被誉为"德国工业的心脏"的杜伊斯堡逐渐失去往日辉煌，开始从重工业基地向内陆航运和物流服务城市转型。杜伊斯堡凭借良好的区位优势，已成为欧洲参与"一带一路"建设最活跃的城市之一。近年来，随着途径杜伊斯堡的中欧班列运行班次不断增加、运输网络不断拓展，为这座城市重新带来了生机，物流的开通意味着巨大发展和无限商机。一方面，杜伊斯堡物流产业借此迅速发展，其在中国的知名度也大大提升，已成为多数中国企业在欧洲的商贸中心选择，目前杜伊斯堡已有近百家中国企业，涉及物流、不动产、跨境电商等不同领域。另一方面，物流业成为杜伊斯堡实现产业转型的关键抓手，同时发达的国际物流运输也是促进其区域经济向外向型经济发展的关键因素，大大拓宽了其产业市场。例如，德国的汽车通过中欧班列运输到我国，拓展了本地市场。

## 二、国内物流服务产业高质量发展的典型案例

### 1. 重庆市：国际物流链畅通带动产业协同滚动发展

重庆地处中国内陆西南部，是长江上游地区的经济、金融、科技、航运和商贸物流中心，也是国家西部物流枢纽之一。从物流产业发展来看，2020 年重庆全市社会物流总额 3.1 万亿元，同比增长 10%，货运量 12.1 亿吨，同比增长 7.7%，社会物流总费用与 GDP 比率降至 14.5%，低于全国平均水平的 14.7%。尤其是重庆市国际物流发展飞速，借助中欧班列（渝新欧）、通过亚欧大陆桥使得国际陆地运输的效率大大提升。随着中欧班列开行规模持续扩大、运输网络不断拓展，重庆市国际货运量和货运值都有明显突破。数据显示，2020 年重庆市中欧班列累计开行已突破 7000 列，当年全市国际货邮吞吐量达到 15.1 万吨，位居西部第一[①]。

同时，国际物流飞速发展带动重庆市产业迅速集聚。渝新欧不仅是开行数量最多、运输货值最大、辐射范围最广的中欧班列，还有极强的产业带动能力。渝新欧班列的建成是为了解决重庆市笔记本电脑产品的出口问题，当前随着中欧班

① 重庆市现代物流业发展"十四五"规划（2021－2025 年）［EB/OL］．重庆市人民政府网站，ht-tp：//www. cq. gov. cn/zwgk/zfxxgkml/szfwj/qtgw/202201/t20220119_10349223. html，2021-12-31.

列规模持续扩大，开始带动重庆市产业集聚迅速发展，加速形成汽车、电子、集成电路等产业集群。尤其近年来，重庆市电子信息产业出口量增长明显，约贡献全市外贸出口增长的1/3。数据显示，2020年重庆笔记本电脑、手机的出口量均居全国前列，并较上年增长迅速。未来重庆市将建设成为内陆国际物流枢纽和口岸高地，持续发挥以物流带动产业，同时以产业带动物流循环累积的正反馈效应。

2. 上海市：以第三方物流为标志的制造业物流推动制造业升级

上海市地处中国东部，是国际重要物流枢纽和亚太物流中心之一。一方面，良好的制造业基础为物流业提供了发展空间。上海是老牌的工业中心城市，其工业产业增加值曾连续近20年保持高速增长，相对成熟的产业基地和工业区建设为物流业高质量发展提供了发展空间。另一方面，现代物流业对制造业升级有推动作用。随着服务业逐步成为上海经济增长的主导引擎，为应对产业结构调整需求，物流产业在其中起到至关重要的作用。上海市推动物流业与制造业联动发展以满足服务经济为主的产业结构，同时满足上海市及周边地区推动制造业升级对现代物流的强大需求。

上海市物流业在服务产业发展上主要有以下举措：第一，产业基地与物流基地协同建设。在建设物流园区时，综合考虑与工业区之间的关联布局是否合理，同时在基地建设中纳入物流增值服务产业，如通过打造钢铁基地大力发展钢铁服务业，并促进物流基地与罗泾散货码头和宝钢物流配送中心的协同发展。第二，创新行业物流发展模式。比如，钢铁业重点发展以加工配送中心为主的钢材物流；电子信息业重点发展以空运为主的国际物流；装备、船舶业重点发展与进厂物流相关的采购和配套服务共性网络平台。第三，重点发展第三方物流。重点培育为特定行业提供服务的社会化、专业化的第三方物流企业，例如石化、汽车、医药、电子、食品等行业。目前，上海市已有A级物流企业47家，其中4A级及以上共有7家。第四，构建行业闭环供应链。例如，加快化工、电子等行业的安全物流和绿色物流发展，促进钢铁、汽车等行业的逆向物流发展。

3. 义乌市：以智慧物流建设商贸服务型国家物流枢纽推动商贸产业发展

浙江省义乌市地处我国东部，作为世界"小商品之都"和国际陆港城市，是我国物流核心枢纽之一。义乌市作为第一批入选国家物流枢纽建设名单的城市，有较长的物流发展历史，现已形成高度发达的物流体系。在义乌市物流产业快速发展的背后，智慧物流建设是助推其成为国家物流枢纽的一大因素。义乌市智慧物流较周边省市更为发达，超过70%的物流企业已实现信息化转型，并且通过积极运用新技术推动物流供应链体系、商业模式实现创新。目前，浙江义乌已实施近 30 个枢纽核心项目、基础道路及配套项目建设，拥有超过 500 家物流企业，其中有近 90 家 A 级物流企业。数据显示，2020 年义乌市商贸货运量达 8585 万吨，其中公路货运量 8334.04 万吨，快递业务量达 71.8 亿件，全国排名第二①。业务收入累计完成 177.5 亿元，同比增长 23.6%，全国排名第二，仅次于广州。

义乌市高度发达的物流产业推动其第三产业高质量发展，尤其是商贸业、批发零售业繁荣发展，使其有世界商贸名城之称。由于 2020 年零售业受新型冠状病毒肺炎疫情冲击较大，2020 年全年义乌市社会消费品零售总额 946.3 亿元，下降 2.8%；批发零售业零售额 870.3 亿元，下降 1.0%，批发零售业零售额约占总零售额的 92.0%；但从历年数据看，义乌市社会消费品零售总额持续增长，从 2015 年的 466.6 亿元上升至 2019 年的 722.6 亿元②。实际上，义乌市小商品城中 90% 以上的商品对外销往全国乃至世界各地，因此完善、发达的物流网络以及高度发达的物流产业为其提供了坚实的基础，让其在商品外销、竞争的过程中更具优势。

### 三、案例启示

从上述案例可以看出，物流产业对于产业高质量发展能起到至关重要的作用，或是以物流产业带动本地产业升级或转型，又或是以物流产业实现产业链延伸、拓展本地市场。推动物流业与其他产业联动发展是实现经济高质量发展的必然选择。无论是以其他产业带动物流业发展，抑或是以物流业带动其他产业发展，应积极引导和发挥物流业与其他产业间的正向效益。

从上述案例可以得出以物流业服务产业高质量发展的成功经验。第一，智慧物流是促进物流服务产业高质量发展的重要推力。科技赋能物流产业顺应了现代物流智能化的发展趋势，智慧物流转变了传统物流业的服务模式，大大提高了物流产业组织化、集约化的程度，提升了供需匹配、资源配置效率，同时也使得物流业与农业、制造业、商贸流通业的联系更为紧密，推动了供给侧结构性改革，优化了全社会的供应链体系。第二，多式联运工程、第三方物流等都是物流产业实现降本增效的有利途径。但其关键还是基于本地的实际产业发展情况，选择因地制宜、适合当前产业发展状况的物流工程及物流管理模式。第三，物流产业布

---

①② 2020 年义乌市国民经济和社会发展统计公报［EB/OL］．义乌市人民政府网站，http：//www.yw.gov.cn/art/2021/3/29/art_1229187192_3829874.html，2021-03-29.

局应将已有产业集群充分纳入考虑。在城市已有产业集群（如工业园区等）的基础上进行物流产业基地布局，尽可能做到协调、协同发展，以构建合理、完善的物流运输网络，尽可能降低物流成本、提高物流产业效率。

## 第三节 贵州物流服务产业高质量发展的实施路径

为推动贵州省产业高质量发展，需进一步优化物流业发展以匹配产业高质量发展提出的要求。本节首先从产业规模、产业结构、产业智慧化、产业效率、产业绿色化、产业布局六个方面对贵州省产业发展状况进行全面分析，总结贵州产业发展特征；其次，从不同维度分析贵州省物流服务产业发展的现状与问题；最后，明确贵州物流服务产业高质量发展的路径。

### 一、贵州产业发展特征

1. 贵州产业规模特征

近年来，贵州省产业规模处于快速增长阶段（见图5-3）。贵州省GDP增速连续十年位居全国前列，2010~2020年，贵州省GDP从4593.97亿元增长到

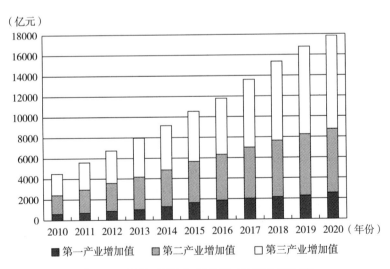

**图5-3 2010~2020年贵州省三次产业增加值**

资料来源：《贵州统计年鉴》（2011~2021）。

17826.56亿元，实现增长约2.8倍。在全球经济遭受新型冠状病毒肺炎疫情冲击的背景下，2020年，贵州省GDP较2019年仍增长4.5%，增速明显高于全国平均水平2.3%，表明近十年间贵州省经济快速增长，产业规模不断壮大。与周边省份相比，2020年四川省、重庆市、湖南省GDP分别为48598.8亿元、25002.79亿元、41781.49亿元，各自较上年同比增长3.8%、3.9%、3.8%，相较而言贵州省GDP增长明显更加快速。

贵州省各产业规模稳速增长。农业从粗放量小向集约规模化转变。全省第一产业增加值从2010年的625.03亿元提高到2020年的2539.88亿元，且2020年较2019年增长6.3%。工业产业规模高速持续扩大。2020年全省工业总产值已达到6211.62亿元，较2010年的1516.87亿元增长超过3倍，且较2019年增长4.3%。服务业产业规模扩大起步晚但势头足。第三产业增加值由2010年的2177.07亿元增加到2020年的9075.07亿元，增长约3.16倍，服务业逐渐成为贵州省经济增长的重要引擎，对经济增长的贡献率逐年递增。同时，特色支柱产业规模持续扩大。2020年，全省战略性新兴产业总产值约为6300亿元，新兴产业增加值约占GDP的9%，较2019年提升了3个百分点。大数据产业、酱香白酒产业、特色新材料产业、现代中药民族药产业、精细磷煤化工产业，对经济发展的支撑作用进一步增强，并且特色支柱产业的规模和影响力在持续扩大。

2. 贵州产业结构特征

贵州省当前整体产业结构呈现"三二一"型。从演进历程来看，贵州省第一产业增加值占全省GDP比重持续大幅下降（从1978年的41.7%降至2020年的14.2%），第二产业波动变化，第三产业显著快速提升（从1978年的18.1%上升至2020年的50.9%）。在经历"一二三"（1978~1991年）、"二三一"（1992~2008年）的产业结构后，自2009年至今，贵州产业结构呈现"三二一"的发展态势（见图5-4）。值得注意的是，贵州省产业目前呈现"三二一"型结构除了第三产业发展突出外，也体现出其工业发展水平较低，尚处于工业化中期阶段。

第一产业从传统产业向特色优势产业转变。2020年，贵州省第一产业以农业为主（约占65%），其次是畜牧业（约占20%）、林业（约占8%）、辅助性活动（约占5%）、渔业（约占2%）。相较于2016年，农业比重上升（由61%上升至65%），畜牧业比重呈下降态势（由25%下降到20%）。蔬菜、水果等高附加值的特色种植业发展迅猛（见图5-5）。贵州省12大特色高效农业，包括茶叶、食用菌、蔬菜、生态畜牧业、石斛、精品水果、竹、中药材、刺梨、生态渔业、油茶、辣椒①；其中，茶叶、辣椒、刺梨、火龙果种植规模位列全国第一。

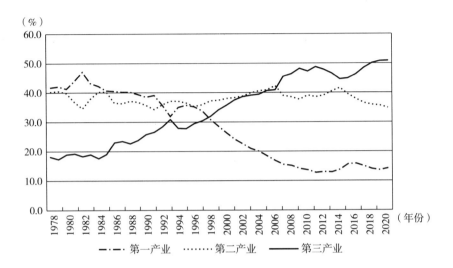

**图 5-4　1978～2020 年贵州省三次产业比重**

资料来源：1978～2005 年数据来自贵州省统计局等《贵州六十年 1949-2009》；2006～2020 年数据来源于《贵州统计年鉴》（2007～2021）。

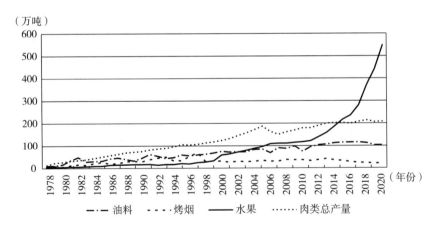

**图 5-5　1978～2020 年贵州省除粮食外其他主要农产品产量**

资料来源：1978～2005 年数据来自贵州省统计局等《贵州六十年 1949-2009》；2006～2020 年数据来源于《贵州统计年鉴》（2007～2021）。

---

① 贵州省人民政府网站，http：//www.guizhou.gov.cn/ztzl/gzsnccygmsegtscy/。

贵州省第二产业的主导工业主要包括煤炭开采和洗选业（2020 年增加值占全省 GDP 的比重为 12.6%），酒、饮料和精制茶制造业（31.2%），烟草制造业（9.2%），非金属矿物制品业（6.9%），电力、热力生产和供应业（11.0%）。从贵州省第二产业发展历程来看，传统支柱行业（煤炭）占比下降，增速放缓；轻工业占比提升，重工业占比下降；新兴产业（中高端制造业）占比大幅提升，增速加快。例如，以大数据为引领的电子信息产业发展迅速，众多国家级数据中心落户贵州。特色优势产业发展突出，以酱香白酒为主的白酒产业工业增加值占全省工业增加值 30% 以上，且自 2010 年至今酒、饮料和精制茶制造业增加值呈直线上升态势，龙头企业带动能力显著增强（见图 5-6）。

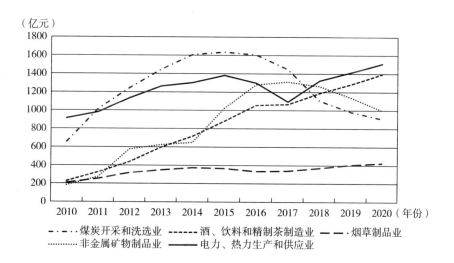

**图 5-6　2010~2020 年贵州省第二产业主要行业增加值**

资料来源：《贵州统计年鉴》（2011-2021）。

第三产业内部结构正向高级化升级。当前服务业仍以传统业态为主，同时旅游业、金融业、软件和信息技术服务等现代服务业发展迅猛（见图 5-7、图 5-8），旅游业在 2010~2019 年呈"井喷式"发展态势；批发零售、住宿餐饮等传统服务业占比下降，但总体而言，传统服务业占比大过现代服务业。金融业、物流业等占比增大，其中以白酒包材产业为一大示范产业；商贸流通业、文化产业、养老服务业等生活性服务业高质量发展；金融业、信息传输软件、信息技术服务业等知识密集型服务业发展迅猛，处于高速增长阶段。

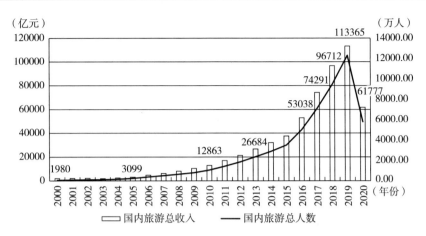

**图 5-7 2000~2020 年贵州省旅游业发展状况**

资料来源:《贵州统计年鉴》(2001-2021)。

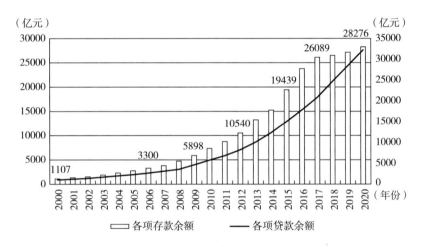

**图 5-8 2000~2020 年贵州省金融业发展状况**

资料来源:《贵州统计年鉴》(2001-2021)。

同时,优势产业发展地位突出。数字经济增速连续六年排名全国第一,大数据集聚效应逐步凸显,形成中国南方规模最大的数据中心集聚区。以贵阳市信息技术服务产业集群为示范的带头引领作用凸显;以酱香白酒为主的白酒产业工业增加值占全省工业增加值 30% 以上,龙头企业带动能力显著增强;现代中药民族药产业逐渐形成品牌效应,销量居全国前列;精细磷煤化工产业总产值突破千亿元,资源禀赋优势突出;新能源及新能源汽车、特色农产品精深加工等产业加速发展。

3. 贵州产业智慧化特征

贵州省将科技创新作为其"十四五"时期推动发展的战略支撑，以科技创新作为其实现经济后发赶超的重要引擎，并通过多方举措着力推进数智产业化、产业数智化，以政策引领和资金支持为贵州省科技创新提供了良好的培育沃土和发展环境，在此背景下其产业智慧发展也取得显著成效。近年来，贵州省电子信息产业发展迅速，逐渐成为战略性支柱产业，尤其是大数据产业发展势头猛。2015 年以来，随着苹果、英特尔、微软等世界知名企业和华为、阿里巴巴、百度、腾讯等大数据互联网企业与贵州省签署合作协议，云上贵州等大数据产业集团成立，大数据基础设施、应用服务等多方面发展越发成熟，众多国家级数据中心包括灾备中心和信息产业项目等都落户贵州，2020 年已建设 5G 基站 2 万个①。

各产业积极借力大数据产业的协同集聚效应，推动产业数智化升级并取得一定成效。农业产业通过建设智慧农业综合管理平台、重点打造"互联网+"农产品出村进城工程等途径助力农业产销与智慧对接，推动农业产业数字化转型；工业产业数字化目前则已呈现高质量发展趋势，通过建设区域级工业公共服务平台，已率先在磷化工、白酒、电子行业和建材等优势领域成功运用，实现信息技术与工业产业深度融合；服务业则利用大数据分析、物联网等关键技术，建设各种网络智能平台，推进服务产业智慧化升级，推动智慧金融、智慧商务、智慧教育、智慧医疗、智慧康养、智慧旅游等发展。2020 年，贵州省平台经济收入已突破 100 亿元。

4. 贵州产业效率特征

产业高效的实质是合理的投入产出比。产业投入上，贵州省近年来不断加大财政投入以支持产业发展。2020 年，贵州省为农业发展投入约 16 亿元专项基金；设立十大工业产业振兴专项基金，投入 7.71 亿元用于支持超过 500 个工业发展项目。另外，产业投资也保持较高速增长，尤其是高技术产业投资。2020 年，全省固定投资较上年增长 3.2%，增速高于全国的 2.9%。全省第一产业投资及高技术产业投资增速尤为突出，分别较上年增长 45.5% 和 10.2%。产业产出稳步提升。贵州省第一产业、第二产业、第三产业都处于高速增长阶段，2019 年第一产业、第二产业、第三产业增加值较 2018 年分别增长 8.3%、5.7%、8.5%；2020 年即使受新型冠状病毒肺炎疫情影响，增速仍分别保持在

---

① 贵州省大数据发展管理局网站，https://dsj.guizhou.gov.cn/zwgk/xxgkml/zdlyxx/zdjsxm/202101/t20210118_66187731.html。

6.3%、4.3%、4.1%。

学界一般采用数据包络分析（Data Envelopment Analysis，DEA）的方法对产业效率进行测算。农业产业效率方面，根据学者已有的研究①，可以发现贵州省2007~2015年农业产业全要素生产率波动上升。但与全国其他省份相比，其周边省（市）如四川省、重庆市的农业产业综合效率均为1，表明农业投入产出有效，农业产业效率较高。贵州省农业产业效率在全国16个总样本地区中位列13位，处于下游，说明贵州省农业效率虽逐年提升但仍然较低。工业效率方面，根据学者已有的研究②，2010~2016年贵州省工业投入产出处于有效水平，并且在长江经济带上工业效率排名靠前。从动态变化来看，贵州省七年间效率变动不大，仍有进步空间。

5. 贵州产业绿色化特征

贵州省通过政策引导、优化产业结构等途径致力于构建贵州特色绿色发展产业体系。自2016年贵州省获批国家生态文明试验区后，贵州省通过颁布一系列政策措施，如《贵州省绿色经济"四型"产业发展引导目录（试行）》《贵州省生态文明建设促进条例》，推动产业绿色化和绿色产业化取得一定成效。根据《中国能源统计年鉴2020》，贵州省"十三五"时期单位地区生产总值能耗下降24.3%，降幅位居全国前列；清洁能源占比52.9%。贵州省政府工作报告表明，贵州省2016~2021年六年间绿色经济占地区生产总值的比重逐年提升（见图5-9），2021年该数值已达到45%，但增速减缓。

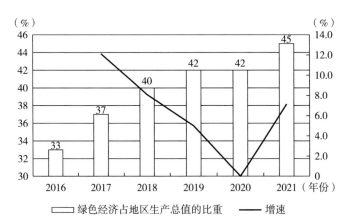

**图5-9 2016~2021年贵州省绿色经济占地区生产总值的比重及增速**

---

① 田建飞. 基于DEA的贵州省农业投入与产出效率研究［D］. 贵阳：贵州大学，2018.
② 王婷. 长江经济带工业效率提升研究［D］. 马鞍山：安徽工业大学，2020.

贵州省在推动各产业高质量发展过程中均践行了绿色低碳理念，各产业绿色化发展取得一定成果。农业绿色化方面，贵州省充分利用其独特的地形气候条件，因地制宜发展山地特色高效生态农业，聚焦绿色食品加工产业发展，以"农业+"的产业融合发展新模式推动贵州省传统农业向新型生态型农业转变，"贵州绿色食品"的形象深入人心。有数据显示，2020年贵州省生态特色食品产业产值达到1400.85亿元，同比增长12%①。工业绿色化方面，煤炭、电力、矿产资源开发、化工等行业的绿色化和清洁生产水平显著提高，从过去依赖化石能源等资源密集型产业向技术密集型、知识密集型产业转移，从高能耗、高污染的粗放型发展模式向高端化、集约化、绿色化转型。截至2022年2月，贵州省已累计培育42家国家级绿色工厂，9个绿色工业园区②。服务业绿色化方面，大力开发全域旅游并着力开发高品质山地旅游，以"绿水青山"造就"金山银山"；大力发展绿色金融等。

6. 贵州产业布局特征

贵州省六个地级市、三个自治州，在结合区位优势、政策引导推动下围绕不同的重点发展产业（见表5-1），产业集聚度不断提升。总体来看，贵州省产业布局大体与城市建设规划相一致，基本以贵阳、贵安新区、安顺为核心发展区，遵义、兴义、毕节等其他中心城市为重要发展节点。在各方努力下，贵州省产业布局越发合理化，区域产业迈向协调发展。在黔中经济区率先发展的同时，西部地区新的产业快速发展，黔北产业加速崛起。

表5-1　贵州省各市（自治州）重点发展产业

| 城市（或自治州） | 重点发展产业 |
| --- | --- |
| 贵阳 | 高新技术产业、现代制造业、现代服务业、现代农业等 |
| 毕节 | 现代服务业、大数据产业、大健康等 |
| 遵义 | 工业（白酒）、中高端制造业、现代服务业、农业等 |
| 铜仁 | 大健康医药业、装备制造业等 |

---

① 贵州省工业和信息化厅. 贵州省"十四五"生态特色食品产业发展规划［EB/OL］. 贵阳市人民政府网站，http://www.guiyang.gov.cn/zwgk/zdlyxxgkx/gyfz/xfpgygl_5740765/202111/t20211130_71837450.html，2021-10-08.

② 工业和信息化部办公厅关于公布2021年度绿色制造名单的通知［EB/OL］. 中华人民共和国中央人民政府网站，http://www.gov.cn/zhengce/zhengceku/2022-01/22/content_5669861.html，2022-01-15.

续表

| 城市（或自治州） | 重点发展产业 |
|---|---|
| 安顺 | 装备制造业、高新技术产业、新型材料业等 |
| 六盘水 | 农业（水果）、现代服务业（文化和旅游业）等 |
| 黔南 | 现代服务业、工业（磷煤化工业）等 |
| 黔西南 | 山地农业、现代服务业（旅游业）等 |
| 黔东南 | 能源、材料、电子信息等 |

产业集群是产业实现集约化发展的必然选择和有效路径。贵州省各产业集群也形成了一定的空间布局特征①。农业产业布局方面，特色农产品加工产业以贵阳、遵义、六盘水、毕节、黔东南、黔南为主要集聚区。工业产业布局方面，主要以打造重点工业园区带动产业集群集聚，大数据电子信息、先进装备制造、信息安全、区块链等电子信息和高端装备制造产业以贵阳—贵安—安顺都市圈为核心区域发展；酱香型白酒产业以遵义市（仁怀、习水）、毕节市（金沙）等赤水河流域区域为集聚区；精细磷化工产业以贵阳市（息烽、开阳）、黔南州（瓮安、福泉）等磷矿资源禀赋区域为集聚区。服务业产业布局方面，2020年贵州省发展改革委认定了11个现代服务业集聚区（见表5-2），具体包括3个综合型生产性服务业集聚区、3个文化旅游服务产业集聚区、4个现代商贸物流集聚区以及1个大健康服务产业集聚区。具体来看，民族制药、健康医药产业以贵阳、安顺、黔南、黔东南、铜仁为集聚区；文化旅游产业则主要聚集在贵阳、六盘水、遵义。

表5-2　贵州省部分产业集群一览表

| 产业集聚区 | 城市 | 产业 | 行业 |
|---|---|---|---|
| 安顺虹山湖文化旅游休闲集聚区 | 安顺 | 现代服务业 | 文化旅游业 |
| 贵阳区块链与大数据创新型产业集群 | 贵阳 | 制造业 | 区块链、大数据 |
| 贵阳贵安信息技术服务产业集群 | 贵阳 | 制造业 | 信息技术服务 |
| 贵阳现代制造业集聚区 | 贵阳 | 制造业 | 现代制造业 |

---

① 贵州省国民经济和社会发展第十四个五年规划和2035年远景目标纲要［EB/OL］.贵州省发展和改革委员会网站，http：//fgw.guizhou.gov.cn/zwgk/xxgkml/ghjh/202102/t20210224_66840750.html，2021-02-27.

续表

| 产业集聚区 | 城市 | 产业 | 行业 |
|---|---|---|---|
| 贵安综保区电子加工贸易产业集聚区 | 贵阳 | 制造业 | 电子加工贸易 |
| 时光贵州文旅服务产业集聚区 | 贵阳 | 现代服务业 | 文化旅游业 |
| 贵阳传化现代物流集聚区 | 贵阳 | 现代服务业 | 现代商贸业 |
| 贵州铁投都拉营商贸物流产业集聚区 | 贵阳 | 现代服务业 | 现代商贸业 |
| 中国硒街现代商贸集聚区 | 贵阳 | 现代服务业 | 现代商贸业 |
| 六枝落别牛角景区文化旅游集聚区 | 六盘水 | 现代服务业 | 文化旅游业 |
| 瓮安工业园综合型生产性服务业集聚区 | 黔南 | 现代服务业 | 生产性服务业 |
| 长顺威远现代商贸物流集聚区 | 黔南 | 现代服务业 | 现代商贸业 |
| 铜仁市新型功能材料产业集群 | 铜仁 | 制造业 | 新型功能材料 |
| 玉屏侗乡田坪康养服务产业集聚区 | 铜仁 | 现代服务业 | 大健康服务业 |
| 习水县白酒产业集群 | 遵义 | 制造业 | 酒 |
| 西和红木产业集群 | 遵义 | 制造业 | 家具 |
| 正安吉他文化产业发展集聚区 | 遵义 | 现代服务业 | 生产性服务业 |
| 中国辣椒城辣椒产业综合服务集聚区 | 遵义 | 现代服务业 | 生产性服务业 |
| 贵州朝天椒产业集群 | 遵义 | 农业 | 农产品 |

## 二、贵州物流服务产业高质量发展的现状

### 1. 物流专业化为产业规模化发展奠定基础

贵州省物流产业综合实力实现显著突破，物流产业规模持续扩大。物流基础设施不断完善，为物流产业规模化提供物质基础与保障；物流主体日益壮大，物流企业做大做强，打造出一系列全省物流标杆企业，如贵阳传化、满帮集团、省现代物流产业集团等，以企业规模扩大带动物流产业规模日益壮大。近年来，贵州省现代物流业保持稳定增长，物流业增加值、货运量与货物周转量均持续扩大。2020 年，全省现代物流业增加值达到 990 亿元，占地区生产总值比重提升到5.6%。此外，快递业务快速增长，2020 年快递业务量达到 2.8 亿件，较 2015 年增加 4 倍，年均增长 32%①。

---

① 2020 年：贵州现代物流业增加值达到 990 亿元［EB/OL］. 多彩贵州网，https：//baijiahao. baidu. com/s? id＝1698561162191597883&wfr＝spider&for＝pc，2021－05－01.

物流产业规模的持续扩大为其他产业规模化创造了基础条件。物流业作为支撑国民经济发展的基础性、战略性、先导性产业，是推动产业规模化发展的重要力量。2010~2020年，贵州省三次产业增加值与交通运输、仓储及邮政业增加值如图5-10所示。由于现代物流业并非标准产业分类，此处用交通运输、仓储及邮政业增加值指代物流业发展规模，以示贵州省近十年物流产业规模的变化情况。可见，物流规模的扩大和专业化为经济增长奠定了基础。

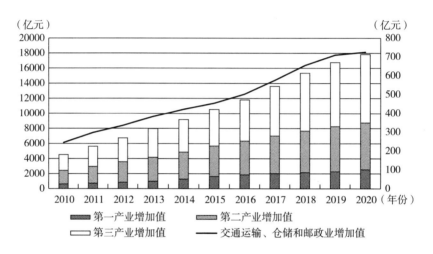

**图5-10 2010~2020年贵州省三次产业增加值与交通运输、仓储及邮政业增加值**

2. 物流特色化突破扩大贵州特色产业优势

特色物流水平提升、物流产业特色化发展服务贵州特色优势产业，助力贵州扩大特色产业优势。第一，以冷链物流服务特色农业。冷链物流体系初步形成，生鲜农产品体量大，农产品冷链物流需求旺盛；为应对持续高位的需求，冷链物流设施服务能力也大幅增强，到2020年底建成冷库1236座，库容突破400万立方米，较2016年底同比分别增长301%和289%，冷库实现县域全覆盖；全省冷链运输车辆达1557辆，较2016年底同比增长281%[1]。第二，以快递物流服务商贸流通业。2020年，贵州省快递业务量突破28156.99万件，其中国内异地快递业务量为23048.95万件（约占总快递业务量的82%），较上年增长约25.1%，跨

---

[1] 2020年：贵州现代物流业增加值达到990亿元［EB/OL］. 多彩贵州网，https：//baijiahao. baidu. com/s？id=1698561162191597883&wfr=spider&for=pc，2021-05-01.

境快递业务量达 50.03 万件，较上年实现增长 125.6%①。贵州省跨境、跨省快递业务快速增长，为实现贵州省对外经济开放提供了流通渠道和基本条件，从而进一步推动服务业升级，实现商贸业高质量发展。第三，国际物流发展与省外物流发展实现突破，促进贵州省经济外向化发展。国际物流推动贵州特色优势产品通达全球多个国家和地区，助力贵州产业经济持续对外开放。通过有序推进"一局四中心"项目建设，贵州省加快建成了国际邮件互换局、国际货运中心、海关监管中心、保税物流中心和国际快件中心，大大提升了国际物流效率；同时中欧班列的运行为国际物流提升提供了重要交通渠道，发行车次正呈倍速增长。

3. 物流智慧化升级联动产业智慧智能发展

贵州省借力大数据产业集聚效应在传统物流智慧化升级改造上取得了一定成效。信息化作为物流智慧化的核心问题，对智慧物流发展至关重要。近年来，贵州省物流信息化水平不断实现突破，大于 95% 的物流企业已实现信息化。目前已建成了多个智能及现代物流园区。贵州省政府及各地级市政府也通过出台相关优惠政策以扶持物流企业智慧化升级，具体包括《贵州省贯彻落实〈物流业调整和振兴规划〉工作方案》《贵阳市物流园区中长期发展规划》等，为企业的智慧物流配送提供资金扶持，贵阳市政府提供了超 3000 万元的资金补助；贵州省农业农村厅等多部门发布《贵州省"互联网+"农产品出村进城工程实施方案（2021—2025 年）》积极推进"互联网+"农产品出村进城工程建设，都为智慧物流发展营造了良好的发展环境。

随着科技不断发展，科技创新赋能贵州省物流产业智慧化水平显著提升。贵州省智慧物流关键核心技术研发取得重大突破，科技攻关 220 余项，获省部级以上科学技术奖 38 项。物流智慧化带动全产业链智慧智能发展。

4. 物流业降本增效推动产业高质高效发展

物流社会成本方面，近年来贵州省物流成本逐年下降，物流费用占地区 GDP 的比重也显著下降。数据显示（见图 5-11），2020 年贵州省物流总费用约为 2763.1 亿元，占 GDP 的 15.5%，较 2019 年的 16.0% 相比下降 0.5%；但与全国平均水平的 14.7% 相比仍较高。与周边省（市）相比也明显较高（见表 5-3），2020 年四川省、重庆市、湖南省社会物流总费用占 GDP 的比值分别为 14.9%、

---

① 2020 年贵州省邮政行业发展统计公报［EB/OL］. 贵州省邮政管理局网站，http://gz.spb.gov.cn/ gzsyzglj/c100062/c100149/202105/32ca070209b04658861b8328d18d1477. shtml，2021-05-24.

14.5%、14.7%。

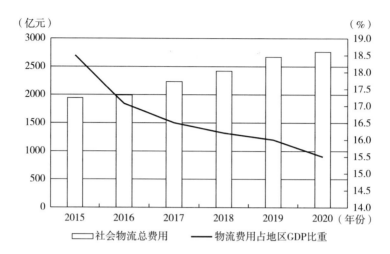

图 5-11　2015~2020 年贵州社会物流总费用及其占 GDP 比重

资料来源：重庆市现代物流业发展"十四五"规划（2021-2025 年）［EB/OL］.重庆市人民政府网站，http：//www.cq.gov.cn/zwgk/zfxxgkml/szfwj/qtgw/202201/t20220119_10349223.html，2021-12-31.

表 5-3　2020 年贵州及其周边省（市）社会物流总费用

| 省（市） | 社会物流总费用（亿元） | 社会物流总费用占 GDP 比重（%） |
|---|---|---|
| 贵州 | 2763.1 | 15.5 |
| 四川 | 7273.8 | 14.9 |
| 重庆 | 3618.0 | 14.5 |
| 湖南 | 6141.9 | 14.7 |
| 全国 | 149000.0 | 14.7 |

资料来源：各省（市）统计年鉴、政府工作报告。

目前贵州省已通过多方举措降低物流成本，并取得一定成效。贵州省人民政府及相关职能部门通过出台《贵州省进一步降低物流成本若干政策措施》《贵州省降低绿色农产品冷链建设成本若干政策措施》《关于降低企业物流成本的若干措施》等系列政策文件，多方面为降低物流成本献力；同时，通过更改高速公路收费标准等具体举措大力推动其物流产业降本增效。数据显示，2020 年贵州省收费公路共减免车辆通行费 86.7 亿元，其中鲜活农产品运输"绿色通道"政策减免 5.3 亿元①。物流业降本增效促进各产业高质高效发展。

5. 物流绿色化深入融合产业绿色低碳发展

近年来，贵州省通过加强绿色物流基础设施建设、加深绿色物流技术应用等途径推进物流产业的绿色化。例如，贵州省通过加大新能源电动物流车的使用，在降低物流运输成本的同时提高生态效益；在快递物流园区内使用循环袋等绿色物流包装；在物流网点配置回收装置等。上述举措也让贵州省在减少物流业碳排放和能源浪费上取得一定成效。根据已有学者的研究，2010~2018 年贵州省物流业平均碳排放量位于全国 31 个省份（不含港澳台）的第 23 位，与周边省（市）相比，低于四川省、湖南省、重庆市②。

贵州近年来部分市州在发展绿色物流上取得突出成效。铜仁市独具"铜仁特色"的绿色物流发展路径使其成为贵州省唯一入选全国 22 个绿色货运配送示范工程创建的城市。具体来看，铜仁市通过拟定《铜仁市绿色货运配送车辆管理实施细则》《铜仁城市绿色货运配送示范工程建设的支持政策》明确了绿色货运配送车辆的管理细则，并为绿色货车购置与运营提供财政补贴及奖励；通过设置"绿色货运配送车辆专用停车位"对绿色配送车辆靠停装卸作业规定进行优化；通过积极引导以新能源车辆开展城市绿色货运配送业务，并积极完善新能源运输车辆的相关配套设施建设；通过绿色货运配送公共信息服务平台建设等途径极大推进了城市绿色货物配送工程建设，贯彻落实了物流绿色化发展要求。

6. 物流产业布局优化带动产业布局合理化

贵州省物流网络布局不断优化，推动其他产业空间布局优化。近年来，贵州省不断完善其物流空间网络体系，逐步形成"一核驱动、两轴拓展、四区集聚、多点支撑"的产业空间布局。"一核驱动"指以贵阳市为贵州省物流中心；"两轴拓展"指以贵阳、遵义为重要节点城市，与周边省（自治区、直辖市）协同发展；"四区集聚"则指黔西北物流集聚区、黔东北物流集聚区、黔东南物流集聚区、黔西南物流集聚区。"多点支撑"是指要充分发挥湄潭县、金沙县、威宁县、玉屏县、德江县、龙里县、盘州市、福泉市、光仁市等物流节点基础支撑作用。目前已经初步形成产业集聚合力且对外辐射能力持续增强。

贵州省致力于优化"一核两极四节点"的物流业空间总体布局，以服务新型工业化、农业现代化、服务业产业化的发展需要。同时，政策引导、鼓励物流

① 2020 年贵州省收费公路统计公报［EB/OL］. 贵州省交通运输厅网站，http：//jt.guizhou.gov.cn/xxgkml/ztfl/jttjxx/tjgb/202110/t20211027_71313123.html，2021-10-27.

② 徐卫赣. 低碳背景下我国省域物流业碳排放效率评价研究［D］. 无锡：江南大学，2021.

企业聚焦各产业集群,聚焦贵阳、遵义、安顺等装备制造产业集聚区;聚焦遵义仁怀、习水、汇川、毕节金沙等白酒产业集聚区;聚焦毕节、六盘水、黔西南等煤炭产业集聚区;聚焦贵阳修文、六盘水水城、铜仁松桃等金属材料产业集聚区等。

### 三、贵州物流服务产业发展存在的问题

当前,贵州省物流业还存在发展较为滞后、运输模式单一、数字技术落后、成本过高、粗放发展以及空间配置不合理等问题,与现阶段产业规模不断扩大、产业结构逐步高级、产业发展逐步智能、产业效率逐步提升、产业逐步低碳化和产业的合理布局之间不相匹配。

1. 物流业发展滞后与产业规模速度不匹配

贵州省物流业发展综合水平较为滞后。一方面,贵州省物流业与相关产业发展的综合环境,落后于贵州省整体经济和社会发展的速度。现阶段,贵州省物流业的基础设施建设、社会管理模式、税收征管模式等发展都较为缓慢,公平开放、规范有序的物流市场还未形成。另一方面,物流业与相关产业的联动性不足,既无法达到物流高级专业化水平,又造成了生产效率的低下。以制造业为例,贵州省大部分制造业企业都是独自承担物流活动,如生产物流、采购物流、回收物流等①,不仅导致业务分散,还增加了企业的运行成本,无法形成规模经济。

同时,贵州省物流业的整体创新能力较弱,相比于正在迅速发展的大数据、电子商务等新兴产业而言,其创新活跃程度较为滞后。对于物流主体而言,整体上缺乏创新动力,其商业创新模式、组织创新模式、科技创新能力、管理创新水平等都较为滞后,且研发投入低,相较于农业、工业、服务业和特色支柱产业而言,物流业亟待加快进入"创新驱动"的发展新阶段。

近年来,贵州省各产业规模虽然呈不断扩大的态势,但物流专业化和创新不足,使其无法为农产品提供专业化的供应链传送服务,也无法满足工业产业园区、经济开发区、高新技术区等产业规模集聚区较大的物流需求,从而导致贵州省物流业始终滞后于其他产业的规模发展速度,更是在一定程度上制约了贵州省制造业、金融业、农业、服务业等其他产业变大变强。

2. 物流运输模式与产业结构高级不匹配

现阶段,贵州省的物流运输模式仍存在运输设施总量不足、运输方式单一、

---

① 蒋莉莉. 贵州物流业的产业关联分析［D］. 贵阳:贵州财经大学,2014.

运输结构不合理等问题。以冷链物流为例，贵州省的冷库和冷链运输车较周边省份而言，总量较少，且其中一半以上都集中在贵阳市，其他市州的冷藏运输设施拥有量少。冷链运输车基本都是 4.2~9.6 米的规格，并不适合承担长距离的冷藏运输，很难从运输设施的配置上保障冷运过程的不断链。同时，由于贵州省水路通航能力有限，与长江航道、广西北部湾联通性受限，因此，贵州省货物运输主要以公路运输为主、铁路运输为辅，水路运输较为匮乏，甚至可以忽略不计。从图 5-12 可以看出，贵州省公路货运量呈逐年上涨的趋势，铁路货运量基本保持平稳，但呈逐年下降的趋势，水路货运量则极为匮乏。

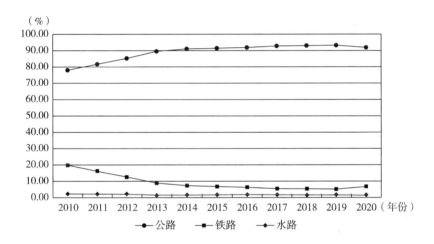

图 5-12　2010~2020 年贵州省公路、铁路、水路货运量占比

资料来源：贵州省统计公报。

由于贵州省农村地区道路、基础设施等条件较差，农村和城市物流配送体系存在较大差距，导致贵州省城乡之间的物流运输结构不尽合理。目前贵州省大部分的农产品物流园还属于传统的批发市场，主要的物流运输结构为：产地—产地批发市场—销地批发市场—零售商（顾客），这种运输结构不仅会导致流通环节复杂，而且中间的转运环节还会产生其他物流活动，导致产品的损坏率大幅度提升，无法满足新型城镇化对现代物流的需求。

贵州省属于输入型城市，产业结构较为简单，且向外输出的主要是以农产品为主。然而，贵州省物流模式与其产业结构并不匹配。一方面，运输设施的供给能力无法服务于产业结构的发展，贵州省的冷链供给能力滞后于农产品流通的需求，与其迅速发展的农村脱贫产业不相适应。另一方面，不同农产品对于物流包装、储存、运输等环节的需求不同，但贵州山区的物流运输模式目前还以传统的公路运输、常温物流为主，冷链运输发展较慢，造成生鲜农产品的损耗大，直接制约了农产品物流模式的形成与发展①。

3. 物流数字技术与产业智能智慧不匹配

由于经济发展水平、技术管理水平等方面不及中、东部地区发达，贵州省智慧物流产业还处于相对传统的阶段。一是贵州省物流产业的信息整合能力较差，在物流配送过程中仍存在大量使用人工作业的情况，比如手工票据、人工装卸货物等。二是贵州省物流产业的公共信息交换平台较为缺乏，各物流企业之间无法做到信息的及时沟通和资源共享。三是在物流管理模式上也还未形成完整的局域网络，无法及时跟踪货物和获得配送信息，在一定程度上阻碍了物流服务的质量和运行效率。

此外，贵州省数字技术的普及存在很大的空间差异，只有在较大的中心城市现代化的物流信息技术较为普及，或是建设数字化的物流运营中心等。对于基层一线的物流运营点而言，物流信息化覆盖程度很低，省内县一级全自动信息化的物流集散中心、专业信息化的物流园区、物流企业等数量较为匮乏，缺少必要的硬件支撑。同时，物流企业、物流人才的信息处理、技术管理等手段等都不够先进，缺少如卫星定位系统（GPS）、物流采购管理（MRP）、企业资源管理（ERP）等的物流管理软件，信息技术实践应用层次偏低，软实力还有待提高。

尽管现阶段贵州省大数据产业发展势头迅猛，以大数据为引领的电子信息产业发展迅速，但物流信息技术应用的滞后也在一定程度上制约了物流产业与其他产业的联动发展。具体而言，一是物流配送效率低下，信息整合能力不够，导致了物流产业无法与农业、工业产业加速数字化转型的趋势相匹配。二是物流公共信息交换平台滞后于其他产业智慧综合管理平台的发展，导致各产业、企业之间无法实现信息共享和有效对接。三是物流技术型管理人才的缺乏，也是阻碍贵州服务产业智慧化升级的主要因素之一。贵州省智慧物流产业链的不完整，智慧物流设备、系统、企业、平台以及数据底盘的不完善，都是制约产业智能升级的重要原因。

4. 物流成本过高与产业高质高效不匹配

目前，由于经济结构、物流企业管理水平、制度性成本等多种因素的影响，

---

① 宋山梅，任晓慧，李桥兴. 贵州特色农产品物流发展模式研究［J］. 广西民族大学学报（哲学社会科学版），2018，40（3）：154-160.

贵州物流的整体效率较低，和总体服务产业水平仍有差距。相关数据显示，2020年贵州省全社会物流总额占全省 GDP 的比重为 15.5%，与全国 14.7% 的物流成本平均水平相比，处于较高水平。社会物流总额与国内生产总值的比例作为衡量社会物流成本水平的重要指标，能够从宏观层面集中体现出该地区的物流发展水平和运作效率，即物流成本过高在一定程度上导致了贵州省物流整体效率的低下。

从社会物流总费用的构成来看，管理费用是影响贵州物流成本过高的核心和关键，管理费用的占比充分反映出贵州省在物流企业管理水平、组织水平和服务能力方面的不足。对于贵州物流企业而言，小企业众多、大企业较少，缺少行业中"领头羊"性质的重点企业，总体存在"小、乱、差"的问题，各企业之间缺乏相互合作，难以实现合理的分工和有效的衔接，在运输过程中时常出现重复运输、返程空载等现象，也在一定程度上增加了物流成本。此外，贵州物流成本过高还在于对物流成本控制意识的淡薄，大多数物流企业并未设立专门的部门和人员对物流成本进行监控，且企业对于物流成本的核算大多都停留在运输成本或者对外支付的费用上，往往忽略了很大一部分的隐形物流成本。

在经济发展的过程中，物流成本支出占据了社会总支出的很大比例，一定程度上制约了经济发展。物流成本过高导致的物流效率低下不仅会增加全社会的物流费用，还会导致产品周转慢、资源资金占压严重等问题，对环境、能耗、交通基础设施等也会产生巨大的负面影响。物流效率低下还会导致相关产业发展缓慢，难以适应现代化产业追求动态运作和快速响应的要求。此外，由于物流资源的整合利用、实施成本都相对较高，相关产业与物流产业在不同程度和不同层次上都普遍存在着效率低下的矛盾。在贵州大力发展新型工业化、新型城镇化、农业现代化、旅游产业化"新四化"的背景下，居高不下的物流成本已然成为影响贵州产业高质量发展的短板和痛点。

5. 物流粗放发展与产业绿色低碳不匹配

物流业既是能源消耗大户，也是排碳大户。由于贵州省复杂的地形地貌特征，导致其物流业整体呈现"小、散、弱"的状态。近年来，随着快速发展的地区经济及物流基础设施投资等，带动了当地物流业的发展。但目前来看，贵州省物流业整体上仍未摆脱粗放发展的模式，绿色物流在实施过程中受到了一定程度的影响。根据相关数据显示，2020 年，贵州省单位 GDP 二氧化碳排放为 1.2吨/万元，是全国平均水平的 1.2 倍。贵州省物流业的发展在一定程度上造成了能源消耗和环境污染。

一是绿色物流意识较差。一方面，对于绿色物流的相关政策和监管力度较为欠缺，物流活动相关的行业和部门多是自成系统，缺乏前瞻性和互动性；另一方面，物流企业缺乏绿色低碳的物流管理理念，并没有认清绿色物流的本质意义，对于物流消费者而言，绿色环保意识不强，参与度低，导致绿色物流的生产经营与生态文明和可持续发展理念相背离。二是物流运输方式过于传统，不合理运输、过度包装等问题仍然存在，在一定程度上造成了城市交通压力和资源能源的浪费。三是绿色物流技术落后，设备投入力度不足，资源能源利用效率低下，难以支撑物流的绿色化发展。四是绿色物流人才短缺，贵州省人才吸引力与发达地区相比处于劣势，且由于教育资源有限，贵州省对物流人才的培养水平偏低，缺乏从事物流行业的高层次人才和管理人才。

贵州省在推动各产业高质量发展过程中均践行着绿色低碳理念，2016～2021年，贵州省绿色经济占地区生产总值的比重在逐年提升。然而，由于绿色物流意识与产业低碳发展理念不匹配、无效运输和过度包装等问题突出、绿色物流技术和设备落后、绿色物流人才缺失严重、循环物流、逆向物流发展滞后等问题，使贵州省物流业仍未摆脱粗放发展的现状，导致物流业的绿色低碳化落后于相关产业的可持续化发展。

6. 物流空间配置与产业合理布局不匹配

从整体地域空间来看，贵州省现阶段的物流空间布局不完善，物流枢纽分布不均衡，与产业空间不匹配。贵州省现有的铁路专用线多建在老旧的厂矿企业附近，地理位置偏僻，利用率低；铁路货场少且分散，离城区或主干道远；连接铁路货站或水路码头的公路不通，路况也较差。对于物流主体而言，贵州省物流园区的用地布局缺乏系统规划，物流企业的用地格局也相对固化，传统物流企业和大型企业拥有大量的土地资源，中小型物流企业和新兴物流企业则需要向物流平台租赁土地。然而，传统物流企业容易挤占新兴物流企业的用地空间，造成土地利用粗放低效。同时，大型企业圈地还容易推动租金上涨，使得物流企业成本加重，尤其是在仓储资源稀缺的城市中心地带。

对于农产品生产地的农村地区而言，随着农村经济的快速发展和农民消费的升级，对下乡配送物流的需求也在逐步增长。同时，农产品的个性化、品牌化发展也使得城市居民对生鲜农产品的物流要求越来越高。这些因素也推动着城市物流配送网络向农村地区的延伸。然而，由于贵州省农村地区基础设施较差、道路交通不便、网通通信较差、地域广阔、人口分散等问题，导致农村物流发展缓慢，城乡物流在组织空间上脱节严重，大部分快递配送网络只覆盖到市级和县级地区，而乡、镇、村地区则难以到达，无法实现物流资源的合理配置。此外，贵州省大多数物流企业与工业企业的空间分布距离较远，导致工业产品的流出和生产性物质材料的流入缺少配套服务设施和完善的物流流通体系，在一定程度上抑制了工业的快速发展。

由于物流产业自身特殊的服务性质，其本身的地理分布状况会在一定程度上决定其他产业的空间布局情况。近年来，贵州省虽然不断完善其物流空间网络体系，但贵州省物流产业的空间配置与相关产业的布局仍存在一定的错位性。物流枢纽建设与相关产业集聚区距离较远，无法很好地服务贵州省新型工业化、农业现代化、服务业产业化的发展需求。且除贵阳市外，其他市（地州）的物流空间配置仍处于初级阶段，与整体上需形成"一核两极四节点"的物流业空间总体布局而言，还有一定差距。

**四、贵州物流服务产业高质量发展的路径**

1. 规模集聚要求物流专业化

产业规模集聚发展要求物流产业专业化，以高水平、专业化的物流服务产业规模提升。通过加强物流平台建设，加强多式联运工程建设，完善物流基础设施，强化物流业保障措施等途径，拓展物流服务广度；通过应用新技术、新模式完善现有物流体系，提升物流服务精度。例如，为农产品提供专业化供应链递送服务：加快完善冷链物流专业化程度以更好地满足农业规模化需求，以新技术、新模式应对日益扩大的生鲜农产品流通规模；为满足工业产业园区、经济开发区、高新技术区等产业规模集聚区较大的物流需求，聚焦建设与产业规模集聚需求相匹配的专业化物流中心和园区等。

2. 结构高级要求物流特色化

产业结构高级化发展要求物流产业特色化，以特色化、个性化的物流服务产业结构优化。第一，特色农业发展要求推动冷链物流体系建设。大力发展水果、蔬菜等特色农业需加快建设冷链物流体系，推动畜牧业高质量发展需完善现代化畜牧业物流体系。第二，制造业高质量发展要求推动工业物流体系建设。推动制造业物流融合发展，要求智慧物流、组合化物流、第三方物流等；尤其关注白酒物流、卷烟物流、煤炭物流等主导产业物流体系建设。第三，服务业高级化建设要求推动高效快递体系建设。将商贸运至全国各地要求具备完善的物流配套网络体系，完整的物流网络有利于拉长服务业产业链。第四，外向型产业体系建设要求推动国际物流体系建设。为了将贵州省特色优势产品向全球销售，提升经济发

贵州交通设施优势转化为物流成本优势研究

展的对外开放程度，要求发展国际物流（如航空货运业）、国内异地物流体系建设。

3. 智能智慧要求物流智慧化

产业智能智慧发展要求物流产业智慧化，以数字化、智能化的物流服务产业高质量发展。推动物联网、定位系统、云计算、大数据等先进的信息技术应用于物流产业，推进物流基础设施智慧化转型、物流装备智慧化升级；建设完善交通运输物流公共信息平台发展，进一步加快智慧物流发展，同时充分利用智慧物流推进物流业与农业、制造业、商贸流通业的紧密联系，推动供给侧结构性改革以促进产业高质量发展。总体而言，要通过在物流产业全链条中提升智慧化水平。第一，在上游行业（包括仓储地产、基础设施、软件设备）中加强对智能物流设备、智能基础设施的研发和实地应用。第二，在物流行业（包括运输、仓储、管理服务）中通过智能物流信息平台的建设实现智能信息追踪、智能配货调度、管理智能化等。第三，在下游行业（包括钢铁、煤炭、医药等多行业）中加强产品质量智能认证和追溯系统建设。

4. 高质高效要求物流高效化

产业高质高效发展要求物流产业高效化，以低成本、高质量的物流服务产业高效化。作为社会经济成本的核心构成，物流产业降本增效对其他产业高效化发展尤为重要。物流业作为服务业，具有劳动密集型行业所具有的特征，即在产业运作全流程中消耗大量的人力和物力，导致成本过高，成为物流业降低成本、向高效化转型的一大难题。产业高质量发展中要求高质高效发展，也正要求着物流产业降本增效，要对物流全产业链进行整体优化、全局考虑，包括在供应链、仓储、配送网络、包装等各个方面降低物流制度成本、提升物流设施运行效率、提升物流企业运营效率。

5. 绿色低碳要求物流绿色化

产业绿色低碳发展要求物流产业绿色化，以绿色低碳、可持续的物流服务产业绿色化。绿色低碳的产业发展目标对物流产业提出了"高效、和谐、持续"的发展要求，要求物流产业向绿色、节能方向改造升级，综合考虑物流业发展的经济效益、社会效益和生态效益，要求加快推进绿色物流发展。为此，需要通过鼓励绿色物流基础设施改进、模式创新、加强新技术运用等方式，在物流包装、运输、仓储、装卸搬运、流动加工、回收等物流产业全链条中全面贯彻绿色、低碳理念，减少各项物流活动中的污染排放，提升物流产业绿色、可持续发展能力，从而助力其他产业的绿色低碳发展。

· 148 ·

6. 布局合理要求物流集约化

产业布局合理化发展要求物流产业集约化，以区域集聚、网络布局合理的物流服务产业布局合理化。产业集聚会带来规模集聚效应，经济主体、生产要素在空间上集聚，对企业间沟通交流、提高效率有着重要作用，进而会辐射区域产业发展，因此高质量的产业发展要积极利用产业布局产生的空间溢出效应。物流产业在更大程度上依赖交通网络分布，故而要求物流产业向集约化发展，以物流产业合理布局服务其他各产业的空间布局。在物流基础设施、物流企业分布等方面落实空间集约理念，以充分发挥区位交通优势、发挥物流产业的空间集聚效应，促进区域产业高质量发展。

# 第六章　以交通物流促进贵州农业现代化和乡村振兴

　　贵州经济发展起步比较晚，乡村振兴的任务较为繁重，在我国西部地区具有典型性和代表性。近年来，贵州形成了"以交通设施带动物流，以物流服务产业发展"的乡村振兴有效路径，其发展经验对全国很多地区具有重要启示意义，很多方面可借鉴、可推广。以大数据融合为核心，推动交通运输行业的转型升级，提高工作效率和服务质量，加快贵州交通物流的发展，有利于全面推进贵州农业现代化和乡村振兴，助力农业高质高效、乡村宜居宜业、农民富裕富足。

## 第一节　贵州交通物流情况

　　当前，贵州加快农村交通物流配送体系建设，市、县、乡三级物流体系初步形成，使农民的生活质量得到了有效保障。探讨乡村振兴战略下贵州农村物流配送体系建设具有重要的现实意义，有利于逐步改善民生，实现共同富裕。

### 一、交通运输建设情况

　　1. 公路建设成效显著

　　贵州现已建立以高速公路为主骨架，国省道及重要县乡道干线公路为支撑，农村公路为补充的公路交通网络，公路交通布局日益完善。截至 2020 年底，贵州省公路总里程达 20.67 万千米（见表 6-1），高速公路总里程达 7607 千米，排名全国第4位①，省际通道累计达22个，总里程跃升至全国第五位、西部第三位，综合密度位列全国第一。截至2020年底，普通国道二级及以上比例达80%，较"十二五"末提升29个百分点；普通省道三级及以上比例达40%，较"十二五"末提高7个百分点②。

**2. 铁路建设逐渐成熟**

截至2020年底，贵州省铁路营业里程3900千米，比2019年增加2.63%（见表6-1）。2021年，贵州省重大工程项目中，在铁路交通基础设施方面，续建铁路项目3个，新建项目4个，预备项目2个③。

**3. 水路建设更加完善**

截至2020年，贵州省内河航道里程4000千米，比2019年增加5.26%（见表6-1），其中高等级航道突破1000千米，新增航道里程294千米④，加快形成北入长江、南下珠江的水运大动脉。

表6-1　近五年贵州省主要运输线路长度　　　单位：万千米

| 交通类型 | 2016年 | 2017年 | 2018年 | 2019年 | 2020年 |
|---|---|---|---|---|---|
| 铁路营业里程 | 0.33 | 0.33 | 0.36 | 0.38 | 0.39 |
| 内河航道里程 | 0.37 | 0.37 | 0.37 | 0.38 | 0.4 |
| 公路里程 | 19.16 | 19.44 | 19.69 | 20.47 | 20.67 |

资料来源：国家统计局网站（http://www.stats.gov.cn/tjsj/）.

**4. 客货枢纽成效明显**

截至2020年底，全省各市（州）至少有1个一级客运站，实现二级及以上公路客运站县级覆盖率达到96%，客运站乡镇覆盖率达到95%⑤。货运枢纽（物流园区）方面，已建成3个货运枢纽（物流园区）项目。如图6-1、图6-2所示，贵州省客货运输主要以公路运输为主，铁路运输其次，水路运输最少，仍有

①　贵州举行《贵州省进一步降低物流成本若干政策措施》新闻发布会［EB/OL］.中华人民共和国国务院新闻办公室网站，http://www.scio.gov.cn/xwfbh/gssxwfbh/xwfbh/guizhou/Document/1703485/1703485.htm，2021-04-30.

②④⑤　"十三五"交通运输规划执行情况［EB/OL］.贵州省交通运输厅网站，http://jt.guizhou.gov.cn/xxgkml/ztfl/ghjh_16064/zxgh/202109/t20210922_70490511.html，2021-09-22.

③　2021年贵州省重大工程和重点项目名单［EB/OL］.贵州省发展和改革委员会网站，http://fgw.guizhou.gov.cn/zwgk/xxgkml/zdlyxx/zdxmjs/zdxmmdjgcb/202102/t20210226_66870696.html，2021-02-26.

进步空间。

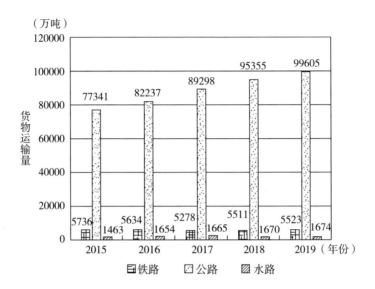

**图 6-1　2015~2019 年贵州省货物运输量**

资料来源：《贵州统计年鉴》（2016~2020）。

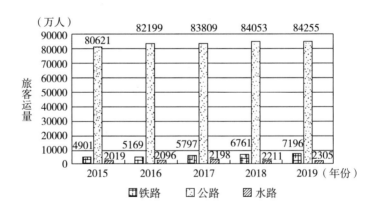

**图 6-2　2015~2019 年贵州省旅客运输量**

资料来源：《贵州统计年鉴 2016》《贵州统计年鉴 2020》。

## 专栏1：贵州快递物流集聚区迅猛发展

贵州快递物流集聚区位于贵州省黔南州龙里县，与省会贵阳及周边省市紧密连接，交通完善，区位优越，拥有得天独厚的公路、铁路综合立体交通区位条件，先后获得了"中国物流实验基地""贵州物流集散中心示范工程""贵州省商贸物流标准示范项目（农副产品物流配送）"等国家级和省级授牌。该集聚区的主要产业包括快递物流分拣集散、仓储资产租赁、冷链物流等。截至2021年10月，已入驻46家快递物流、仓储配送企业，已投入运营38家①：主要以"三通一达"（中通、圆通、申通、韵达）、顺丰、邮政、百世、德邦、贵州极兔、天猫等电商仓配一体化企业，以及仓储物流地产企业、冷链仓储物流配送企业和大型商贸市场企业。除快递物流及商贸产业的发展，还带动了特色小镇旅游产业以及大健康产业的发展。

### 5. 农村公路取得实质突破

贵州省"四好农村路"建设具有三大"最"特征，即建设速度最快、保障最优、发展效果最好。"十三五"时期，全省完成投资1292亿元，新改建农村公路6.86万千米、建成通组硬化路7.87万千米，农村公路通车里程达17.3万千米，实施危桥改造1349座、安防工程7.96万千米②。新增5619个建制村、4071个撤并建制村通硬化路，新增4130个建制村通客运，在西部地区率先实现"两通"目标，提前三年完成交通运输脱贫攻坚兜底性任务③。推进城乡一体化示范建设，改善农村客运公共服务均等化水平，减少农村客运的平均等候时间。

---

① 快递物流园里见证"贵州速度"［N］. 贵州日报，2021-10-18（2）.

② 贵州省人民政府新闻办召开贵州"四好农村路"助推乡村振兴情况新闻发布会［EB/OL］. 贵州省交通运输厅网站，http://jt.guizhou.gov.cn/xwzx/xwfb/202201/t20220112_72296475.html，2022-01-12.

③ 不负重托感党恩  不辱使命促跨越 | 省第十二次党代会以来贵州公路基础设施加快成网［EB/OL］. 贵州省公路局网站，https://glj.guizhou.gov.cn/xwzx_500473/yw/202204/t20220425_73628963.html，2022-04-25.

### 二、"数字"交通运输建设情况

1. "互联网+"交通运输服务成效显著

农村客运智能服务水平全国领先，贵州省率先建成农村客运智能服务平台"通村村"，其农村客运智能服务在全国处于领先水平；构建交通服务平台，实现互联网售票，开通多种网上售票渠道，值得一提的是创新性地采用BOT模式引进贵州大迈科技有限公司，目前，全省一级、二级客运站覆盖率达到100%，提供汽车客运信息查询1500余万次，道路客运二类以上班线联网售票覆盖率达到39.5%。在全国率先实现ETC的推广和发行，应用大数据技术进行了创新，实现了全省ETC的跨省发行，ETC用户数达256万，收费站ETC车道覆盖率达100%，进一步推广ETC业务；建成贵州省交通运输物流公共信息平台，交易数据达888万条、订单数据超过20万条，对试点无车承运人进行了有效的监督，为行业的物流决策提供了强有力的支持①。

2. 交通运输大数据应用广泛

通过对项目的实施情况进行精准的跟踪和监督，构建了"四好农村路"综合管理平台，工程建设实现精细化跟踪监管，利用高分遥感技术和业务数据对近4万个"组组通"项目实施全过程的动态监测与精细管理，节约财政资金68亿元②，有效地提高了项目工程质量；政府的服务体验更具亲和力，建成智能网络服务平台，实现了100%的政务服务；引导社会资本广泛参与贵州交通物流基础设施建设，首创PPP模式创建行业第一家高速数据业务公司；加大对农村偏远地区的政策倾斜，实现精准扶贫定点车辆的快速、免费通行。

### 专栏2：美国的新基建（NII）

智慧物流遍布全球，物流网络使得农业、制造业、商贸流通业等各种实体产品的流通得到了充分的融合，智慧物流已逐渐成为连接经济、社会

---

① 不负重托感党恩 不辱使命促跨越贵州省第十二次党代会以来贵州公路基础设施加快成网［EB/OL］.贵州省公路局网站，https://glj.guizhou.gov.cn/xwzw_500473/yw/202204/t20220425_73628963.html，2022-04-25.

② 贵州省"十四五"数字交通发展规划［EB/OL］.贵州省交通运输厅网站，http://jt.guizhou.gov.cn/xxgkml/ztfl/zcfg/gfxwj/202201/t20220128_72435899.html，2022-01-27.

生态体系的基础支持。1992 年，美国提出建设美国国家信息基础结构（NII），作为美国发展政策的重点和产业发展的基础。1993 年，美国政府正式宣布将 NII 建设计划作为国家发展战略，标志着美国新基建正式启动。美国新基建也深深影响了中国，根据国家发展改革委的界定，新基建主要包括三个方面内容：信息基础设施、融合基础设施、创新基础设施。其中，智慧物流成为新基础设施发展的重要内容。随着新技术革命的浪潮，以大数据、云计算等技术成果与移动互联、万物互联相结合，数字物流的作用越来越显著，多措并举积极发展智能物流和智能供应链。

### 三、贵州物流发展情况

1. 货物运输成绩突出

"十三五"时期，贵州省物流总额仍将保持稳定、高质量的发展态势。物流产业在区域总产值中的比重为 5.7%，占服务业增加值比重为 8.42%。2020 年全省货物运输总量 86069.6 万吨，年均增长 3.1%，货物周转量 1291.15 亿吨，年均增长 4.5%[①]。

2. 物流企业发展迅速

贵州积极发展运输企业，以"龙头"带动"高品质"发展，真正满足人民群众多样化、多层次、个性化的需要。例如，贵州率先应用"互联网+"、大数据等"通村村"交通服务平台，构建县、乡、村流通服务体系和终端服务网点，整合出行、物流、快递、电商、供销、金融等乡村惠民体系。贵州已经建成了 1 个省级平台、9 个市（州）级平台、88 个县级运营中心、16000 个村级综合服务站点。贵州省对重点企业的发展给予了极大的支持，重点发展可与农户直接对接的物流企业。比如满帮集团，贵州在贵阳货车帮科技有限公司进驻贵州之初，政府就出台了一系列的扶持政策，使其成为西南地区综合运输服务企业唯一一家"独角兽"，现已经在美国的纳斯达克挂牌上市。

---

① 贵州省举行《贵州省进一步降低物流成本若干政策措施》新闻发布会［EB/OL］. 中华人民共和国国务院新闻办公室网站，http://www.scio.gov.cn/xwfbh/gssxwfbh/xwfbh/guizhou/Document/1703485/1703485. htm，2021−04−30.

### 四、农村物流发展情况

1. 加快"邮政+"的发展

目前，贵州省9个示范县的1562个中心站点已经全部建成，并逐步实现了"直通"①。贵州充分利用了大数据的先导优势，率先在全国范围内推行"通村村"App，使得村民们能够实现在手机上下单，在家门口乘车，然后前往集中点取货的便捷服务。目前，该平台共建成88个县级运营调度中心，覆盖1.5万个乡镇综合服务站点，拥有7万多名注册驾驶员，整合车辆超过6万辆，累计服务农村群众超千万人次，打通农民出行和城乡物流双向流通的便捷通道。

2. 持续推进"快递进村"

"快递进村"无论是对满足广大农民群众的生产生活需求，还是促进乡村振兴，均起到战略支撑的作用（高贺云，2022）。截至目前，贵州全省13299个行政村已实现8242个行政村快递服务通达到村，覆盖率达到61.97%，较2020年提升了26.22个百分点。其中，遵义市行政村的快件普及率为50.21%，加快了农村快件运输网络的建设。商贸部门将以"电商+乡村一体化"示范工程为依托，对电商运营中心、物流配送中心、村级电商服务站点进行优化升级，推进"县级中心+乡镇支点+村级末端"三级物流体系建设②。构建县、乡、村三级物流网络，以解决"最初一公里"和"最后一公里"的问题。

## 第二节　贵州以交通物流促进农业现代化和
## 乡村振兴的主要经验

农业现代化和乡村振兴，归根结底是要增加农民务农收入和农村非农就业机会，这很大程度上取决于交通物流的便利性。便利的交通物流条件可以助力乡村振兴，推动交通物流产业发展，提高农业现代化水平，促进农民增收。贵州省通

---

① 贵州推进"交邮融合+"逐步实现快递直达村［EB/OL］. 贵州省交通运输厅网站，http://jt.guizhou.gov.cn/rdzt/mtjj_45460/202201/t20220117_72327387.html，2022-01-17.

② 关于加快推动"县乡村"三级快递物流体系建设　着力构建流通"微循环"发展新格局的建议［EB/OL］. 贵州省人民政府网站，https://www.guizhou.gov.cn/ztzl/jyta/blfw/srddbjy/2021n/202201/t20220106_72251235.html.

过打通乡村供应链、延伸农业农村产业链、改善农村营商环境和公共服务等方式加强农村交通物流配送体系建设，为农业现代化和乡村振兴注入强大活力，发挥良好的经济社会效应。

## 一、打通乡村供应链

1. 加强"四好农村路"建设

贵州高度重视"四好农村路"的建设，省交通运输厅把"四好农村路"列为"交通强国"建设的重要内容，以农村道路交通高质量发展带动村集体经济发展，促进特色农业、乡村旅游、新农村建设融合发展。到目前为止，贵州省累计创建"四好农村路"全国示范市 3 个，与江苏等 5 个省并列全国第一，全国示范县 17 个，在全国名列前茅，创建了 6 个省级示范市，66 个省级示范县。2016~2019 年，贵州乡道和村道里程都有不同程度的增加，如图 6-3 所示，"四好农村路"建设取得较好的成绩。2021 年，全省"美丽农村路"共建设 3.2 万千米①，以旅游路和产业路为主要内容，把乡村旅游点连接起来，形成了一条美丽的乡村之路和经济走廊。在做好道路建设的同时，贵州大力推进农村电网的巩固提升，服务乡村振兴，坚实的农村交通建设为打通贵州乡村供应链提供了基础条件，为农村供应链的持续发展提供了保障。

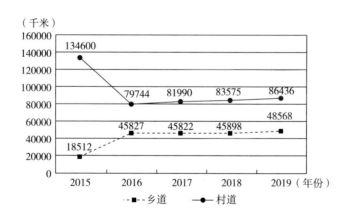

**图 6-3 2015~2019 年贵州省农村公路建设里程**

资料来源：《贵州统计年鉴 2016》《贵州统计年鉴 2020》。

---

① "四好农村路"打通百姓出行"最后一公里"［N］. 贵州日报, 2022-01-12（1）.

2. 实施"快递进村"工程

"快递进村"是民心所盼,也是打通"最后一公里"的关键所在。目前,"快递进村"项目在贵州得到了积极的推进,截至 2020 年 12 月 31 日,全省拥有各类营业网点 11565 处,其中设在农村的 5286 处。快递服务营业网点 8323 处,其中设在农村的 3832 处①。实施"快递便民"工程,建成城乡快递便民服务点 200 个,投放运营智能快件柜 100 组,80%以上的行政村实现"快递进村"②。统筹利用现有的"快递进村"补助资金和特殊政策,支持农村快递物流基础设施的更新和"四好农村路"、城乡交通一体化建设,完善城乡运输服务协作机制,推进农村邮路汽车化,支持邮政企业以市场化方式为农村电商提供寄递、仓储、金融一体化服务,实现农村邮政"一点多能"基本服务。支持贵阳、遵义等地加快推进"乡村电商"协同发展示范区的创建,鼓励寄递企业、社会资本等积极投入到村级寄递物流综合服务站的建设中去,从物流方面打破农村与城市之间的信息壁垒。2016~2020 年,贵州省邮政营业网点的数量逐渐增加,农村投递路线里程增长明显,彻底打通了人民群众的"最后一公里",长期以来困扰广大乡村群众出行的难题和"黔货出山"等难题,都有了明显的改善,为发展乡村产业创造了有利的条件(见图 6-4)。

图 6-4 **2016~2020 年贵州省邮政发展情况**

资料来源:国家统计局网站(http://www.stats.gov.cn/tjsj/)。

---

① 2020 年贵州省邮政行业发展统计公报〔EB/OL〕. 贵州省邮政管理局网站, http://gz.spb.gov.cn/gzsyzglj/c100062/c100149/202105/32ca070209b04658861b8328d18d1477.shtml, 2021-05-24.

② 2022 年十件民生实事〔N〕. 贵州日报, 2022-01-11 (9).

3. 推进"交邮融合+"

贵州持续推进"交通+邮政"融合发展，利用过剩的交通设施带动物流。以客运体系为物流网络的载体，以邮政为网点，利用客运车辆、驾驶员将快递运送至各邮政网点。通过这种方式，可以有效地提高客货运输、邮政资源的利用率，同时也可以促进农村的物流发展。此外，在贵州除了建立邮政网络外，还引进了顺丰等物流公司，在乡村设立了便利商店，提高了物流的效率，扩大了网络的覆盖面。到 2021 年末，贵州省已完成 40 个乡镇客运站和 501 个乡镇客运站的改建，乡镇邮政网点全部覆盖，建制村通邮①。自 2019 年起，贵州依托农村物流服务站的建设和运营，不断提升农村物流覆盖率，加强贵州农村物流网络的节点，推出"交邮融合+新零售"等服务模式，努力打造农村物流服务新品牌。以完善的交通物流条件促进客运、货运、寄递物流、供销、电商等业态融合发展，探索新的旅游开发模式以提高游客的关注度和参与度；因地制宜增加乡村货物运输专线，持续满足农产品进城和生产性消费品下乡的双向流动，推动蔬菜、茶、中药材、食用菌等特色农产品进城。

4. 健全农产品运输体系

交通物流能够为实体经济提供更多的服务，以产业链和供应链为纽带，实现物流业与制造业、商贸行业的一体化，使消费者与生产之间的联系更加紧密。生鲜农产品的加工、包装和运输的时效性都会影响最终产品的品质，针对保鲜要求较高的蔬菜、水果、生鲜等农产品配套相关冷链配送系统，并将农产品进行商品化处理，打通贵州农产品外销的主要通道，建设公益型农产品共享型集配中心。2021 年新增冷库库容 30 万立方米，发挥冷链物流的作用，打通农产品上行的渠道，提高贵州农产品的组织化和专业化水平，能够有效地降低运输成本，从而提高经济效益。对于电商销售的农产品，建立电商云仓体系，实现仓库、电商、用户的对接，完善电商供应链体系，搭建一体化电商销售平台。2021 年，在贵阳市建设 1 个省级中心仓，在 8 个市（州）各自建设 1 个市（州）枢纽仓，在运输体系较为完善的县区建设 30 个以上县级节点仓，构建特色农产品物流体系。2021 年，贵州省政府对 13 个以上城乡高效配送中心提供资金扶持，预计新增城乡高效配送仓储面积达到 21 万平方米以上②。

① 贵州推进"交邮融合+"逐步实现快递直达村［EB/OL］.贵州省交通运输厅网站，http：//jt. guizhou. gov. cn/rdzt/mtjj_45460/202201/t20220117_72327387. html，2022-01-17.

② 六个措施进一步降低商贸物流成本［EB/OL］.贵州新闻发布厅网站，http：//news. gog. cn/system/2021/04/30/017891629. shtml，2021-04-30.

5. 打通城乡配送供应链

发展城乡物流能够有效促进农产品上行,增加农民收入,而且能够显著推动农业产业化、规模化发展,有助于经济高质量发展(依绍华,2021)。长期以来,城乡发展不平衡一直是我国经济社会发展的一大结构性难题。2007~2020 年,全国城乡居民可支配收入之比下降缓慢,年均仅下降 0.059①,截至 2020 年,全国城乡居民可支配收入之比仍高达 2.56,甘肃、贵州、云南、青海、陕西等省份甚至超过 2.8②。打通城乡配送供应链为解决城乡发展不平衡提供了更多的可能。贵州省多措并举建立城乡高效配送中心,提高乡村物流服务能力,在各村镇建立配送网点,使得城乡物流网络体系进一步优化,物流配送更加便捷,整合现有资源,完成集中配送、统一配送、批量配送等集约型配送模式相互融合。全面应用 5G 技术、人工智能、区块链、云计算、大数据、互联网等新一代的信息技术,推进快递收发、分拨、转运、投递智能系统的构建,鼓励开展无接触的投递、智能机器人派送等,加速推进农村快递一体化配送模式的实施,逐步构建覆盖生产、流通各个环节的冷链配送物流系统,为农产品出村进城提供专业物流配送服务,大力推进现代寄递服务示范工程。

6. 推进数字产业强链行动

2022 年 1 月发布的《国务院关于支持贵州在新时代西部大开发上闯新路的意见》明确指出贵州要实施数字产业强链行动,这不仅可以推动贵州数字产业的发展,而且也可以借助其优势,带动各个行业的高质量发展,尤其在交通物流建设方面大有可为。数据显示,2021 年,贵州区域创新能力、综合科技创新水平均提升 2 位;研发投入强度连续 5 年增长,达 0.91%;高新技术产业产值 5334.02 亿元,同比增长 16.8%,可见贵州发展数字产业的效益比较显著。贵州加强传统物流企业向供应链服务企业的转变,促进新型供应链服务企业的发展。以往,传统的物流依靠车主、货主的生活圈来进行信息沟通,因此在物流配送方面有很多盲点。实施数字化货物运输可以实现智能物流整合资源,优化匹配,车主和货主信息透明,信息畅通,实现了物流的高效配送,降低空运成本、物流成本,实现业务的可视化。建立物流信息采集、交换、共享的体系,有效降低物流空载率、降低物流成本,促进乡村物流信息化的发展。

贵州农产品大数据平台不仅可以查看农产品上市时间、价格、库存等信息,

---

① 历年城乡居民收入比［EB/OL］. 知乎网,https：//zhuanlan. zhihu. com/p/408771933,2021-09-10.

② 2020 年居民收入榜来了,哪些地区城乡差距更大?［EB/OL］. 每日经济新闻,http://www.nbd. com. cn/articles/2021-01-24/1608039. html,2021-01-24.

还能通过分析数据来指导农业种植，真正做到产销对接。现在贵州农产品在上市之前就可以接到客户预订的订单，农产品刚出田地就能迅速运输至目标市场完成交易，不会发生由于信息不通畅而造成农产品滞销的情况。平台通过多方协同采集贵州基地种植信息、冷库信息、冷链物流信息、全国农产品价格信息，多维度构建贵州农产品基地信息网、冷链物流网、市场交易网。运用大数据和云计算技术赋能现代农业，通过各种智能农业场景的运用，建立了贵州农产品的物流体系，形成完整的产业供应链，为农村的发展提供了有力的支撑，助力乡村振兴。

## 二、延伸农业农村产业链

### 1. 提高农业产业链水平

发展农业产业链是乡村振兴新局面的关键。农村的主要产业形态是农业，且大多数农民从事种植业、畜牧业和渔业等初级农产品行业。对这些行业来说，农产品的品质、产量、销售价格是决定农民收入的主要因素。因此，乡村振兴需要发展适合当地的特色产业链。贵州通过交通物流为农业提供物资、种植技术和销路等全产业链服务。

贵州结合当地优渥的自然资源、得天独厚的气候条件，根据市场需求，将发展特色农业作为巩固和扩大脱贫攻坚成效的重要途径。在保证食品安全的基础上，进行农业结构的相关调整，重点发展茶叶、食用菌、蔬菜等 12 大特色农业。全省各地在新发展阶段，坚持以乡村振兴为主要目标引领"三农"工作，以提高农民收入为核心，拓宽收入渠道，切实改善农民生活。贵州现代高效的山区特色农业取得了骄人的成绩：贵州省辣椒产量和销售居全国第一，茶叶、蓝莓、李子种植面积居全国第一，全省新设 400 个田间仓储、保鲜、冷链物流点；对口支援建设贵州绿色农产品省级配送中心 138 个。

### 2. 促进农业与其他产业融合

促进农业与二三产业融合是大势所趋。因此，乡村振兴不仅要发展农业，也要发展工业和服务业。一方面，要加大三次产业融合，提高农业生产率；另一方面，要吸引部分涉农二三产业入驻农村，带动农村地区的总体生产能力。不能将农村等同于农业，需要通过在农村发展二三产业来提高农村的经济产值和公共服务潜力。农业产业链本身比较短、比较初级，提升农业产业链的附加值，或者说提高农业价值链水平，自然就需要与工业制造业、服务业相融合。

近年来，贵州不断促进农业产供销体系纵向一体化，延长农业产业链，推动农产品加工制造和"三农"服务发展。以乡村公路为纽带，推动乡村道路与现代农业、乡村旅游、特色资源、体育产业的有机结合。贵州多山地，可以依托农村公路结合山地旅游、园区等经营性建设项目，提高农村道路服务附加值。建立多功能新型农村服务场站，融合道路养护、客货运输、寄递物流、电商供应等多种服务，并与制造业、农业、旅游业等进行有效的整合，降低经营成本，同时，也使得快递寄递服务体系更好地适应城乡居民的消费结构。统筹综合交通各要素融合发展，构建现代化综合交通体系，从而提升交通运输的服务质量和水平。大力推广新技术、新工艺、新材料、新设备，提高材料的循环利用效率，降低建设成本，培育形成"物流+"新产业发展模式。

3. 推动"邮政+旅游"融合发展

旅游业被看作带动区域经济发展的动力，能够增加居民收入、就业机会，联动相关产业部门的发展（毛丽娟、夏杰长，2021）。鼓励邮政单位发展贵州风景，利用邮政产品大力宣传贵州红色旅游、生态旅游，生产贵州特色邮票，提高"山地公园省·多彩贵州风"的品牌效应，丰富文旅产品，提升旅游体验。鼓励各部门，如财政、文化、旅游、商务、邮政等部门联合研究制定以快递包装为旅游载体的具体实施办法，把快递业引进旅游市场。鼓励各大快递公司在景区内建立快递服务示范店，以方便旅客快速寄递景区产品。强化快递公司与网络电商的合作，促进贵州省农副特产品、旅游工艺品、文创产品"走出去"，促进贵州全省各地旅游业的发展。

## 专栏3：意大利奥维托将文化融入交通物流打造特色"慢城"

交通物流是构建新发展格局的战略支撑，是实现乡村振兴发展战略的重要途径。乡村振兴战略不能因循守旧，要勇于创新。把地方文化与当地的交通、物流结合起来，振兴传统特色产业，推动产业的融合发展。

意大利的奥维托于1999年成为世界上第一座慢城，其在交通规划、文化传播、政策制度等方面形成了极具特色的建设路径，规划多元慢行系统以保持文化遗产的完整性。奥维托通过规划多层级慢行交通平衡遗产保护和旅游开发之间的关系，通过构建多元慢行体系，既能促进城市交通便利，又能够保持城市的历史风貌，保护了城市文化遗产的完整性，避免城市结构被破坏。结合传统文化、特色饮食等开发文体游、研学游、康养游、农事体验等慢旅游产品，丰富慢旅游业态，推动产业多样化、多元化发展。

### 4. 电子商务助力乡村振兴

贵州省顺应电商发展的潮流，发挥电子商务对农村经济的拉动作用，以本地特色农产品为依托、以公共服务中心为载体，促进农村经济发展，为中小微农业企业、农民提供服务，有效解决农产品上行受阻等问题，推进网络与实体经济深度融合。通过"电商+实体+农户"的方式，鼓励传统企业通过网络营销来提高市场占有率，提高行业的竞争能力，促进当地传统产业向现代化新型产业转型。通过电子商务来助力农业发展，对接农产品销售，大力发展农村经济实体、农旅文化产业，支持和组织电商企业直接购买农产品。利用网络平台，打开了岩脚面、有机红米、小黄姜等50多种农特产品的目标市场，为"黔货出山"的发展打下了坚实的基础。例如，2021年六枝特区农业网上销售收入达到1.02亿元，同比增长56.46%。截至2022年1月，六枝特区已有30家中小型电子商务公司，400多家注册的网络商店，六枝特区通过天猫、淘宝、京东、拼多多等电商平台，通过"扶贫832""京东"和"淘宝"等渠道设立了6个"网上扶贫"专馆①。

### 三、改善农村营商环境和公共服务

#### 1. 财税金融优惠政策

贵州省鼓励各地在规划建设电商园区的同时，为其提供相应的仓储场所。对于销售优质农产品的特色龙头企业，地方政府可以根据实际情况给予相应的政策和资金支持。以贵州省国家"数字乡村"为契机，加快推进"互联网+"发展模式，构建和完善"互联网+"农村电子商务服务体系，积极探索农业金融的新形式，如"数字农贷"。按规定落实物流企业大宗商品仓储用地城镇土地使用税减半征收政策。符合条件的物流辅助服务业纳税人依据有关规定，按照当期可抵扣进项税额加计10%抵减增值税应纳税额。符合条件的物流企业可按规定享受西部

---

① 六枝特区荣获国家级"电子商务进农村示范县"称号［EB/OL］. 贵阳网，http：//www. gywb. cn/system/2022/01/16/040066039. shtml，2022-01-16.

大开发税收政策，按15%征收企业所得税。依照国家规定对物流行业小规模纳税人增值税起征点从月销售额10万元提高到15万元。对物流行业小微企业和个体工商户年应纳税所得额不到100万元的部分，在现行优惠政策基础上再减半征收所得税。支持网络货运平台依法依规代开增值税发票。

2. 加强公共服务

贵州将高速公路服务区、自行车驿站等综合发展为物流枢纽、旅游景点等，同时在乡镇设立小型物流中心，提高物流、商贸、金融等行业集聚程度，强化乡镇区域消费中心的建设，促进农民在农村当地消费。农村运输和物流环境的改善，也推动了农村"以城带乡"的发展，许多城镇居民到农村旅游、购物、投资。城市在资本、技术、人才、市场等方面具有明显的优势。此外，贵州还通过建立物流网络，提供文化、健身、水电等公共服务，让农民不必进城就能享受到与城市类似的生活服务，从而减少城乡差距，促进共同富裕。成立专门的队伍，认真规划、明确目标、达成共识，以乡镇为主要阵地，大力推广品牌、特色产品，大力推进快递进村及消费品流通，实现了农村快递物流企业的全覆盖，农村物流配送中心的建设。

3. 优化电子商务环境

电商产品的销售渠道主要有生产基地、合作社与农业公司、供货商、直接采购等，这是一条新的绿色发展道路，发展农村物流能加速电商发展，便利的运输环境促进电商快递的节点聚集（汪鸣等，2022）。通过建设电商产业园，招商引资，提供专业的人才培训，完善村级电商网点，推广直播带货，促进新型农业新经济的发展。积极引导各类电商平台向农村聚集，提供相应的财税金融优惠政策扶持电商、物流的发展，进一步完善农村电商网络。依托"农家店""农村综合服务社""村邮站""快递网点""农产品购销站"等方式，大力发展农村电商终端网点。在农业生产、加工、流通等环节中，大力推进网络技术的应用和推广。扩大农产品、特色食品和民俗产品进入市场的空间，扩大农产品和农业生产资料的销售范围。

4. 综合运用现代化信息技术

电子商务公司可以利用自身平台的广域性和联通性，充分利用其线上和线下的深度结合，使土地、劳动力、资产、自然风光等要素得到充分的利用。通过"一码贵州"等大数据平台的应用，促进地方电商平台与快递资源的整合，形成农产品的重要信息汇总，促进产销信息的有效互通，降低购销信息的不对称性。支持快递企业和电商云仓储一体化经营，促进"互联网+"农产品的上行销售，推进"快递进厂"一体化发展,加快推进"快递进厂"项目的建设,推进"工厂+电商+快递"的发展,使农产品的流通更加顺畅。重点建设智能交通综合信息平台,建成"一云一网一中心一平台"总体架构,基本形成综合交通运输"数据大脑"①,加快推进"一码贵州"与"黔菜网"大数据平台的建设,提高数据资源的有效性与利用率,以云仓为基础,以从生产基地到销售的整个过程为基础,利用电子商务平台,有效地进行产销、物流的信息交换,为电商快递物流的发展提供数据支持,拓展电子商务快件的物流规模,提高城乡物流配送效率。

## 第三节　贵州依托乡村物流带动农业现代化

产业振兴是乡村振兴的关键。加快推进农村一二三产业融合发展是破解贵州"三农"问题的主攻方向,是实现乡村产业振兴的有效抓手。农村交通物流的完善是开展农村电子商务的重要保障,有利于深入推进农村一二三产业融合,催生出休闲农业与乡村旅游业、农村电子商务等新业态。因此,贵州交通物流的发展可以带动农业发展并高质量推进新兴业态发展,促进乡村产业全面振兴。

### 一、因地制宜发展特色产业

贵州的一些地区,是生态功能区,也是生态环境的脆弱地带。在这些区域,农民既要做好生态环境保护工作,又要扩大经济来源,改善民生。贵州的农村地区拥有土地、劳动力、资产、自然景观等资源,既要保护好生态环境,又要让土地、劳动力、资产、自然景观等要素活起来,就成为非常现实的问题。发展适合农村地区的特色产业,贵州省持续推进巩固脱贫攻坚成果同乡村振兴有效衔接,充分发挥当地的自然资源优势,着力推出特色产业聚集项目,拓宽农民增收的渠道,使人们的经济水平逐渐提高,使得农业产值日益增加,农民收入稳步提升。贵州拥有得天独厚的区位优势,可以生产出符合现代人对绿色、无公害食品要求的农产品。例如,贵州的各种农业生产规模在全国排名前列,茶叶、刺梨、火龙

---

① 贵州省"十四五"数字交通发展规划［EB/OL］. 贵州省交通运输厅网站,http://jt. guizhou. gov. cn/xxgkml/ztfl/zcfg/gfxwj/202201/t20220128_72435899. html,2022-01-27.

果的种植面积在全国排名第一。规模生产为农产品深加工奠定了坚实的基础，贵州省在茶叶、水果、辣椒、中药材等特色农业上建立规范化的生产经营模式，确保农产品深加工的品质，促进绿色生产和绿色发展，推动贵州农产品深加工产业的快速发展，为我国及全球农民在减贫增收方面提供了丰富的实践经验。

### 二、促进农业产业聚集

要想扎实推进乡村振兴，还需提升乡村振兴的内生动力，聚焦产业促进乡村发展，让农民更多分享产业增值收益（王晓毅，2022）。我国地域广阔，各地的地理和气候条件有很大差异，适宜耕作和养殖的农产品也不同。各地应根据历史经验和当前农产品价格体系，选择生产适合当地的农产品。不宜过于求全、求新，生产那些价格高但本地资源禀赋低的产品，目前，贵州各区规划建设优势产业基地，包括食用菌、中药材、水果等，以"鸡""猪""鱼""菌""菜"为主导的"五大农业"和"酸"系列特色产业，打造一批规模适中、特色鲜明的特色农业产业聚集区。贵州快递物流集聚区不断拓展业务功能范围，使其成为一个集快件暂存、快速转运、仓配、冷链于一体的集散中心，方便农业产品的运输。行业联结促进产业聚集，推动一二三产深度融合，不断强化产业聚集作用，以产业集聚带动农产品深加工产业的发展，使生产、加工、流通企业成为重点的区域集聚发展模式，从而促进整体产业的发展。此外，农业产业集聚区域有效促进农民就业，带动周围的商贸业、建筑业、餐饮服务业等产业的就业人员数量。

### 三、补足交通短板促进农业产业向外发展

交通物流是拓宽销售渠道的重要基础条件，销售渠道是特色产业发展推广的重要因素。长期以来，西南部地区农业产业的发展受制于交通条件落后、交通基础设施建设不完善等因素，品质优良的特色产品销售渠道狭窄，难以对外销售，从而滞留在本地造成产品的浪费，不利于特色产业的培育和壮大。"十三五"时期，贵州省为完善基础设施建设投入大量的财政资金，全省具备条件的建制村全部通硬化路、通客车，贫困县所有村实现动力电全覆盖，解决物流成本过高的问题。通过快递进村、乡村交通和物流建设，带动农村特色农副产品"上行"，有效推动"网货下乡""农货进城""黔货出山"，打通农产品出村进城的"最初一公里"，推动了产业链延伸，逐步打开外部市场，在全国树立品牌效应。

### 四、促进农业数字化发展

贵州省加快推广大数据、物联网、人工智能、区块链在农业生产经营中的融合运用，鼓励利用新一代数字技术开展农业生产经营。以加速推动数据信息产业创新为重点，大力发展智能终端、集成电路、区块链等数字技术，鼓励产业融合应用示范，持续提升数字服务能力，构建以数据为关键要素的多点产业支撑、优势互补的数字经济体系。加强信息高速公路建设，把数字基础设施与交通基础设施建设相结合，通过数字技术提高交通设施运营效率，实现商贸流通企业数字化转型。提高乡村物流产业及物流服务农业的融合度，促进农业产业链延伸。通过线上市场将本地的特色商品、自然风光、文化旅游资源及时发布出去，带动乡村旅游、餐饮及民宿等产业发展。加强乡村治理水平，培育契约精神，改善农村商业环境。发展数字经济新业态，培育数字消费新模式，推进商贸流通企业数字化转型，努力让电商在助推乡村振兴上取得新突破，在促消费稳外贸中实现新提升，各方共同促成产销一体化。

## 第四节　贵州乡村交通物流存在的不足

农村物流基础设施不健全，物流体系不成熟，城乡寄递物流之间的"鸿沟"依然存在。贵州某些农村地区的交通设施薄弱，乡村道路陈旧老化，增加了物流运输的难度，快递的配送需要花费更多的人力物力。生态环境和地形的限制使农产品上行"最初一公里"及工业品下行"最后一公里"受阻。道路基础设施落后导致交通成本过高，闭塞的交通物流是阻碍农村电子商务发展的主要原因。因此，农村物流体系、电商配套服务设施等有待完善（吴思栩、孙斌栋，2021）。

### 一、交通物流基础设施建设落后

#### 1. 交通发展起步较晚

交通运输业在产业发展中有着基础性、战略性以及服务性等关键功能（夏杰长、魏丽，2018）。贵州省的区位复杂、交通基础设施建设短板严重，导致其运输效率低、运输成本高，这已成为制约贵州经济发展的"瓶颈"。近几年来，贵州通过高速公路、铁路、水路、航空等交通基础设施的规划建设，使物流产业得以迅速发展。但是，贵州的物流产业还处于比较单一的发展阶段，其信息化程度相对较低。贵州省既不邻海，也无陆上邻国，相比于东部沿海地区和中西部国际化水平较高的城市，贵州省的物流行业在服务能力和国际化水平上处于弱势。物流、快递依然很难进入农村，综合运营成本仍较高，政府负债的风险也很大。而且贵州省的整体物流产业规模还比较小，因此贵州省物流行业无论从"量"还是"质"上都有很大的发展空间。

2. 农村交通发展落后

目前，高速公路主干道容量不足，需要进一步提高路网利用率。前期已建成的主干道规模较小、容量不大，城市道路网络尚未健全，交通拥挤问题更加突出。一些高速公路的出口数量不足，对沿线区域的经济发展并没有起到很大的促进作用，同时需要提升道路网络的利用效率和扩大服务范围，主要表现在以下三个方面：

一是普通省道的技术水平不高。普通国道虽已为路网发展奠定了良好的基础，然而一些位于县市和乡镇间的过境道路存在严重的街道化问题，造成了交通运输效率低下。普通省道以县、乡公路为主，其道路网络发展基础相对较差，已经演变为阻碍贵州省经济和社会发展的"中梗阻"，迫切需要进一步提高升级。

二是农村道路不能够满足乡村振兴战略的需求。贯通不同乡镇的农村道路技术含量低，服务水平不足，路网等级低，道路交通条件差，抗灾能力差，安全防护设施不完善。总而言之，现有的农村道路服务质量与美丽乡村路和"四好农村路"建设要求仍有很大的距离，亟须改造升级以满足乡村振兴战略的需求。

三是水路运输的短板仍不容忽视。目前，省内主要水路航线还没有完全贯通，无法实现通江达海、干支联结，很难充分发挥水路运输所具备的中长距离运输的优势。水运发展水平较低，设施不够完善，发展瓶颈和制约因素较多。

## 二、农村物流园区建设滞后

乡村物流园区作为乡村地区发展交通物流的重要载体，在打造综合交通枢纽体系、推动物流与交通融合、促进物流、降低成本、提高效率等方面发挥着重要作用。贵州省交通物流基础设施（如物流枢纽、物流园区、集散地等）存在一些不足，交通物流效率较低、分布散乱、管理不规范等问题突出，交通物流设施不够集中，层次水平也不高，导致交通物流企业四处分散、各自为政，没有汇聚形成规模，交通物流基础设施的聚集和整合迫在眉睫。以交通物流园区的建设发展为例，贵州省现有的交通物流园区存在着分散式、欠网络化、空置化、服务功能差等问题，配套设施极不完善。尽管省内农村地区已经实现了智能手机和宽带网络等的流行和普及，百姓能够通过农村电商获得新的发展机遇，但物流、贸易却成为了制约农村电商推广的瓶颈。目前，农村物流网络正陷于"最后一公里"的困境之中，在一定程度上影响了农村经济的崛起和发展。

### 三、交通物流信息化水平较低

#### 1. 数字应用水平不高

信息化技术（如云计算、大数据、物联网等）虽已发展相对成熟，但还没在物流领域得到充分运用。尽管有些该行业的龙头企业已经应用信息化技术搭建了物流信息化的框架，但是目前仍没有真正全面实现交通物流信息化，更多的该行业企业还没有形成使用物流信息管理系统的意识，也没有相关技术储备，信息化应用程度不高。存在流通要素优化配置不足，物流价值创造能力不强等问题（吴谢玲，2022）。同时，物流公司与供货商之间存在信息交流的壁垒，物流信息不及时、不透明，产生了车辆空载率高、利用率低等问题，进而增加了交通物流运输成本。

#### 2. 多式联运模式衔接不畅

贵州交通物流体系缺少一体化、无缝衔接的现代综合性多式联运枢纽，各种交通运输方式无法实现高效、有序的对接。在规划方法、信息化技术、标准规范、设施设备技术、运营自动化等方面，同上海、天津和广东等物流业发展较为先进的省市相比，都有很大的差距。这就制约了运输组织效率的提高，难以适应全省高质量发展的要求。交通物流行业没有形成较大规模的数据库，也没有建立起一个动态共享的数据资源系统，亟须加强各行业、部门和层级的数据资源的共享。在各行业内部，分散的独立信息系统还需要加速集成，相关软件平台的开发也要提上日程。利用大数据提高决策科学性的意识和能力要加速形成和提升，业务应用的广度和深度有待进一步增强，交通运输系统与信息技术的交融程度有待进一步提高。目前，省内信息服务资源尚不充裕，信息服务的质量和效益难以与人民大众的特殊需求相契合。

### 四、物流费用较高

贵州省物流形式众多，拥有水运、空运、公路运输和铁路运输等多种交通运输方式。但省内的物流业结构仍然以公路物流为主。对比各种运输方式的费用，除了空运以外，以公路运输最为昂贵。加之交通物流的低效和组织结构存在缺陷和短板等因素，贵州省的物流成本长期以来居高不下。

在"十三五"时期，贵州省物流费用与GDP的比率从2015年的18.5%降至2020年的15.5%，下降了3个百分点，与全国同期相比，降幅超过了2倍，物流费用已经实现大幅降低。但是，全省物流总费用占生产总值的比重仍超过全国的平均水平，高了近1个百分点，还有很大的优化空间。物流业的发展水平与全省建设现代化经济体系和实现经济高质量发展的总体目标相比，还存在较大差距[①]。

另外，水路、铁路运输相关的技术设施相对薄弱，无法匹敌公路运输的效率，无法发挥其运输成本低的优势，减缓了公转水、公转铁等措施的推动进程。物流各环节均存在或多或少的问题，无法真正实现全链条成本最低化和上下游环节的协同联动。此外，减税降费工作已经取得了一定成效，在这一方面存在的降本空间已经无法满足当前降低物流成本的需求，亟须在提高物流效率、降低时间成本等方面多下功夫，以实现降本增效的新突破。总而言之，需要将"数量型降成本"与"效率型降成本"相结合，充分考虑交通物流行业在信息化发展、标准化制定和绿色化推进等方面存在的不足，在全省范围内努力提升交通物流的综合效率。

**五、企业发展落后**

目前，贵州省的交通物流行业普遍存在着企业规模较小、整体实力较弱的问题。"散、小、弱"状况暂未发生根本性变化，未能形成很好的良性竞争，容易受到外部风险冲击，市场较为分散、企业运营缺乏统一的规则。调研分析发现，物流企业信息化程度低、标准化水平差、复合型技术技能人才欠缺、新业务拓展缓慢等多方面的因素导致了贵州省交通物流企业的整体实力较弱。从贵州省的整体情况来看，市场主体不强，物流流量和流向不均衡，中间环节占物流总成本比重过大等问题比较突出。这些问题也反映出政府、企业在物流组织和管理上存在不足。各级部门之间统筹协调不到位，物流企业组织松散，没有形成规范高效的企业联盟；对于那些新成立的国家A级物流企业，给予奖补或者税收优惠政策程度较轻，导致其创新积极性不高，发展内生动力不足。

---

① 贵州举行《贵州省进一步降低物流成本若干政策措施》新闻发布会［EB/OL］. 中华人民共和国新闻办公室网站，http：//www. scio. gov. cn/xwfbh/gssxwfbh/xwfbh/guizhou/Document/1703485/1703485. htm，2021－04－30.

### 六、政策法规体系和市场秩序不够完善

当前，交通物流管理的法律、制度、政策、措施等已不能满足新时代的发展要求，亟待改进和实施。相关规范物流企业市场行为的法律法规和政策的建立和完善必须尽快落实。由于贵州的信用制度建设相对落后，物流企业内部风险的日益增加，亟待建立健全的诚信体系，同时加强对物流从业人员的教育工作，提高物流从业人员的综合素质。

总体而言，深入改革综合交通运输体制机制亟须稳步推进，加大产业经营的精细化程度也应逐步实现，来满足提升交通运输网络的运营效率和服务水平的目标，行业监管缺乏模式和业态的创新，对新模式、新业态的监管能力还不够强。农村公路管理养护体制、交通综合执法、财政事权、财政支出责任等方面的改革还要进一步深化。综合交通管理制度还不健全，人才队伍建设落后，人才团队结构不能满足高水平发展的需要，亟须引进和培养一批高层次、高素质的专业人才。

# 第七章 战略思路与政策建议

紧紧围绕加强交通物流基础设施建设、构建功能完善的枢纽体系、降低物流成本、产业融合发展、培育壮大现代物流企业、优化交通运输营商环境等逐步推进贵州经济社会发展。

## 第一节 战略思路

根据交通强国、双循环等国家发展战略的有关文件精神和战略要求，在贵州交通物流发展基础上，我们提出了贵州交通物流发展的五大战略思路："四化"强基、交通强省、数字强技、物流强业和降本强企。其中，"四化"强基是指交通物流为"四化"建设奠定基础性的设施和产业，交通强省是从交通本身而提出，数字强技立足于交通和物流及其他产业的重要经济背景和技术性因素，物流强业从物流和其他产业角度论述发展思路，降本强企则从交通物流成本视角论述推动微观企业发展的具体力量，五大战略思路由大到小，层层深入。

### 一、"四化"强基

交通物流产业可以与新型工业化、新型城镇化、农业现代化、旅游产业化"四化"充分融合，为贵州全省经济社会高质量发展奠定扎实的基础设施和基础产业。

一是通过充分把握新型工业化的发展机遇来应对挑战。把壮大提质全省优势工业产品置于建设交通强国和构建新发展格局的同步过程，现代化的物流体系和物流通道一打开，同步形成优势工业品的全球、全国性供给基地，同时享有"通道经济红利"和"供给者红利"。不仅面向其他地区提供优质的集散服务，并且通过集约式、精细化发展优势工业产品，让贵州制造更多地走向世界。发挥全球知名白酒品牌的示范带动效应，整合形成一批白酒产品品牌群，突出用料优和产品优，形成全球领先的酿造基地。优化烟草产业结构和制作工艺，保持市场份额大致稳定。打响绿色食品工业品牌，凸显贵州特色食品的生态性。推动新型煤化工、精细磷化工、精细氟化工、基础材料、新型建材、航空航天装备制造、汽车制造、能矿装备制造、节能环保设备、特色医药、特色轻工业等产业优化结构、提质增效发展，突出创新驱动。借助交通强国建设创造的新连接优势，加快优化各种产业的区域布局和生产性物流网点布局。

二是通过发挥新型城镇化扩内需潜能来充分把握机遇和应对挑战。加快推进以人为核心的新型城镇化，补齐基础设施短板，增强都市圈、城市群的带动性，形成大城市与中小城市协调、城与镇协调、城与乡协调的格局。注重创造就业机会和居民增收机会，以改善人民的生活质量为抓手，不断扩大有效内需，促进交通物流更好地服务于人民生活。

三是通过加速农业现代化来把握机遇和应对挑战。把优化农产品物流网络、优化客运网络系统性地植入农业现代化、乡村振兴和旅游产业化的过程之中。在确保口粮类农业量足质优、为国家粮食安全充分贡献贵州力量的基础上，借助特色种植业、林业等门类丰富的原材料供给优势，持续优化产业结构，转型发展食品加工、药材加工、竹木制品等相关制造业，形成更多的优质可流动之物，形成农业与制造业融合、与物流业等现代服务业融合发展的态势。同时，要通过加快现代农业产业园区、林业产业园区、林下经济示范区等园区建设等方式，实现大农业产业的集约化、高效化发展。

四是通过加快推进旅游产业化来把握机遇和应对挑战。突出文化旅游业的民族特色、山地特色、红色基因，进一步优化完善旅游交通服务网络，实现空铁陆水无缝对接，健全市级及以下支线网络和旅游基础设施，加快打造国际一流山地旅游目的地、国内一流度假康养目的地和多彩贵州旅游强省，提升来黔旅游的吸引力和便捷性。以旅游产业化形成的软资产反哺、拉动其他产业的发展。

**二、交通强省**

建设交通强国是党的十九大作出的重大战略部署。交通是物质和人员流动的基础依托，建设现代化的经济体系必然要以现代化的综合交通体系为先行领域，更好地实现国民经济安全便捷、经济高效、绿色低碳的循环畅通。

全面建成小康社会以后，我国进入了新的发展阶段。在新的发展阶段，一项关系我国发展全局的重大战略任务就是要加快构建以国内大循环为主体、国内国际双循环相互促进的新发展格局。

在交通强国和"双循环"重大战略决策指引下，新的发展机遇和优势不断在贵州显现。交通强省战略，应成为贵州交通物流和产业发展的优先发展战略，为经济社会发展注入长期发展动力。贵州省应更加重视对现有物流运输资源的整合，加强公路—铁路联运和公共水运的综合利用研究，并通过整合现有公路和铁路运输网络的运输能力资源，确保两条主要物流运输线路的畅通。尽快构建贵州省多种交通方式协调发展的综合交通网络，加快构建多种交通方式对接的枢纽设施和服务设施。强化、完善和拓展消费市场，增强市场竞争力，扩大批发零售市场规模，培育大型企业，转变管理模式和服务理念，提供个性化、高质量的服务。

### 三、数字强技

在实施大数据战略、发展数字经济方面，贵州不断刷新世界的认知，形成了较雄厚的基础，与交通的飞速发展一样，成为贵州腾飞的两大名片。如果将数字经济与交通建设充分结合起来，可形成"1+1＞2"的良好效果。数字基建的本质作用是"技"的提升，建造材料和流程、运营管理、产业化园区化的布局等，都可以借助数字技术得到本质提升。

一方面，数字强技表现在交通和物流发展上。数字基建赋能交通、物流提质发展的机遇在于，通过与交通和物流的深度融合，网络货运、智慧物流加快发展，物流效率提高、城乡物流便利水平提升、全社会物流成本进一步压缩。

另一方面，数字强技还表现在其他产业发展上。凭借数字经济连续领跑全国积累的新优势，在交通强国和"双循环"背景下，贵州省现代化的数字基础设施和良好的数字经济发展态势，有利于贵州继续在实施数字经济战略上抢新机，加速数字经济与实体经济的高效融合、持续改造提升传统产业、推进贵州原有的产业基础高级化转型、加速产业链现代化、推进智慧城市建设和乡村振兴，持续为贵州在新时代西部大开发上闯新路赋能。以强大的数字基建孕育的发展动能惠及经济发展的方方面面，数字经济已经形成贵州高效参与构建并全面融入新发展格局的关键支撑，名副其实。

#### 四、物流强业

一方面，要做大做强做专物流产业。贵州省应当持续优化"一核两极四节点"的物流空间总体布局，建立快速高效的物流网络体系。以"三纵三横"物流通道为载体，推动贵阳、遵义、安顺等区域性中心城市的支线网络建设，加强中心城市与周边城市间的支线联系，为大通道聚集物流服务资源、开展规模化运作提供支持，为周边城市利用大通道创造条件。

另一方面，以交通物流贯通和服务于全产业链发展。助力形成"交通强省，交通带动物流，物流带动内外双循环，内循环带动服务业现代化，交通和地理优势打通服务贸易平台"的交通、物流、内贸、外贸及各类制造业和服务业全产业链良性发展的大格局。

#### 五、降本强企

降低物流成本，助力企业发展。在经济高质量发展的趋势下，具有成本属性的物流业，也是社会经济成本的核心构成。如何通过降低物流成本，实现降本增效，对企业发展尤为重要。

一方面，促进物流产业规模化和专业化运营，降低物流成本。做强贵州工业和商贸业，提高人民生活水平和消费能力，扩大贵州全省对工业品、消费品和农产品的使用规模，壮大物流业基本盘。培育专业化物流公司，鼓励各类企业把物流外包给这些专业化的第三方物流公司，可以缩短商品在途时间，减少商品周转过程的费用和损失。有条件的企业可以采用第三方物流公司直供上线，实现零库存，降低成本。贵州要以更积极的姿态嵌入全国统一大市场体系，对商品流通的全过程实现供应链管理，使由生产企业、第三方物流企业、销售企业、消费者组成的供应链整体化和系统化，实现物流一体化，使整个供应链利益最大化，从而有效降低企业物流成本。

另一方面，提高规划、技术和配送效率，助力物流成本降低。优化交通枢纽和大项目建设的规划布局，同时，物流园区主动与交通规划进行对接，提高物流运输能力，优化配送网络。鼓励物流企业采用智能化管理系统，实现效率化的配送，减少运输次数，提高装载率及合理安排配车计划，选择最佳的运送手段，从而降低配送成本。借助现代化的信息管理系统控制和降低物流成本，使各种物流作业或业务处理能准确、迅速地进行。此外，通过信息系统的数据汇总，进行预测分析，可控制物流成本发生的可能性，提高降成本的精准性。

# 第二节 政策建议

## 一、提升交通基础设施的数量、质量和技术管理水平，优化布局

（一）加强交通物流基础设施建设

1. 加强各类交通设施建设

乡村振兴，基础设施建设是关键。加快完善农村地区基础设施建设，补齐网络、交通、电力、水利、物流等领域的短板。对城区路网密度和农村道路通畅要协同推进，打造畅通、安全、高效的交通物流体系（张威，2021）。道路交通建设是巩固脱贫攻坚成果的重要手段，更是乡村振兴农村农业产业快速发展的首要任务，贵州全省范围内根据不同的需要，分类实施，加强各类道路建设。

一是加强公路建设。完善主干道路网规划，形成联结省会市州、通达城镇与枢纽、衔接附近省区路网及其他路网、融合其他运输方式（铁路、航空、水运等）的公路网络，同时加快各级公路提等改造，助力乡村振兴的进程。

二是补齐水运短板。加强内河航运网络建设，提升航运集散能力；加快物流仓储、航运库区、港口码头等基础设施的建设；强化航运能力，增加航运投资，组建规模船队，健全集疏运体系，建立通江达海的水路运输网络。

三是发展航空运输。航空运输发展的主要对象是省机场集团，鼓励其对龙洞堡国际机场的货运能力升级和改进，优化调整货邮航班的时间安排，发展壮大全货机运输；鼓励其与各类高新区、经开区、综合保税区等合作建设异地货站，建立组板、安检互认体系。

2. 提升交通服务水平和保障能力

充分发挥交通运输业对国民经济和社会发展的先导作用，加快低等级道路（主要是县城、乡镇道路）路段的路面硬化和等级提升；加快推进连接外地的外路和乡镇之间的乡道等公路的升级改造，大幅度提高乡镇通达二级及以上道路的比例；加快资源路、旅游路和产业路等道路的建设，加快公路互联互通的步伐，提升农村道路的网络化程度，以村镇产业发展和布局的要求为导向，促进乡村振兴战略的落地；要持续推进农村道路的安全生命防护工程建设和危桥的改建工作，努力提升农村道路的安全保障能力；加快树立一批"四好农村路"示范县

标杆，激励促进乡村道路建设的高质量发展。

（二）抢先发展数字交通

数字经济增加值、创业和企业数量、就业数量、线上市场配置资源数量等都已经与传统经济并驾齐驱。并且，相比传统经济，数字经济是未来经济社会发展的主要"变"量，发展速度快，新业态、新模式和新分配关系更新快，是未来我国经济增长的主要来源（刘诚，2022）。交通物流领域也不例外。"十四五"是新一代信息技术加速赋能、创新引领交通运输新旧动能转化的关键转型期。贵州要以前些年超前布局大交通的勇气和魄力，再次抢抓数字交通先机，为贵州经济社会发展再次构造"弯道取直"机遇。紧紧围绕高质量发展要求，以大数据融合创新驱动交通运输转型发展，加快交通运输新型基础设施建设，提升交通运输运行效率和服务品质，是当前及今后一段时期贵州省交通运输发展的战略方向[①]。习近平总书记在贵州调研时指出，要"在实施数字经济战略上抢新机"。《贵州省国民经济和社会发展第十四个五年规划和2035年远景目标纲要》明确提出坚持创新驱动发展，高质量建设国家大数据综合试验区，大力发展数字经济，统筹传统和新型基础设施发展。习近平总书记在第二届联合国全球可持续交通大会开幕式上指出，"要大力发展智慧交通和智慧物流"。《交通强国建设纲要》明确提出大力发展智慧交通，构建综合交通大数据中心体系。

1. 加快交通行业的数字化转型

加快数字化转型，深化交通运输领域大数据融合应用，大力推进数据要素市场和大数据产业生态在交通运输领域的探索实践，在数字产业化、产业数字化、数字治理上抢抓机遇，推动交通运输数字化、网络化、智能化发展，培育交通运输高质量发展新动能，为全省数字经济发展当好先行。

夯实交通大数据治理能力。加强科技智力引领和支持交通物流发展，加快交通行业大数据、5G、区块链、人工智能等技术的研究和应用，推动贵州交通科技成果库的建立，推动科技成果的转化和利用。推进全要素、全周期的交通设施数字化，加强技术状况、交通运行等资料的收集与挖掘。要充分利用跨层级、跨行业的交通运输数据库，努力提高大数据决策的科学性，服务于交通决策和管理，积极构建贵州省交通综合数据决策支撑系统，利用大数据促进城市管理，建设"智慧城市"，城市管理现代化，城市有序、安全、畅通，推动大数据在交通一体化领域中的应用，构建数字交通辅助工具。

---

① 部分内容根据《贵州省"十四五"数字交通发展规划》概括整理。

2. 基础设施数字化取得新进展

抢抓机遇，按照交通强国高质量发展要求，深入推进交通运输新型基础设施建设，在智慧交通领域先行先试、率先突破。充分发挥贵州省大数据产业先发优势，在综合交通大数据中心、智慧高速公路、交通旅游融合服务、农村公路管理等方面探索出具有"贵州"特色、可复制可推广的发展模式，为西南综合立体交通枢纽中心建设和交通运输高质量发展提供有力支撑。

基本实现重点基础设施和运输装备的数字化、网联化，完成贵安扩容工程智慧高速公路建设，打造 5G 高速公路试点应用，数字航道建设迈上新台阶，云网融合、安全高效的交通运输行业融合通信网络基本形成。

3. 交通物流新业态新模式展现活力

全链条数字交通产业生态体系基本形成，交通大数据要素市场培育取得显著成效，集聚和形成若干家数字交通龙头企业和"小巨人"企业。

智慧物流网络实现广泛连接。农村物流信息化水平进一步提升。全面依法落实危险货物道路运输电子运单管理规定，网络货运进一步发展，在降低企业运输成本，提高运输效率方面的作用明显提升。

数字出行网络实现深度覆盖。农村出行服务满意度明显改善，综合客运枢纽的联程联运一体化有效推进，二级及以上道路客运站及定制客运线路电子客票使用基本覆盖。

（三）构建功能完善的枢纽体系

1. 发挥通道优势，打造物流枢纽体系

贵州立足于内陆地区的经济、区位和发展的需要，努力建设成为一个以"陆港"为核心的国家物流枢纽，并被列入 2020 年国家物流枢纽建设名单，是具有服务功能优越、集聚效应强大、服务范围广泛、运行效率高等优势的综合性物流枢纽，今后将是全国物流网络中不可或缺的一环，扮演着重要平台、关键节点和骨干枢纽的角色。构建功能齐全的交通枢纽系统可以从以下四点出发：一是要努力把贵阳打造成为国家综合性交通枢纽，建设西部新的陆海通道节点，服务"强省会"的目标。二是要支持遵义建成国家综合性运输中心，定位为全省次核心枢纽，与贵阳枢纽进行高效联动、协同发展，服务"双城记"战略的实施。三是要加强核心枢纽的带动作用，在贵阳、遵义及其他地市城市高铁站、机场等交通枢纽的基础上努力建设省内综合性的客运枢纽。四是要考虑到货运枢纽的布局和建设应紧密围绕地市城市及区域重要节点，健全省市县乡多级物流组织体系和基础设施建设。

2. 发挥物流园区的辐射效应

现代物流业可以带动枢纽经济、通道经济、平台经济等经济发展模式创新（陈方健，2018）。以贵阳主城区和贵安新区为核心建设物流园区，带动物流园区周边地区的发展，提高区域辐射能力，提高区域内人口和相关产业的聚集度，推动城市和农村经济又快又好地发展。充分发挥遵义作为省内中心城市的作用，努力实现资源的合理分配，形成协调发展的机制，统筹推进交通、生态、产业、信息、公共服务等各行业的综合发展，以"圈"带"群"，促进和支持黔中城市群的发展，使其成为西部地区的经济增长新高地。依据交通发展趋势建立多个城市聚集区，对行政区划进行适当调整。对于具有区域带动作用、位于交通枢纽位置的县城，在推进新型城镇化进程的同时也应努力将其建设成为交通重要支点城市，有序推进"撤县（市）设区""撤县设市"的进程，逐步建立产业示范基地、农业科技示范园区，让这些示范基地为物流园区的发展提供强有力的内生动力。

3. 推进多式联运

逐步实现各种运输方式无缝隙衔接和零距离换乘加强多式联运。在多式联运领域，既要重视作为硬件基础的不同运输方式设施联通和载运工具互连，更要重视多式联运方式间相关服务水平、作业流程以及信息系统的紧密对接。鼓励各市州在铁路、水运码头等基础上，积极发展多式联运。大力推广黔轮胎在发展多式联运的基础上降低运输成本方面的成功经验，瓮福、开磷等大型生产企业可以积极发展物流外包，细化物流运输方案。

## 二、把交通基础设施优势转化为物流成本优势

（一）多措并举降低交通和物流成本

1. 降低交通建设资金成本

积极探索"肥瘦搭配"的全国高速公路与公益性非收费公路相结合的模式。鼓励运输公司在直接融资方面加大融资力度，扩宽融资成本渠道，优化融资结构。通过对PPP模式的推广来加快解决交通基础设施建设投融资困难这一问题。探索以基础设施信托资金和经营性公路资产证券化为基础设施资产进行盘活的方法。引导银行和金融机构加大对物流企业的融资支持力度，促进供应链金融标准化发展，以核心企业为基础，加大对中小、下游企业的金融服务力度，鼓励符合条件的运输公司进行上市经营。支持民间资本投资于交通基础设施建设、驾驶培训、网络预约出租车、网络货车、汽车维修和租赁，增强资本的竞争力和活力，

使民间资本逐步发展成为促进交通物流行业发展的源头活水。

2. 利用交通基础设施领域 REITs 试点降低融资成本

规范有序推进贵州基础设施投资信托基金（REITs）试点。交通基础设施项目一般具有投资规模大、投资回收周期较长的特点，在缺乏有效退出机制的情况下，资金占用情况较多。特别是在防范和控制债务风险、加强金融监管的背景下，政府融资平台、非标通道业务等基础设施领域传统投融资渠道被限制，进一步限制了新建交通基础设施项目的资金来源。基础设施 REITs 的推出，为交通基础设施项目提供了有效的退出渠道，可以通过 REITs 上市来吸收社会资本参与交通基础设施项目，为新建项目筹集资本金。自 2020 年中国证监会、国家发展改革委印发《关于推进基础设施领域不动产投资信托基金（REITs）试点相关工作的通知》以来，中国基础设施 REITs 取得突破性进展，截至 2021 年，共 11 个REITs 项目发行上市，对盘活存量资产、形成投资良性循环产生了良好示范效应。其中：交通基础设施类别共有 3 只，全部为高速公路类型，发行规模 156.04亿元，占总规模的 42.85%，此外，仓储物流类别有 2 只，发行规模 76.75 亿元，占总规模的 21.08%，与交通行业相关的 REITs 项目发行规模达总规模的63.93%，占了大多数[①]。

3. 加大财政金融优惠力度

要发展乡村交通物流产业，必须在资金上提供充足的支持。新型城镇化投资基金要向乡村物流体系建设方向倾斜，同时要加大财政投入，统筹地方财政、各级政府专项资金、政府专项债，为建设乡村物流体系提供充足的资金支持。对于有益于农村交通物流行业发展的公司和单位，银行和其他金融机构要对其信贷给予一定的政策优惠，放宽市场准入条件。加大普惠金融力度，提高农村地区的金融服务能力，金融机构要通过信贷政策、利率政策等金融手段支持先进物流企业的发展（韩国强，2020）。对于形成示范效应、带动周边发展的公司和单位，降低其进入市场的门槛，以奖代补，给予奖励，鼓励发展。同时要在金融上大力支持乡村物流企业的发展，制定针对相关企业的税收优惠政策。比如，对物流企业的城镇土地使用税进行减半征收，对符合条件的企业采取加计抵减进项税额政策。提高乡村物流企业小规模纳税人增值税的起征点，降低乡村物流企业的税收压力。严格执行降低运杂费迟交金收费标准、取消货物运输变更手续费、精简铁

---

① 崔敏，马衍军，易希薇，宋文轩.2022：交通基础设施领域 REITs 试点回顾及展望［EB/OL］.https://zhuanlan.zhihu.com/p/462047930.

路货运杂费项目等政策。采取分路段、分时段差异化收费政策，优化收费模式，切实降低交通物流运输道路成本。

4. 降低物流使用土地成本

物流业发展，需要较多土地来支撑。在我国，随着城镇化不断推进，土地资源的稀缺性矛盾日益凸显，土地成本占物流成本居高不下甚至有上涨趋势。为企业创造更便利的营商环境，要降低企业准入门槛、制度性交易成本等（夏杰长、刘诚，2020）。地方政府虽然可以依靠土地出让来进行招商引资，但仍需要规范地方政府土地出让行为、降低地方政府对土地出让收入的过度依赖（张戎捷等，2021）。根据国内物流体系建设完善所需的土地，比如重点物流枢纽城市的物流园区、铁路物流的铁路专用线路、冷链物流所需的冷库等，预留出适当的土地保障，以较低的成本进行出让，扩大集约用地规模，推动物流要素聚集，真正降低物流基础设施建设成本。

5. 优化交通运输营商环境

精简审批流程。商事制度改革可以推动产业专业化，并可加快高科技和高契约行业的发展（刘诚、杨继东，2020）。继续优化营商环境，深化"放管服"改革，强化行政审批规范化，深化"互联网+政务服务"进程，建立一个竞争有序、统一开放、公平高效的现代化交通市场系统。加强交通物流顶层设计，要尽快消除跨区域、跨行业的制度性壁垒，健全交通建设、养护、运输等市场准入和退出机制。推进开放铁路运营市场。建立健全基于信用的交通运输监督管理制度。扩大公众参与交通管理的途径，引导诚信经营、行业自律、承担社会责任，创建和谐的交通环境。开放物流平台信息，整合物流有效资源，创新物流机制，出台相应的激励政策和措施，激发物流企业的积极性。在渝黔地区，要率先实现外贸的便利化与一体化，建立一个良好的国际物流合作环境，推动商贸物流经济发展，加强国际物流产业的发展。

营造良好市场环境。鼓励支持民营交通物流企业的兴起和发展，实现市场在配置资源中的决定性作用。可以加强政府部门对交通市场和行业的监督管理，加快对新型商业经营的管理方法的研究，健全运输一体化的法律和法规。促进市场公平竞争，制定完善的市场准入与退出标准，建立健全交通运输监管信息平台，构建良好的诚信环境，加快传统物流行业的转型，完善物流社会化、专业化物流服务体系。建设高素质、专业化的运输人才队伍，以适应新时代产业的发展，创新运输人才保障体系，为实施重点人才工程提供经费、项目支持。制定市场信息披露制度和交通运输政策白皮书，利用新旧媒体形式和媒体平台做好相关政策的宣传工作，努力让公众和企事业单位对交通运输发展的认知和了解更上一层楼，结合先进物流标准化工作的实践，积极复制和推广物流标准化建设的好经验和好做法，把创新经验和先进模式进一步转变为政策和措施。

加强人才队伍建设。健全人才引进机制，培养和集聚高层次交通运输创新型人才。进一步健全和完善人才保障服务体系，加大对智慧交通物流创新建设人才的资金支持，为人才的成长创造一个良好的发展环境。建立健全引导各类人才为乡村振兴服务的长效机制，着眼发展需要，定期开展专业人才培训，为贵州交通职业技术学院和其他高等院校提供交通物流技能培训，全方位培养改革型、创新型、复合型交通运输人才，建立一支高素质的干部队伍，适应贵州省交通物流结构的调整和产业转型升级发展的需要，为加快交通物流大数据构建产业生态体系提供较有力的支撑。

（二）引导现代物流产业集群发展

1. 借助通道优势和节点优势，持续优化物流空间网络体系

加快贵阳和遵义国家物流枢纽建设步伐，创建一批国家级示范物流园区。优化以贵阳—贵安—安顺为核心，遵义与都匀—凯里为两极，六盘水、铜仁、毕节、兴义为区域性物流节点的"一核两极四节点"物流空间总体布局，打造全省内统外联、协调融合发展的"通道+枢纽+网络"物流运行体系，推动干支配网络衔接畅通。

2. 积极参与构建"双循环"新格局，并借势"双循环"促进物流业自身发展

积极融入国内大循环，加快扫清制约国民经济循环的体制机制障碍，形成强大国内市场中的重要一环并以此为依托，加快构建高效、智能、绿色、安全的现代物流体系以进一步对新发展格局形成支撑，面向国内大市场打造西部物流枢纽；积极融入国际大循环，尤其是扩大与"一带一路"沿线国家和东盟国家的开放合作。

3. 以枢纽经济助推产业结构优化升级

结合主要物流通道，加快布局完善与当地产业结构相契合的物流基础设施，持续优化沿线产业结构，培育新的比较优势。以重点物流平台建设、发展多式联运、促进制造业与物流融合、大力发展农产品冷链物流、提质发展商贸物流、统筹发展应急物流、加大物流业市场主体培育力度、提高物流信息化水平等为抓手，加快打造产业融合发展的现代供应链体系和集约高效的现代物流服务体系。

（三）培育壮大现代物流企业

1. 加强跨区域合作

贵州的物流企业应该把握市场机遇，遵守国家和省内政策，大力发展联运的配套服务，解决运输与运输之间的衔接问题。比如加强区域、省份和国际的协调物流服务，为客户提供铁路、公路、水路和航运等多种物流形式的联程转运定制化服务。贵州的物流企业国际化程度较低，需要依托"陆海新通道"建设国际物流产业链，并根据国际物流体系的要求，实现国际物流的规范化发展。同时，要加强与沿边沿海地区的跨国物流公司进行战略合作，学习彼此的经验，整合双方的资源，充分发挥双方优势，达到双赢的效果。目前，贵州省的大数据行业正处于蓬勃发展阶段，贵州的物流企业可以通过与相关的大数据公司进行合作，让大数据技术服务物流产业，从而提高企业的核心竞争力。以贵州物流公司"货车帮"为例，其核心内容是根据物流信息对货主、车辆进行智能匹配。"货车帮"正在拓展物流信息覆盖范围，积极拓展内地与东南亚的货主—车辆匹配业务，以全球作为服务的终极目标。为提高物流企业的运输条件，提供财政激励，以提高其运营水平。

2. 实施重点物流企业培育提升工程

积极吸引一大批国际、国内著名的物流公司入驻贵州，建议通过兼并重组、参股控股、协作联盟等方式让物流企业发展壮大，培育一批规模庞大的具有先进技术、突出主营业务和核心竞争力的现代化物流企业。扶持各市州培育3~5家重点物流企业；如果一些县区条件成熟，也可培育1~2家具有一定影响力的物流企业。鼓励省内从事生产行业的重点企业将物流业务剥离出来，探索生产和运输分离的运营模式，借助第三方、第四方物流服务达到降本增效的目的。促进物流企业取长补短、扬长避短、合作共赢、协调发展，促进物流业和实体经济的协同发展。还要加强全省物流企业和其他类型的企业（如生产制造业、国际贸易等）的交流合作，组建物流企业联盟，促进不同类型企业间的绿色、高效、协同发展。头部物流企业需要主动承担构建"智慧+共享"协同发展体系的责任，与其他物流企业形成利益共同体（裴沛、翟广宇，2022）。政府部门应出台相应政策来支持大型国内国际物流公司在黔设立区域中心、开办业务，采取资金激励等形式对表现优异、促进经济发展的物流企业进行奖励，壮大物流企业的规模，要增强企业的获得感，营造良好的政策环境（李琼、汪德华，2022）。

3. 促进冷链物流业高质量发展

随着冷链物流的消费需求与市场规模的扩大，贵州省冷链运输相关的基础设施分布不均、配套设施和信息化程度较差，加速发展农村冷链物流体系，不仅有助于解决"最初一公里"的问题，还能减少产品损耗，保证新鲜品质，扶持发展生鲜农产品。大力扶持科技类企业立足于冷链基础设施建设，并在政策、资金、土地、人才等方面给予扶持，让冷链物流助力乡村振兴。鼓励冷链物流公司建立战略伙伴关系，推动资源的共建、共用、共享，从而使冷链物流的"任务分配"更加科学，可以将运营成本降到最低，激发冷链企业的市场活力。

4. 可持续发展的绿色物流管理

树立"绿色物流"理念，以确保贵州的可持续发展道路。绿色物流政策是指政府为了保护环境和生态平衡、合理利用自然资源、防止物流产业污染所采取行政、法律和经济措施构成的政策体系。发达国家政府主导的绿色物流政策主要从发生源、交通量、交通流规制三方面。具体方法包括发展基于物流信息网络的共同配送，构建智能交通运输系统。我国包括贵州的物流企业都随着物流量的扩大导致了排气污染等，所以必须尽快提高认识和转变观念，在注重经济效益的同时，也要兼顾环境保护。推动货运"公转铁""公转水"要兼顾质量、环保、经济和效率为转变目标。要增强对企业员工的环保知识培训，在节约能源的意识下，尽可能地发挥物流最大效率。持续推进交通运输领域清洁替代，加快布局充换电基础设施，促进电动汽车在短途物流领域的推广。综上所述，物流是现代服务业，要大力发展，要坚持市场化、产业化、社会化的发展方向。贵州省的物流发展趋势是：企业将进一步重组联合，发挥"一体化战略"经营优势；将大力发展规模物流，加强信息管理，加速物流标准的建设和应用，加快物流管理人才的培养；充分利用第三方物流，进一步降低物流成本、增强企业的竞争力；树立可持续发展物流观念，将绿色物流理念贯穿到企业运作中。

**三、以交通物流服务产业高质量发展**

为解决贵州省物流业与产业高质量发展不匹配的问题，推动贵州省物流服务产业高质量发展，在参考典型案例发展经验的基础上，重点从以下几个方面加强建设。

（一）以物流带动产业融合发展

1. 推动交通和旅游融合发展

建设"路旅融合"的精品旅游风景道。为了适应省内旅游发展的需要，充分发挥人文景观、自然风物、美丽乡村等旅游资源的优势，依托公路建设五彩缤纷的贵州风景大道，让贵州逐渐成为自驾游客心目中"沿路观景、路即是景"

的著名旅游城市。大力发展铜仁梵净山世界自然遗产风景道、荔波喀斯特风景道、贵阳旅游高速环线等示范项目，努力做到让其为创建全国示范工程起到引领作用。提升交通物流的高附加值服务能力（赵光辉，2021），要因地制宜发展旅游产业，赤水、仁怀、习水、瓮安、黎平等县市红色文化资源丰富，可建设红色文化旅游道路公路，打造特色服务系统，开发新的旅游产品。为满足游客多样化、个性化的需要，大力发展客运专线等特色业务和"一站式"综合运游服务，建设"运输+旅游"双重功能的客运集散中心，深化客运业务和旅游产业的交流融合。同时，努力将航道与旅游线路结合起来开拓具有鲜明特色的沿河沿江旅游路线。

2. 加强产业聚集与融合发展

物流业需要向智慧物流的方向发展，将多个行业领域，如零售业、交通业、物流业等通过互联网技术有效融合起来，形成智慧物流新生态，降低物流业运输成本，提升运输效率（赵松岭、陈镜宇，2020）。贵州省坚持把巩固脱贫攻坚成果同乡村振兴进程有效衔接，利用本地资源优势，大力引进特色产业集聚工程，扩大农民收入来源，逐步提高人民收入，改善人民生活水平。交通物流对产业发展和融合起到了很强的促进作用。在交通物流发展的进程中，贵州分阶段加快建设加工强县、产业大县和产业强镇，加强农民合作社、家庭农场的建设。实施家庭农场发展规划，鼓励家庭农场、种养大户积极改善生产条件，持续提高经营水平，逐步建立示范基地、科技示范园区。

（二）发展专业物流，推动产业规模集聚

物流专业化水平的提升有助于形成资源集聚，提高生产要素在产业间的转换、配置效率，推动产业结构向合理化方向演变[①]。因此，针对特定产业，应当大力发展快递物流、铁路物流、仓储物流和大宗商品物流等专业物流（见图7-1），利用专业化的物流服务将传统的运输、仓储等服务集成起来，达到贵州省产业规模提升和经济增长。

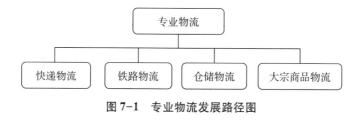

图7-1 专业物流发展路径图

---

① 艾麦提江·阿布都哈力克，白洋，卓乘风，等．物流产业专业化对产业结构的空间溢出效应：基于技术进步的调节作用［J］．工业技术经济，2018，37（3）：70-78.

一是加快发展快递物流。实施快递"进厂进村出海"工程，推进邮政快递物流基地、区域分拨中心、集散中心等快递节点建设，依托机场、高铁枢纽站，打造集电商、快递、仓储、配送为一体的综合物流园区。实施交邮协同发展工程，实现邮政、快递网络与各种运输方式的无缝衔接。全力提升快递物流从单纯的基础服务向用户体验升级方向进阶，将服务范围延伸至农村地区、欠发达地区，鼓励农村快递物流企业主动对接农民合作社、家庭农场等，依托产业资源优势，立足特色农产品和现代农业的发展需求，为工业品下乡、农产品上行提供专业的寄递服务。

二是积极发展铁路物流。进一步完善铁路货场、装车点等基础设施，建设发展铁路专用线，提升铁路集货组织能力，开行以市场需求为导向的定制化货运班列。推动铁路物流延伸服务功能，加强铁路、公路、港口货物运输业务协同，推广铁路"一站式""一单制"服务。推动贵阳改貌铁路海关监管作业场所开发国际物流运输业务，积极加入"蓉新欧""渝新欧"，适时开行"黔新欧"集装箱班列，发展贵州至东盟国家国际货运班列。鼓励有条件的物流园区、铁路货场发展高铁物流，拓展高铁货运、高铁快递业务。

三是加快发展粮食仓储物流。完善粮食仓储设施布局，建设西北部、西南部、中部、东北部、东南部五大粮食安全保障圈，打造贵阳、遵义双粮食物流枢纽，布局建设跨省粮食铁路物流节点，大幅提升粮食跨省流通效率。在各市州建设中心库，补齐省级储备仓容短板，填补县级仓容空白。推广应用先进的散粮接发设施等物流新装备和新技术，提升竞争力。

四是大力发展大宗商品物流。优化煤炭、矿产、钢材、粮食、建材等大宗商品物流服务网络，提升大宗商品物流能力，研究开行铁路货运班列、点对点货运列车、大宗货物直达班车，发展铁路散粮运输，煤炭、钢材、化肥等产品重载运输。增强大宗商品物流枢纽、园区等储备中转、通关保税等功能，推进大宗商品仓储数字化，构建大宗商品供应链物流服务平台。

（三）打造特色物流，促进产业结构升级

在构建新发展格局背景下，宏观经济产业结构仍在不断调整和优化，逐步转向以技术和知识密集型产业为主的产业结构体系。物流业作为第三产业的朝阳产业，是促进经济发展的"加速器"。物流业不仅是为了提供特色的物流服务，满足消费者的差异化需求，更是为了开发和创造消费者价值，同时，产业结构高级化发展必然要求物流产业特色化、个性化。因此，发展特色冷链物流、打造特色物流路线、打造特色物流园区和开拓特色物流企业等成为推动产业结构转型升级的重中之重（见图7-2）。

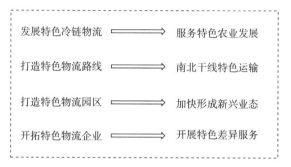

发展特色冷链物流 ⟹ 服务特色农业发展

打造特色物流路线 ⟹ 南北干线特色运输

打造特色物流园区 ⟹ 加快形成新兴业态

开拓特色物流企业 ⟹ 开展特色差异服务

**图7-2 特色物流发展路径图**

一是发展特色冷链物流，服务特色农业发展。《"十四五"现代物流业发展规划》提出，"十四五"时期，贵州将实施农产品冷链物流发展工程，鼓励物流企业围绕现代农业产业园区、重点生产基地、城市农产品批发市场，大力推动骨干冷链物流基地、冷链物流园区等冷链物流设施建设，构建新型物流产业集群枢纽经济区。一方面，大力发展以县域为基本单元的共建共享冷链物流模式，实现对全省冷链网络的投资建设和运营管理。另一方面，结合贵州山地特色，物流企业可引进移动式冷库，不仅可以解决小规模基地建冷库难的问题，同时能够循环共用降低物流成本。以贵州黔运通达物流有限公司为例，它与另一家仓配冷链公司携手合作，创建了"一站式"冷链物流公司，实现了资源的充分互补。此外，还应深度聚焦农产品流通"最先一公里"和农产品配送"最后一公里"，加快建设产地预冷、贮藏保鲜、分级包装等冷链物流设施，鼓励企业面向餐馆、酒店、商场等开展农产品集中采购、多温区共同配送服务。

二是打造特色物流路线，发展航空物流。贵州省物流最具优势的是自北向南的"南向通道"，绝大多数商品都是往南运输到广西北部湾、广东珠江三角洲；向东则是先到港口，再以船运发往各地。因此，发展"南北干线"的特色化运输是贵州省最具优势的运输线路。此外，贵阳市作为西部陆海新通道战略规划的重要战略节点城市，应当大力发展航空物流，将贵州省特色优势产品向全球销售，提升经济发展的对外开放程度。

三是打造特色物流园区。首先，整合零散物流资源，吸引企业入园，同时，加快整合配送系统，完善产品物流配送体系。其次，应当强化园区基础服务设施建设、特色经营和创新发展模式，加快形成以现代物流、商贸市场、高端城镇化商住、休闲旅游、生活购物配套、大健康城为主的产业板块，打造相互关联的冷链仓储、电商仓配、城市配送、商贸市场等新兴业态，通过不断优化园区服务质量，推动特色物流园区发展，最终实现园区内相关产业的高质量发展。

四是开拓特色物流企业服务。现阶段，贵州省物流企业所提供的服务基本都是统一化、标准化的，而特色物流企业较少，这就要求物流企业开拓发展独具特色的物流服务，迎合不同消费者的消费需求，不断创新自身的物流服务水平，使服务更具特色化、更有针对性。一方面，应当在加强基本服务的基础上，改进原有物流服务质量，开展特色化差异服务。另一方面，应当适应新的消费趋势，开辟新的消费市场，扩大企业服务涉及面。此外，还应不断开拓新的物流服务产品线，提升企业的竞争力，扩大企业物流服务产品的覆盖面。

（四）融入智慧物流，驱动产业智能发展

大数据、云计算、物联网、人工智能等信息技术的出现，不断驱动着数字经济的快速发展，数字化转型成为实现产业高质量发展的重要引擎。在现代信息技术的推动下，越来越多的物流、电商企业加入智慧物流行列，智慧物流正成为物流业转型升级的新目标，更是物流业实现降本增效的重要源泉。智慧物流的应用能够进一步保障相关产业的快速发展，实现各阶段的业务数据化、运营数字化，促进物流、信息流、资金流、商流四流合一，提升整体产业链的数字化发展水平，如图7-3所示。

一是建立智慧物流信息平台。借助信息技术使不同层面的物流信息得到有效整合，实现对供应链的结构与物流布局的优化处理，对物流不同业务运营和服务质量进行有效监管，从而协调人、财、物等物流资源的分配。目前，贵州省物流公共信息平台主要功能包括物流信息服务、政策咨询、车货匹配、路线优化和区域物流趋势分析等。未来还应继续完善产业链上下游的合作机制，升级改造现有的物流信息交换平台和数字运营中心，将物流信息从"点"发展到"面"，实现不同部门、不同企业、不同行业、不同区域之间物流信息的交换与共享，打造各种物流资源、设备和服务为一体的"物流信息交换网"，破除物流行业长期存在的信息孤岛现象。

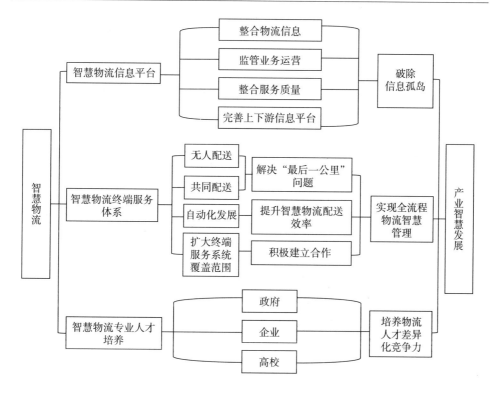

**图 7-3  智慧物流发展路径**

二是健全智慧物流终端服务体系。一方面，应当加快关键软件的开发与工程设计，充分利用云计算、大数据等信息技术，探索创新无人配送、共同配送等智慧物流模式，推进智慧物流配送模式向着集约化方向发展，让"最后一公里"配送问题得到充分解决。另一方面，应当加快物流终端的智能化发展，不断深化和拓展物流作业全过程的自动化应用场景。从自动化仓储到电子标签拣选、机器人拣选，再到自动化分拣、存取、装运等步骤，应当全部实现智能化操作①，从而显著提升物流运作效率。此外，还应扩大终端服务系统的覆盖范围，深入推进物流配送企业与社区、农村地区的服务站、便利店、物业公司等建立合作，让智能物流终端服务的覆盖范围延伸到各个角落。例如，重点依托贵安电子信息产业园、中国特色物联网（遵义）基地等，引进发展一批优质企业，通过将各类物流服务 App 以打包的形式一站式打通，实现全流程物流智慧管理。

---

① 余娟．我国智慧物流发展趋势、存在问题和对策研究［J］．价格月刊，2019（2）：65-69.

三是重视智慧物流专业人才培养。智慧物流的发展需要一大批既掌握物流管理专业知识与技能，又能熟练应用现代信息技术的复合型人才。因此，贵州省应当充分联合政府、企业、高校三方，推动智慧物流人才培养工作。对于政府而言，应出台相关人才培养政策，对高校与企业在人才培养的深度融合方面提供支持。同时，大力引进海外优秀的物流人才，实现物流发展与国际接轨。对于企业而言，应当注重对物流从业人员的专业培训，丰富智慧物流实战经验。对于高校而言，应当针对智慧物流人才的特点，构建复合型人才培养体系，在科学设置课程体系的同时，着重培养其实践能力，以此培养物流人才的差异化竞争力。

（五）提倡绿色物流，保障产业低碳发展

2021年3月，"碳达峰、碳中和"首次写入政府工作报告，并明确在"十四五"时期，单位国内生产总值能耗和二氧化碳排放分别降低13.5%、18%。贵州省自2016年获批国家生态文明试验区后，又通过颁布一系列政策措施，不断推动着产业绿色化和绿色产业化。在"双碳"目标下，物流行业也将面临着巨大变革，因此，有必要大力发展绿色物流，构建产业绿色低碳化目标，打造利于物流服务产业绿色发展的保障路径。

图7-4展示了绿色物流发展的两大路径。一方面，应当树立绿色发展理念，助力"双碳"目标实现。对于政府而言，应当加快制定并实施具有前瞻性的物流绿色低碳发展相关政策文件，打造绿色城市、低碳城市、绿色低碳物流城市

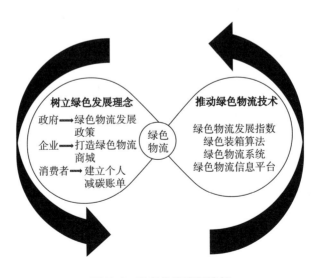

图7-4 绿色物流发展路径

等。对于物流企业而言，应当全面打造绿色低碳的物流管理理念，携手共同创建贵州绿色物流商城。例如，物流企业可以开展减碳包装设计、环保包材替代、循环物流运输、包装上门回收等一系列绿色行动，助力绿色物流服务产业高质量发展。对于物流消费者而言，应当提升其绿色环保意识，实现物流行业生态优先、绿色低碳发展。比如，可以建立个人减碳账单，推动全民践行绿色回收行为，在菜鸟驿站和快递网点设置绿色回收箱，鼓励消费者快递纸箱分类回收、二次利用等。另一方面，应当提升绿色物流技术应用，推动数字化减碳。以浙江省为例，2019 年 3 月，浙江省发布全国首个省级绿色物流发展指数，旨在全面评估物流行业绿色发展水平，推进绿色物流发展。科技创新作为物流运输绿色化发展的第一动力，加强绿色物流运营技术创新，是持续推进绿色探索和实践，不断提高物流绿色化水平的重要方式。据中环联合认证中心（CEC）测算，使用原箱发货、装箱算法、环保包材的"绿色物流包裹"单位减碳量分别可达 358 克、62 克和 22 克，如果一个包裹能历经完整的菜鸟绿色物流全链路可减碳超过 1000 克[①]。因此，在物流运输环节，各大物流企业应当积极探索装箱算法优化、纸箱回收等工作，推动快递包装绿色转型；同时，推广 LNG、CNG 等清洁能源和电动等新能源运输配送车辆，配套建设加气站、充电站等绿色交通能源设施，进一步降低污染。此外，还应积极开发绿色物流系统，绿色物流信息平台等，打造以绿色园区、绿色仓储、绿色包装、绿色运输、绿色回收为一体的全链路的绿色物流体系。

（六）形成集约物流，促进产业布局优化

贵州省应当持续优化"一核两极四节点"的物流空间总体布局，建立快速高效的物流网络体系。一是强化省会贵阳市的核心引领作用，发挥其物流核心枢纽的优势，围绕不同类型的先进产业集群，大力发展工业物流、冷链物流、快递物流、航空物流、国际物流等不同类型的物流，强化物流对区域经济发展的辐射带动作用，促进产业集约集聚发展，引领带动区域协同高效发展。二是加快建设以遵义为中心的北部增长极和以都匀—凯里为中心的黔南黔东南南部增长极。充分发挥遵义的国家物流枢纽承载城市、西部陆海新通道节点城市的作用，大力发展以公铁、公水、铁水联运为重点的多式联运体系。都匀—凯里城市群为中心的黔南州、黔东南州应当充分发挥作为贵州南大门和东大门的区位优势，大力发展

---

① 许英明，李晓依，肖新艳，等 . 物流产业互联网促进实体经济发展路径分析［J］. 中国经贸导刊，2021（23）：23-27.

以公铁联运为重点的多式联运。三是全力推进六盘水、铜仁、毕节、兴义四个物流枢纽节点和多个物流集散节点建设，形成全省内统外联、协调融合发展的物流网络体系，最终以形成设施衔接、信息互联和功能互补的分层分级物流空间网络。

另外，以"三纵三横"物流通道为载体，推动贵阳、遵义、安顺等区域性中心城市的支线网络建设，加强中心城市与周边城市间的支线联系，为大通道聚集物流服务资源、开展规模化运作提供支持，为周边城市利用大通道创造条件。同时，积极引导区域分拨、城市配送系统布局建设，加强末端配送与物流通道之间的联系，创新城乡配送发展模式，围绕生产力布局和城乡居民消费，优化现代物流业空间布局，整合产业资源，减少返空、迂回、无效、过远等不合理运输，通过集约化发展，避免重复建设和过多占用资源。还应构建多式联运服务网络，加快推进以国家级多式联运示范工程为重点的多式联运基础设施建设。结合贵阳、遵义国家物流枢纽建设，打造一批陆港型国家物流枢纽公铁联运工程、空港型国家物流枢纽公空联运工程。

**四、以乡村交通物流带动农业现代化和乡村振兴**

乡村振兴战略的实施有利于促进城乡协调发展。在宏观层面上，政府仍需要推动财政和金融体制改革，赋予农民更多财产权利，提供更多的政策扶持。目前，贵州省乡村振兴建设已经取得了阶段性的胜利，交通物流初步带动了贵州乡村振兴，但想要全面实现乡村振兴仍然任重道远，应多措并举促进交通物流政策向农村倾斜，推进乡村地区物流相关配套设施的标准化建设，包括储藏、运输和信息平台等物流相关的基本配置（苏霞、杨欣，2020）。贵州"以交通设施带动物流，以物流服务产业发展"的乡村振兴模式，具有现实意义。乡村交通物流可以成为一条贯通农村产业链和农民创收链的主线，交通物流服务农业农村的层次依次为：服务农业，对内输入农业物资和技术，对外拓展农产品市场；降低农村物流成本，优化营商环境，拉动农村二三产业发展；增加农村非农就业岗位，提升农民就业和收入；拉动农村消费，推动乡镇产业集聚，提高农村公共服务和生活质量。具体建议如下：

（一）加快乡村交通建设并严控债务风险

加大对乡村道路建设的财税支持力度。加大乡村快递物流的补贴力度，切实搞活乡村商贸物流。加强信息高速公路建设，把数字基础设施与交通基础设施建设相结合，通过数字技术提高交通设施运营效率，并拓展农民利用线上市场外销农产品的途径，扩大乡村物流需求。建立农村公路基础数据库，对所有农村公路实行档案化管理，确保农村公路管理养护工作有章可循，不断提高管理水平。强化财政资源统筹，积极盘活各类资金、资产，妥善处理好存量债务和隐性债务。增发国债用于乡村振兴交通基础设施和数字基础设施建设，鼓励发行地方债，并严控地方债风险。按照市场化和法制化的需要，在适度调整地方债务的前提下，通过与金融机构协商，采用展期、债务重组等方式维持财政资金的流动。

（二）加强乡村数字交通建设

在保留乡村外部风貌和内在文化精华的前提下，逐步向城市看齐，发展具有中国特色的数字乡村。推动通信基础设施建设，针对农村地区建网成本高、难以收回投资等问题，建立可持续的网络投资和维护费用保障机制，进一步夯实网络基础设施，确保农村网络可用、好用，加速推进5G网络在贵州全省范围的城乡连续全面覆盖；落实综合服务设施提升工程，加强乡村公共交通、文化体育等公共服务设施建设。加强水电等乡村基础设施建设，为乡村振兴补短板、增动力。提高乡村快递物流补贴标准，切实搞活乡村商贸物流，构建高效智慧物流信息平台、优化物流网络体系和终端配送服务网络。贵州省数字基础设施加速升级，网络基础设施建设步伐明显加快，互联互通能力显著改善，优化科技智慧对交通运输的引领支撑作用。

整合乡村物流企业的信息平台。政府应积极推动构建良好的商贸物流环境，建立商贸物流信息平台和信用体系（张娟娟、王会宗，2019）。加快贵州省农村物流信息网的建设，构建贵州物流信息"一张网"等信息平台的建设，为农村物流企业提供各种信息和资质查询、运行监测、通关查验、信用管理等服务。在保证信息安全的基础上，鼓励铁路、港口、航空、交通运输、公安交管等有关部门和单位要主动对公众公开与物流有关的信息。进一步完善贵阳传化、贵州梵运、满帮等物流信息平台的建设，推进信息平台的标准化、规范化进程。推动物流运输工具的回收利用，加快标准化集装箱的规划和建设步伐。以客运站、高铁站、机场为主要场景，对各种交通方式的信息资源进行整合和发布。构建智慧公交云平台、智慧路网调度和运营管理平台。加快在重点口岸建立多式联运信息服务平台，争取将其纳入到拥有专用线的港口。

（三）推进交邮融合发展

构建县、乡、村三级快递物流服务体系，实施"快递进村"工程，解决农村收发快递的"最先和最后一公里"。充分利用客运站、邮政网点、高速路服务区等闲置资源，鼓励交通、邮政、快递"多站合一"的综合服务站点建设，结合电商物流和数字经济发展趋势，打通农村物流"下乡与进城"双向快捷通道，促进农产品内循环。在乡村物流末端服务点增加检验检测、仓储、包装、展示、交易以及初加工等农产品价值链增值服务。

无论是中央一号文件还是国务院常务会议、全国邮政管理工作会议都强调要推进"快递进村"工程，完善农村寄递物流体系，发挥邮政在末端寄递中的基础性作用。近年来，中国邮政持续推进县乡村"三级寄递物流体系"建设工作，为完善农村寄递物流体系提供了成功实践。建立健全邮政快递服务网络，努力把贵阳建成全国邮政快递枢纽，把遵义和黔南地区建成区域性快递枢纽，创建多个区域性次级快递枢纽，加快建立"1+2+N"的邮政快递运输网络。加快"交通+邮政"一体化发展进程，持续推进县乡村三级快递物流服务体系的建设工作，解决农村收投"最初和最后一公里"的问题，切实做到快递进村进家门。建立交通、邮政、快递等"多站合一"综合服务平台，建立城乡密切联通的物流双向快捷通道，推广邮快合作、快快合作、快交合作、快商合作等模式。在推进邮政服务体系建设的同时应贯彻落实绿色的发展理念，促进环保、可降解的包装材料的应用。

（四）促进乡村特色产业链建设和集聚

提高乡村物流产业及物流服务农业的融合度，促进农业产业链延伸。开设农产品上行物流中心，从田间地头开始品控分级，让农货卖出更好的价格，降低农产品供应链环节的损耗和物流成本，真正把产值留在农村，把增收留给农户。加强农村基础设施和公共服务体系建设，改善农村人居环境。推进乡村物流中心和消费中心建设，把乡镇建成农民消费娱乐和医疗教育主要聚集地，走城乡等值化发展而非同质化发展的道路。

（五）改善乡村营商环境

以降低物流成本为切入点，逐步改善乡村信贷成本、土地成本等各类营商成本，促进农业有序发展以及二三产业招商引资。进一步深化"放管服"，加快建立全方位、多层次、立体化的监管机制。不动产登记、交易、缴税等业务的网上办理，实行"一窗受理""并行办理"，打通部门间数据壁垒。完善信用体系建设，强化信息公开制度。提高金融服务实体经济的质量，扩大中小企业的融资规模，为企业解决经济困难提供有力的支持。要切实改善我国民营企业的发展环境，夯实竞争政策的基础性地位，实行公平竞争的审查机制，消除招投标的隐性障碍。同时，提高乡村治理水平，培育契约精神，改善商业环境，以此鼓励和吸引城市资本和人才下乡。

# 参考文献

［1］Aggarwal S. Do rural roads create pathways out of poverty? Evidence from India［J］. Journal of Development Economics, 2018（133）: 375-395.

［2］Alder S. Chinese roads in India: The effect of transport infrastructure on economic development［C］. Available at SSRN 2856050, 2015.

［3］Allen T, Arkolakis C. The welfare effects of transportation infrastructure improvements［Z］. National Bureau of Economic Research, 2019.

［4］Asher S, Novosad P. Rural roads and local economic development［J］. American Economic Review, 2020, 110（3）: 797-823.

［5］Banerjee A, Duflo E, Qian N. On the road: Access to transportation infrastructure and economic growth in China［J］. Journal of Development Economics, 2020（145）: 102442.

［6］Banister D, Stead D. Impact of information and communications technology on transport［J］. Transport Reviews, 2004, 24（5）: 611-632.

［7］Baum-Snow N, Brandt L, Henderson J V, et al. Roads, railroads, and decentralization of Chinese cities［J］. Review of Economics and Statistics, 2017, 99（3）: 435-448.

［8］Berger T, Enflo K. Locomotives of local growth: The short-and long-term impact of railroads in Sweden［J］. Journal of Urban Economics, 2017（98）: 124-138.

［9］Capineri C, Leinbach T R. Globalization, e-economy and trade［J］. Transport Reviews, 2004, 24（6）: 645-663.

［10］Coşar A K, Demir B. Domestic road infrastructure and international trade: Evidence from Turkey［J］. Journal of Development Economics, 2016（118）: 232-

244.

[11] Donaldson D, Hornbeck R. Railroads and American economic growth: A "market access" approach [J]. The Quarterly Journal of Economics, 2016, 131 (2): 799-858.

[12] Donaldson D. Railroads of the raj: Estimating the impact of transportation infrastructure [J]. American Economic Review, 2018, 108 (4-5): 899-934.

[13] Faber B. Trade integration, market size, and industrialization: Evidence from China's national trunk highway system [J]. Review of Economic Studies, 2014, 81 (3): 1046-1070.

[14] Fajgelbaum P D, Redding S J. External integration, structural transformation and economic development: Evidence from argentina 1870-1914 [Z]. CEP Discussion Papers, 2014.

[15] Gao Y, Su W, Wang K. Does high-speed rail boost tourism growth? New evidence from China [J]. Tourism Management, 2019 (72): 220-231.

[16] Ghani E, Goswami A G, Kerr W R. Highway to success: The impact of the golden quadrilateral project for the location and performance of Indian manufacturing [J]. The Economic Journal, 2016, 126 (591): 317-357.

[17] Gibbons S, Lyytikäinen T, Overman H G, et al. New road infrastructure: The effects on firms [J]. Journal of Urban Economics, 2019 (110): 35-50.

[18] Heblich S, Redding S J, Sturm D M. The making of the modern metropolis: Evidence from London [J]. The Quarterly Journal of Economics, 2021, 135 (4): 2059-2133.

[19] Heuermann D F, Schmieder J F. The effect of infrastructure on worker mobility: Evidence from high-speed rail expansion in Germany [J]. Journal of Economic Geography, 2019, 19 (2): 335-372.

[20] Holl A. Highways and productivity in manufacturing firms [J]. Journal of Urban Economics, 2016 (93): 131-151.

[21] Jedwab R, Moradi A. The permanent effects of transportation revolutions in poor countries: Evidence from Africa [J]. Review of Economics and Statistics, 2016, 98 (2): 268-284.

[22] Ke X, Chen H, Hong Y, et al. Do China's high-speed-rail projects promote local economy? —New evidence from a panel data approach [J]. China Eco-

nomic Review, 2017 (44): 203-226.

[23] Martincus C V, Carballo J, Cusolito A. Roads, exports and employment: Evidence from a developing country [J]. Journal of Development Economics, 2017 (125): 21-39.

[24] Martinez-Zarzoso I, Perez-Garcia E M, Suárez-Burguet C. Do transport costs have a differential effect on trade at the sectoral level? [J]. Applied Economics, 2008, 40 (24): 3145-3157.

[25] Obasan K A, Ogunkoya O A, Hassan B A. The effect of transportation in logistics operation on an entrepreneurial performance [J]. Ethiopian Journal of Environmental Studies and Management, 2016, 9 (2): 228-234.

[26] Qin Y. "No county left behind?" The distributional impact of high-speed rail upgrades in China [J]. Journal of Economic Geography, 2017, 17 (3): 489-520.

[27] Redding S J, Turner M A. Transportation costs and the spatial organization of economic activity [J]. Handbook of Regional and Urban Economics, 2015 (5): 5, 1339-1398.

[28] Rietveld P, Boonstra J. On the supply of network infrastructure [J]. The Annals of Regional Science, 1995, 29 (2): 207-220.

[29] Rosenstein-Rodan P N. The problems of Industrialization of Eastern and South-Eastern Europe [J]. The Economic Journal, 1943 (53): 202-211.

[30] Shi Y, Guo S, Sun P. The role of infrastructure in China's regional economic growth [J]. Journal of Asian Economics, 2017 (49): 26-41.

[31] Storeygard A. Farther on down the road: Transport costs, trade and urban growth in sub-saharan Africa [J]. The Review of Economic Studies, 2016, 83 (3): 1263-1295.

[32] Tamura R. Regional economies and market integration [J]. Journal of Economic Dynamics and Control, 1996, 20 (5): 825-845.

[33] 把农村公路建好管好护好运营好　为广大农民致富奔小康加快推进农业农村现代化提供更好保障 [N]. 人民日报, 2017-12-26 (1).

[34] 白重恩, 冀东星. 交通基础设施与出口: 来自中国国道主干线的证据 [J]. 世界经济, 2018, 41 (1): 101-122.

[35] 卞元超, 吴利华, 白俊红. 高铁开通、要素流动与区域经济差距

［J］．财贸经济，2018，39（6）：147-161.

［36］陈方健．从十九大报告看我国物流业未来发展［J］．物流技术，2018，37（6）：26-29+59.

［37］陈昊泽，何丽新．《日本商法典》运输总则最新修订之评析［J］．中国海商法研究，2018，29（3）：88-97.

［38］陈胜蓝，刘晓玲．中国城际高铁与商业信用供给：基于准自然实验的研究［J］．金融研究，2019（10）：117-134.

［39］谌贻琴．不负殷切嘱托　圆梦全面小康［J］．求是，2021（14）：66-71.

［40］打破"一亩三分地"习近平就京津冀协同发展提七点要求［EB/OL］．人民网，http：//jhsjk. people. cn/article/24485849，2014-02-27.

［41］丁瑞．基于轨迹数据的道路提取技术研究［D］．长沙：国防科技大学，2018.

［42］董林飞．电子商务物流概念及模型研究［J］．重庆科技学院学报（社会科学版），2011（20）：74-75+87.

［43］樊纲，郑宇劼，曹钟雄．双循环：构建"十四五"新发展格局［M］．北京：中信出版社，2021.

［44］高贺云．部署"快递进村"　加快农村寄递物流体系建设研究［J］．中国果树，2022，220（2）：132.

［45］高鸿业．经济学基础［M］．北京：中国人民大学出版社，2016.

［46］高翔，龙小宁，杨广亮．交通基础设施与服务业发展：来自县级高速公路和第二次经济普查企业数据的证据［J］．管理世界，2015（8）：81-96.

［47］葛喜俊．城市物流区位形成机理及空间结构特征研究［J］．物流技术，2014，33（13）：1-4.

［48］共创中伊关系美好明天［N］．人民日报，2016-01-22（2）.

［49］贵州省商务厅．全国首次！贵州实现中老铁路与中欧班列测试衔接［N］．潇湘晨报，2022-05-19.

［50］郭照蕊，黄俊．高铁时空压缩效应与公司权益资本成本：来自A股上市公司的经验证据［J］．金融研究，2021（7）：190-206.

［51］韩国强．金融对乡村振兴的引领作用［J］．中国金融，2020，921（3）：64-66.

［52］何盛明．财经大辞典［M］．北京：中国财政经济出版社，1990.

［53］和立道，李妍．城乡公共服务均等化影响因素及其路径选择［J］．云南师范大学学报（哲学社会科学版），2012，44（6）：107-114.

［54］胡承谷．借鉴国外经验　改革发展湖北水运事业：赴德国荷兰航运港口考察的体会［J］．交通财会，1998（6）：18-19.

［55］胡伟．交通运输与经济发展的良性互动［J］．北方交通，2010（8）：73-75.

［56］胡雪芹，姜旭，王雅琪．物流成本水平对小微企业的经济影响：来自中国小微企业调查（CMES）数据的分析［J］．工业技术经济，2022（2）：23-32.

［57］黄娴．中老铁路国际货运列车与中欧班列国内首次测试贯通［N］．人民日报，2022-05-19（11）.

［58］黄张凯，刘津宇，马光荣．地理位置、高铁与信息：来自中国IPO市场的证据［J］．世界经济，2016，39（10）：127-149.

［59］吉赟，杨青．高铁开通能否促进企业创新：基于准自然实验的研究［J］．世界经济，2020，43（2）：147-166.

［60］坚持用全面辩证长远眼光分析经济形势　努力在危机中育新机于变局中开新局［N］．人民日报，2020-05-24（1）.

［61］姜文仙．区域经济增长溢出效应的传输途径：一个分析框架［J］．发展研究，2014（9）：39-46.

［62］本书编写组．交通强国建设纲要学习读本［M］．北京：人民交通出版社，2020.

［63］决定召开十九届五中全会　中共中央总书记习近平主持会议［N］．人民日报，2020-07-31（1）.

［64］李涵，唐丽淼．交通基础设施投资、空间溢出效应与企业库存［J］．管理世界，2015（4）：126-136.

［65］李怀政．现代物流理论的兴起与发展路径研究［J］．科技进步与对策，2004（11）：73-75.

［66］李建明，罗能生．高铁开通改善了城市空气污染水平吗？［J］．经济学（季刊），2020，19（4）：1335-1354.

［67］李兰冰，阎丽，黄玖立．交通基础设施通达性与非中心城市制造业成长：市场势力、生产率及其配置效率［J］．经济研究，2019，54（12）：182-197.

［68］李青青．怀化市全国性综合交通枢纽优势将充分释放［N］．怀化日报，2021-08-25.

［69］李琼，汪德华．支持中小微企业创新的财税政策：现状、经验与启示［J］．财经问题研究，2022（3）：72-82.

［70］李松涛．企业产品竞争优势来源的微观分析［J］．中国管理信息化（综合版），2007（11）：36-38.

［71］李天籽，王伟．网络基础设施的空间溢出效应比较研究［J］．华东经济管理，2018，32（12）：5-12.

［72］李小建．经济地理学发展审视与新构思［J］．地理研究，2013（10）：1865-1877.

［73］李严锋，谷丽娟．对云南发展现代物流的思考［J］．云南财贸学院学报（社会科学版），2003（1）：63-64.

［74］李作聚．美国物流业发展现状分析［J］．中国流通经济，2012，26（11）：24-30.

［75］梁若冰，汤韵．交通改善、企业贸易与区域市场整合：基于增值税发票的经验研究［J］．财贸经济，2021，42（10）：36-51.

［76］廖海．我国物流产业发展对策研究［J］．中国流通经济，2004（9）：17-19.

［77］刘秉镰，刘玉海．交通基础设施建设与中国制造业企业库存成本降低［J］．中国工业经济，2011（5）：69-79.

［78］刘秉镰，武鹏，刘玉海．交通基础设施与中国全要素生产率增长：基于省域数据的空间面板计量分析［J］．中国工业经济，2010（3）：54-64.

［79］刘诚，杨继东．商事制度改革与产业专业化［J］．中国工业经济，2020（4）：135-153.

［80］刘诚．数字经济与共同富裕：基于收入分配的理论分析［J］．财经问题研究，2022（4）：25-35.

［81］刘冲，刘晨冉，孙腾．交通基础设施、金融约束与县域产业发展：基于"国道主干线系统"自然实验的证据［J］．管理世界，2019，35（7）：78-88+203.

［82］刘冲，吴群锋，刘青．交通基础设施、市场可达性与企业生产率：基于竞争和资源配置的视角［J］．经济研究，2020，55（7）：140-158.

［83］刘浩华，陈秀玲，王雪峰．城镇化与物流绿色全要素生产率的门槛效

应研究 [J]．经济与管理评论，2020，36（2）：123-132.

[84] 刘利军．应急物流 [M]．北京：中国财富出版社，2015.

[85] 刘民权．全球化中的中国中小企业：交通基础设施的作用 [J]．金融研究，2018（4）：121-137.

[86] 刘生龙，胡鞍钢．基础设施的外部性在中国的检验：1988 — 2007 [J]．经济研究，2010（3）：4-15.

[87] 刘生龙，胡鞍钢．交通基础设施与经济增长：中国区域差距的视角 [J]．中国工业经济，2010（4）：14-23.

[88] 刘生龙，胡鞍钢．交通基础设施与中国区域经济一体化 [J]．经济研究，2011，46（3）：72-82.

[89] 刘文刚．广州市站西路钟表专业批发市场物流现状与发展研究 [J]．特区经济，2007（8）：42-44.

[90] 柳长立．美国综合运输交通安全战略规划综述 [J]．交通与运输，1999（6）：33.

[91] 龙玉，赵海龙，张新德等．时空压缩下的风险投资：高铁通车与风险投资区域变化 [J]．经济研究，2017，52（4）：195-208.

[92] 罗丹，高自旺，于周顺．交通网络、市场接入度与进口贸易网络地位：基于中国制造业企业的研究 [J]．财经论丛，2022（4）．

[93] 罗克平．城市化的航空港：访荷兰阿姆斯特丹史基浦机场 [J]．航空港，2005（1）：46-47.

[94] 罗艺，张盛，付江月．贵州物流业与新型城镇化协调发展研究 [J]．物流技术，2020，39（10）：74-77+83.

[95] 马光荣，程小萌，杨恩艳．交通基础设施如何促进资本流动：基于高铁开通和上市公司异地投资的研究 [J]．中国工业经济，2020（6）：5-23.

[96] 毛丽娟，夏杰长．旅游业发展对区域经济增长影响研究 [J]．河海大学学报（哲学社会科学版），2021，23（3）：71-79+107-108.

[97] 年猛．交通基础设施、经济增长与空间均等化：基于中国高速铁路的自然实验 [J]．财贸经济，2019，40（8）：146-161.

[98] 裴沛，翟广宇．物流企业"智慧+共享"协同发展评价分析 [J]．商业经济研究，2022，838（3）：113-116.

[99] 饶品贵，王得力，李晓溪．高铁开通与供应商分布决策 [J]．中国工业经济，2019（10）：137-154.

[100] 沈志云. 交通运输工程学 [M]. 北京：人民交通出版社，2003.

[101] 施震凯，邵军，浦正宁. 交通基础设施改善与生产率增长：来自铁路大提速的证据 [J]. 世界经济，2018，41（6）：127-151.

[102] 帅斌. 物流产业的基础定位与核心理念 [J]. 综合运输，2005（9）：38-40.

[103] 苏东水. 产业经济学 [M]. 北京：高等教育出版社，2005.

[104] 苏霞，杨欣. 基于共享经济和动态协同理论的农村快递物流共享配送模式研究 [J]. 商业经济研究，2020，799（12）：142-145.

[105] 孙海云. 政府在物流产业发展中的作用研究 [D]. 济南：山东大学，2018.

[106] 孙鹏博，葛力铭. 通向低碳之路：高铁开通对工业碳排放的影响 [J]. 世界经济，2021，44（10）：201-224.

[107] 孙浦阳，张甜甜，姚树洁. 关税传导、国内运输成本与零售价格：基于高铁建设的理论与实证研究 [J]. 经济研究，2019，54（3）：135-149.

[108] 孙文浩，张杰. 高铁网络能否推动制造业高质量创新 [J]. 世界经济，2020，43（12）：151-175.

[109] 唐建新，杨军. 基础设施与经济发展：理论与政策 [M]. 武汉：武汉大学出版社，2003.

[110] 唐宜红，俞峰，林发勤，张梦婷. 中国高铁、贸易成本与企业出口研究 [J]. 经济研究，2019，54（7）：158-173.

[111] 统筹推进现代流通体系建设 为构建新发展格局提供有力支撑 [N]. 人民日报，2020-09-10（1）.

[112] 推动更深层次改革 实行更高水平开放 为构建新发展格局提供强大动力 [N]. 人民日报，2020-09-02（1）.

[113] 汪鸣，陆成云，刘文华. "十四五"物流发展新要求新格局 [J]. 北京交通大学学报（社会科学版），2022，21（1）：11-17.

[114] 汪鸣. 物流业的产业特征与发展问题 [J]. 中国流通经济，2009，23（7）：17-19.

[115] 王春杨，兰宗敏，张超等. 高铁建设、人力资本迁移与区域创新 [J]. 中国工业经济，2020（12）：102-120.

[116] 王丰阁，赵旭，詹淑清. 贵州现代产业体系中制造业集群发展问题及对策研究 [J]. 商业经济，2021（9）：51-52.

［117］王海燕，黄章树，张岐山．区域物流与产业集群发展内在机理研究及其现实启示［J］．物流技术，2008，27（2）：5-7+19.

［118］王静．现代物流管理与战略［M］．西安：陕西人民出版社，2016.

［119］王晓毅．实现脱贫攻坚成果与乡村振兴有效衔接［J］．人民论坛，2022（1）：10-17.

［120］王旭．美国集装箱多式联运发展的启示与思考［J］．铁道运输与经济，2016，38（5）：91-94.

［121］王玉霞，胡绍强．美国UPS物流金融对中国企业构建物流银行的思考：以中国邮政银邮金融物流为例［J］．当代世界，2013（11）：78-80.

［122］卫亚男．交通基础设施门槛视角下物流业对区域经济的影响研究［D］．太原：太原理工大学，2018.

［123］吴继贵，叶阿忠．中国现代物流业与经济增长关系的研究［J］．统计与决策，2015（15）：109-112.

［124］吴敬茹．构建新发展格局背景下的物流业高质量发展研究［J］．价格月刊，2021（8）：90-94.

［125］吴群锋，刘冲，刘青．国内市场一体化与企业出口行为：基于市场可达性视角的研究［J］．经济学（季刊），2021，21（5）：1639-1660.

［126］吴思栩，孙斌栋．信息化助推乡村振兴：机制、条件与对策［J］．南京社会科学，2021，407（9）：64-72.

［127］吴谢玲．数字经济时代物流业高质量发展问题研究［J］．商业经济研究，2022，837（2）：134-136.

［128］习近平．把握新发展阶段，贯彻新发展理念，构建新发展格局［J］．求是，2021（9）：14.

［129］习近平．国家中长期经济社会发展战略若干重大问题［J］．求是，2020（121）：4-10.

［130］习近平．携手共命运　一起向未来：在中国同中亚五国建交30周年视频峰会上的讲话（2022年1月25日）［EB/OL］．人民网，http：//jhsjk.people.cn/article/32339672，2022-01-25.

［131］习近平．与世界相交　与时代相通　在可持续发展道路上阔步前行：在第二届联合国全球可持续交通大会开幕式上的主旨讲话［EB/OL］．中华人民共和国中央人民政府网站，http：//www.gov.cn/xinwen/2021-10/14/content_5642639.htm，2021-10-14.

［132］习近平．在深入推动长江经济带发展座谈会上的讲话（2018 年 4 月 26 日）［J］．求是，2019（17）：4-14.

［133］习近平出席投运仪式并宣布北京大兴国际机场正式投入运营［EB/OL］．中华人民共和国中央人民政府网站，http：//www. gov. cn/xinwen/2019-09/25/content_5433171. htm，2019-09-25.

［134］习近平在京津冀三省市考察并主持召开京津冀协同发展座谈会［EB/OL］．共产党新闻网，https：//www. 12371. cn/2019/01/18/ARTI1547814646363917. shtml，2019-01-18.

［135］习近平主持中共中央政治局第三十六次集体学习并发表重要讲话［EB/OL］．中华人民共和国中央人民政府网站，http：//www. gov. cn/xinwen/2022-01-25/content_5670359. htm，2022-01-25.

［136］夏杰长，刘诚．契约精神、商事改革与创新水平［J］．管理世界，2020，36（6）：26-36+48+242.

［137］夏杰长，魏丽．习近平新时代交通强国战略思想探析［J］．河北经贸大学学报（综合版），2018，18（2）：5-12.

［138］项勇，李世杰，黄佳祯．四川省城市交通基础设施与区域经济相关耦合性研究［M］．北京：中国经济出版社，2018.

［139］谢呈阳，王明辉．交通基础设施对工业活动空间分布的影响研究［J］．管理世界，2020，36（12）：52-66+161.

［140］徐杰，鞠颂东．对物流学学科体系的思考［J］．北方交通大学学报（社会科学版），2003（4）：9+31-34.

［141］徐明，冯媛．大规模交通基础设施建设与县域企业生产率异质性：来自“五纵七横”国道主干线的经验证据［J］．经济学（季刊），2021，21（6）：1969-1992.

［142］徐旭．物流学概论［M］．南京：南京大学出版社，2017.

［143］许文汉．德国、荷兰发展集装箱多式联运的情况和启示［J］．铁道货运，2001（4）：34-37.

［144］宣烨，陆静，余泳泽．高铁开通对高端服务业空间集聚的影响［J］．财贸经济，2019，40（9）：117-131.

［145］颜银根，倪鹏飞，刘学良．高铁开通、地区特定要素与边缘地区的发展［J］．中国工业经济，2020（8）：118-136.

［146］杨传堂．推进农村公路建设　更好保障民生：深入学习习近平总书记

关于农村公路建设重要指示精神［N］．人民日报，2014-05-19（15）．

［147］杨国超，邝玉珍，梁上坤．基础设施建设与企业成本管理决策：基于高铁通车的证据［J］．世界经济，2021，44（9）：207-232．

［148］杨浩．交通运输概论［M］．北京：中国铁道出版社，2009．

［149］杨健．动态更新决策理论、模型、算法及应用［J］．中国人民大学学报，2004（5）：111-117．

［150］杨立波，刘小明．交通基础设施及其效率研究［J］．道路交通与安全，2006（6）：10-13．

［151］杨芃博．物流业与经济发展的关系及其发展战略研究［J］．现代商业，2015（17）：76-77．

［152］依绍华．我国乡村智慧物流发展的路径探索［J］．价格理论与实践，2021（5）：24-27．

［153］尹丽波．数字基建：工业互联网与工业电商［M］．北京：中信出版社，2020．

［154］余泳泽，伏雨，庄海涛．高铁开通对区域旅游业发展的影响［J］．财经问题研究，2020（1）：31-38．

［155］俞峰，梅冬州，张梦婷．交通基础设施建设、产业结构变化与经济收敛性研究［J］．经济科学，2021（5）：52-67．

［156］喻永华．美国公路建设的几点思考［J］．北方交通，2013（S2）：12-13．

［157］袁凤仪．《1956年联邦援助高速公路法》与美国州际高速公路建设［D］．天津：天津师范大学，2019．

［158］在经济社会领域专家座谈会上的讲话［N］．人民日报，2020-08-25（2）．

［159］张彬斌，陆万军．国道主干线贯通与企业存货调整：来自西部地区制造业企业的证据［J］．中央财经大学学报，2018（10）：114-128．

［160］张华，冯烽．绿色高铁：高铁开通能降低雾霾污染吗？［J］．经济学报，2019，6（3）：114-147．

［161］张娟娟，王会宗．物流业与商贸流通业协同发展：文献综述与实证分析［J］．商业经济研究，2019（13）：25-28．

［162］张军，牛玉巧，许海晏．美、日物流政策梳理及其启示［J］．企业改革与管理，2016（17）：188-189．

［163］张俊．高铁建设与县域经济发展：基于卫星灯光数据的研究［J］．

经济学（季刊），2017，16（4）：1533-1562.

［164］张亮．物流学［M］．北京：人民邮电出版社，2015.

［165］张明明．对第 N 方物流的思考［J］．无锡商业职业技术学院学报，2006（4）：8-9.

［166］张戎捷，孙伟增，李昊等．土地财政、企业税收补贴与招商引资［J］．经济学报，2021（4）：57-86.

［167］张天华，陈力，董志强．高速公路建设、企业演化与区域经济效率［J］．中国工业经济，2018（1）：79-99.

［168］张威．城市交通物流基础设施的建设策略［J］．建筑科学，2021（9）：188.

［169］张文尝，金凤君，樊杰．交通经济带［M］．北京：科学出版社，2002.

［170］张勋，王旭，万广华等．交通基础设施促进经济增长的一个综合框架［J］．经济研究，2018，53（1）：50-64.

［171］赵光辉．交通强国建设视域下我国交通物流发展趋势研判［J］．企业经济，2021（10）：109-122.

［172］赵静，黄敬昌，刘峰．高铁开通与股价崩盘风险［J］．管理世界，2018，34（1）：157-168+192.

［173］赵松岭，陈镜宇．发展智慧物流的路径探索［J］．人民论坛，2020（8）：108-109.

［174］郑国诜，任超，陈燕赟．基于生产性服务业需求的人才培养模式研究：以龙岩市物流业为例［J］．龙岩学院学报，2020，38（1）：118-123.

［175］中共交通运输部党组．小康路上不让任何一地因交通而掉队［J］．求是，2020（4）：3-6.

［176］中共中央政治局常务委员会召开会议［N］．人民日报，2020-05-15（1）.

［177］中南财经大学．经济科学学科辞典［M］．北京：经济科学出版社，1987.

［178］周长青，付蕾．电子商务物流［M］．重庆：重庆大学出版社，2006.

［179］周桂荣，翔宇．荷兰鹿特丹港口经济园区和贸易批发中心的作用［J］．环渤海经济瞭望，1994（6）：44-45.

［180］周启蕾，朱国宝，萧汉梁．公路运输业实行物流化改造的基本途径

［J］．商业研究，2001（5）：159-161.

［181］周玉龙，杨继东，黄阳华等．高铁对城市地价的影响及其机制研究：来自微观土地交易的证据［J］．中国工业经济，2018（5）：118-136.

［182］朱坤萍．区域物流与区域经济发展的互动机理［J］．河北学刊，2007（2）：168-171.

［183］诸葛恒英，齐向春，周浪雅．美国铁路多式联运发展的启示［J］．铁道运输与经济，2016，38（12）：69-73.

［184］诸竹君，黄先海，王煌．交通基础设施改善促进了企业创新吗？——基于高铁开通的准自然实验［J］．金融研究，2019（11）：153-169.

［185］筑好康庄大道　共圆小康梦想——习近平总书记关心农村公路发展纪实［N］．人民日报，2014-04-29（1）．

［186］走生态优先绿色发展之路　让中华民族母亲河永葆生机活力［N］．人民日报，2016-01-08（1）．